U0149301

靜觀詩海拍天浪

—— 臺灣新詩人論

落　蒂　著

文史哲評論叢刊

文史哲出版社印行

國家圖書館出版品預行編目資料

靜觀詩海拍天浪 / 落蒂著. -- 初版 -- 臺北
市：文史哲, 民 101.07
頁； 公分（文史哲評論叢刊;2）
ISBN 978-986-314-043-6（平裝）

1.新詩 2.詩評

812.18   101013540

文史哲評論叢刊　　2

靜觀詩海拍天浪
—— 臺灣新詩人論

著　　者：落　　　　　　　　蒂
出　版　者：文　史　哲　出　版　社
http://www.lapen.com.tw
e-mail：lapen@ms74.hinet.net
登記證字號：行政院新聞局版臺業字五三三七號
發　行　人：彭　　　正　　　雄
發　行　所：文　史　哲　出　版　社
印　刷　者：文　史　哲　出　版　社
臺北市羅斯福路一段七十二巷四號
郵政劃撥帳號：一六一八〇一七五
電話886-2-23511028 · 傳真886-2-23965656

定價新臺幣四五〇元

中華民國一〇一年（2012）九月初版

著財權所有 · 侵權者必究
ISBN 978-986-314-043-6　　08702

出版前言

2001 年 3 月，臺灣時報臺時副刊主編黃耀寬先生為我開了一個探討詩人的專欄，仍然命名為「讀星樓談詩」。有了這樣的機緣，原本個性疏懶的我，就有了督促前進的力量。回首看這些即將出版的影印本，內心感懷萬千。

我是一個詩的創作者，但多年來苦於寫不出佳構。有了這個介紹詩人的專欄，就是探討臺灣現代詩人之所以成功原因的很好機會。從他們的作品中吸取營養，可以提升自己創作的高度。於是從那年開始，便沒日沒夜的研讀起詩人的作品來。剛好我住的地方有一個臺灣圖書館，原是中央圖書館的臺灣分館，裡面藏書十分豐富，方便我的借閱參考。

就這樣一路寫下來，才知道臺灣好的現代詩人何其多，窮一生之時光也讀不完，研究不完，寫不完。因此便隨機書寫。反正沒寫到的，也有別人會寫，也就不會覺得對不起一大堆一生努力不倦的詩人。沒寫到他們，是我自己的損失，於他們無損，也就比較心安。

寫著寫著，筆竟然也延伸到《國文天地》，因為比較長的文章，副刊容納不下，只好送到文學雜誌。於是，詩刊、報刊、雜誌，只要願登詩評的地方，我都不惜一試。也因此忙得不可開交，退休這十幾年來，竟然比未退休前還忙。

　　然而，在忙得疏於保養照顧下，身體終於出狀況，又是攝護腺手術，又是心導管做支架，體檢紅字一大堆，乃不得不決定，該休息了。這就是這兩年來，我忙於整理已發表作品出書的原因。我希望把這些感動我的詩人、詩作，向大家推介，讓他們的苦心，得到應有的重視。

　　有幾篇研究爾雅版《世紀詩選》的文章，已經由爾雅出版公司以《兩棵詩樹》出版，在這裡就抽掉了。還有一些作品發表時忘了剪貼，將來再和未出版的作品一起出版，相信只要我用心去找，一定可以找到。

　　感謝這些孜孜不倦的詩人，努力寫好詩。感謝各報刊、雜誌、詩刊的編輯提供刊出機會。更感謝我的同學劉冬龍老師辛苦打字、校對。文史哲出版社的彭正雄先生更是大恩人，沒有他提供出版機會，這些文章都仍然躺在剪貼簿中。還有我的同學好友捨得奧援出版費，都是我永難忘懷的，在此致上最誠摯的謝意。本書參考書籍、雜誌、報刊眾多，均已在文中註明，方便閱讀；為省篇幅，不再列出參考書目，謹在此向所有學者、海內外名家致謝，感謝他們對新詩不斷的付出。

作者夫人在九寨溝欣賞七彩湖

作者與夫人在臺灣東部海邊觀海

作者與夫人同遊四川熊貓園

作者夫人在青島海邊

作者與夫人在九寨溝熊貓海

作者與夫人同遊月世界

靜觀詩海拍天浪

── 台灣新詩人論

目　　次

詩壇祭酒

—— 余光中論之一

一、生平與著作

　　余光中，原籍福建永春，一九二八年出生於南京，成長於四川，一九四九年隨雙親乘船離開廈門，經香港於一九五〇年抵台灣，以廈門大學外文系三年級生身份，插班台大外文系，後來出國深造獲愛荷華大學藝術碩士，曾任大學教授、系主任、院長等職，參與創辦「藍星詩社」，寫詩、寫散文，也寫評論和翻譯，出版有詩集《舟子的悲歌》、《高樓對海》等十八冊，散文集《左手的繆思》、《日不落家》等十冊，評論、翻譯《掌上雨》、《英美現代詩選》等六冊。

　　余光中在現代文學作家中，十分活躍：「他寫詩、編詩、教詩、評詩和誦詩；一會兒坐在廈門街某一小屋的書房疾寫，一會兒可能出席一個具有轉移藝術方面的會議，一會兒為學院的新貴族們朗誦，一會兒在發表對文壇的新意見。他遠征新大陸，中守台峽，近來香島。覃子豪以降，從無一位作家揹起『詩人』的名義而像他如斯的活躍了……」（見吳萱人作〈多妻的能言鳥〉，香港《中報周刊》一九六九年三月七日），

七十年代詩選也有這樣的論評：「余光中的文學活動是頗為勇健的，為當代詩壇著名的『英雄式』人物之一。他的詩足以透露出一個現代知識份子的心聲。」這是三十年前文壇對他的評價，即使到二○○三年的現代，他的聲譽不但不墜，反而更高。

二、對現代詩的貢獻

余光中創作生涯已逾半世紀，累積詩作約千首，質量均有傲人的成就。本文歸納余光中在現代詩的四大貢獻。

第一，替現代詩找出一條正確的道路：以往不少現代詩人，盲目崇尚西洋，開口閉口反傳統，以為只有一切西化，現代詩才有前途，把現代詩引入一條死巷，嚇跑了讀者。而余光中數度出國講學，對於台灣現代詩在國外不受重視的情形，有切身的感受，因此他在多篇文章中，均大聲疾呼：「我多少總算知己知彼，而對方呢總是知己不知彼，不，對中國一點都不知道，我甚至約略知道，他們二三流詩人在提些什麼，說些什麼，可是他們對我一無所知，甚至不具備求知的條件，對我的族長如杜甫、李白也止於貌似恭謹而親炙無門甚至無心。」（見〈現代詩與搖滾樂〉），又在〈第十七個誕辰〉中指出：「我們的現代作家，在國際文壇上仍是一個『沒有臉的人』」。（見〈焚鶴人〉、又在同一篇文章中指出：「可是國際間的翻譯界……常用艾青、田間的作品做中國新詩的壓卷之作。」（見〈焚鶴人〉）另外在《掌上雨》書中也指出：「藝術的聯合國，正如政治聯合國一樣，是先要取得一個國籍，始

能加入的。」（見〈所謂國際聲譽〉，《掌上雨》），他一再大聲
疾呼「中國人一定要寫中國詩，否則就沒有前途」，因此他被
稱為「回頭的浪子」！他一面將自己的作品內容中國化，進
而探索屬於中國形式，搬出屬於中國的意象，將自己的作品
朝兩個方向走，1.是中國的現代化，2.是中國的古典，分別
進行創作。第 1 項有詩集《五陵少年》、《白玉苦瓜》、《天狼
星》、《在冷戰年代》。第 2 項也有詩集《蓮的聯想》。由於他
在這方面的努力，許多青年詩人深受影響，而發起組織「龍
族詩刊社」，他們的口號是「舞自己的龍、敲自己的鑼、打自
己的鼓。」，許多現代詩人或多或少修正了自己的創作方向，
而中國現代詩多年來迷失在西化的波濤中，總算把住了舵，
找到一條正確的道路。黃國彬在〈細讀余光中的白玉苦瓜〉
一文中指出：「六十年代許多現代詩人在西洋的迷宮中盲目摸
索時，他能卓然走自己的路，現在，事實告訴我們，他當時
走的路是正確的。這也許是作者能超越其他同輩詩人的原因
之一吧。」（《中外文學》第 42 期）。

　　第二，替現代詩塑造出新的節奏和句法：現代詩反對故
意在句尾押韻，但一首完全沒有音樂性的詩，不但難讀，流
傳更是困難，余光中苦心孤詣，在他的詩中製造一種很高妙
的節奏，例如〈春雨綿綿〉乙首「春雨綿綿／從你的厝邊到
我的門邊／春雨瀝瀝／從你的弄底到我的巷底／春雨淋淋／
從你的屋頂到我的車頂……」這樣一連七個疊字形容詞，且
「因句生句，因韻呼韻」，使人讀了有「一氣呵成之感」，讀
者可以從他的詩中找到不少的例子。

　　第三，替中國文字注入新的生命：余光中在《逍遙遊》

後記中說：「嘗試把中國文字壓縮、搥扁、拉長、磨利、把它拆開又拼攏，拆來且疊去，只為了嘗試它的速度、密度和彈性……要讓中國文字，在變化各殊的句法中，交響成大樂隊。」的確，余氏經常在他的詩文中，將中國文字的特性，發揮到了極點。這一點黃國彬在他的〈在時間中自焚〉有極詳盡的分析：「……余光中在練字方面的苦心，在早期作品中已可見一斑。《白玉苦瓜》裡，我們可以找到更多的例子，如『一座孤獨／有那樣頑固』（〈積木〉）：『你和一整匹夜賽跑』（〈詩人〉）。這兩個例子中，作者用量詞將抽象的『孤獨』和『夜』具體化。……」其他許多篇章，讀者依然可以找到作者在詩作中如何把文字「壓縮搥扁、拉長、磨利……。」

　　第四，發掘年輕的新人：一個無藉藉之名的年輕詩人，想要受人重視，是十分困難的，而余光中對發掘年輕的新人一向不遺餘力。他曾因周夢蝶的推荐而大力推介《哀歌二三》的作者方旗。引起詩壇注目。更以〈新現代詩的起點〉乙文推介羅青，其他因余氏推介而成名者不在少數，可見余氏影響力的一斑。

三、余光中詩作的特色

　　余光中詩作上千首，特色很多，此處論列其中重要者。

　　第一，詩作予以「戲劇化」的書寫，讀來更有味，例如〈飛瀑〉乙首，雖與西諺表示雷同的看法，詩人卻將概念戲劇化，讓人讀了印象深刻，興味盎然。

　　第二，擅寫親情溫馨感性面，內容十分明朗，卻韻味深

長，如寫他女兒的婚禮，為孫女祈禱等詩作，均真誠自然，讓讀者容易引起共鳴。寫〈母難日〉三題，更使讀者對詩人那種強烈的孺慕之思，產生無限的哀痛，誰無母親，寫盡了普世人子的孝思。

　　第三，具有旋律與結構美，前面在余氏對現代詩的重大貢獻就已提及「塑造出新的節奏和句法」，此處再提旋律美和結構美，只因余氏在這方面的貢獻，已由「開始塑造」，到達了「完成的境地」。因為最近許多評家如美國加州聖荷西州立大學梁啟昌就說：「在當代中國詩人中，余光中大概是最具旋律美的詩人……」，大陸詩評家李元洛也指出余光中詩作的形式美，可見余氏數十年來的努力，已獲肯定。

　　第四，一直奔向高峰的詩人，陳幸蕙在她的《悅讀余光中》乙書第四一二頁至四一三頁結尾時舉了兩首余氏的作品，論斷余光中是一位「從詩壇新秀，一直攀登天梯至大師的一位詩人」，那兩首詩分別是寫於二十三歲時的〈昨夜你對我一笑〉和寫於七十歲的〈因你一笑〉，兩詩的藝術境界幾乎不可同日而語，差別甚大，足證余氏是一位力求上進，一直奔向天梯的詩人。

　　第五，鄉愁詩寫得最哀婉動人，是亂離世代的見證，他的〈鄉愁四韻〉、〈鄉愁〉都深深擊痛了這一代渡海來台人士的心，流沙河說他「寫鄉愁主題寫得最多又最好」，蕭蕭說他「最委婉沉痛、最淋漓盡致」，就是公正的評論。

（台時副刊 92.3.27）

繆思最鍾愛的右手

── 余光中論之二

一、奮進不懈的詩人

　　余光中從一九五二年出版《舟子的悲歌》迄今整整五十年在詩國的道路上奮進，一共出了十八本詩集，影響力至廣且深。他的詩作佳評如潮，已結集的有黃維樑編的《火浴的鳳凰 ── 余光中作品評論集》、《璀璨的五采筆 ── 余光中作品評論集一九七九至一九九三》，流沙河選釋的《余光中作品一百首》、和陳幸蕙著的《悅讀余光中 ── 詩卷》及傅孟麗所著《茱萸的孩子 ── 余光中傳》，其他未結集成書，散處各報章、雜誌的評文更不計其數，現在我擬就手邊的資料整理歸納余光中在詩國奮進的痕跡。從二十三歲時寫的〈昨夜你對我一笑〉和七十歲時所寫的〈因你一笑〉兩詩的簡樸與圓潤，就可對比出七十歲的余光中和二十歲的余光中已不可同日而語。

昨夜你對我一笑

昨夜你對我一笑，
到如今餘音嫋嫋，
我化作一葉小舟，
隨著波上下飄搖。

昨夜你對我一笑，
酒渦裡掀起狂濤，
我化作一片落花，
在渦裡左右打繞。

昨夜你對我一笑，
啊！我開始有了驕傲；
我打開記憶的盒子，
守財奴似地，
又數一遍財寶。

　　這首詩句尾押韻，意思簡單明瞭，沒有任何含蓄詩意，許多現代詩人群起嘲笑，在詩藝上確實算不上有所表現，但作曲者卻頗為欣賞，加以譜曲，反成為一首十分通俗風行的流行歌曲。但詩人並不洩氣，經過五十年的努力，陳幸蕙評為「卓然成家，已臻大師境地」，並論斷他飛躍的原因：「除舊詩的根柢、英語的啟發、新詩的觀摩外，自還包括天縱才情、不懈用功、強烈成就動機、獻身繆思的不渝忠忱等……。」

　　以下我們再來看看他另一首同性質的五十年後大作，就可以明瞭他飛躍的事實。

因你一笑

我的歌正要接近尾聲
卻因你投來的眼神
是那樣帶笑的明麗
而突然拔高了八度音
由低沉拔向慷慨
由原來蓋頂的陰霾
突然著魔，像晚霞艷開
我的男高音拔向最高潮
你的亮笑飛過來參加
寂寞的獨白變成對話
歌聲和笑韻，一問一答
這世界本來準備要關閉
是為你一笑而決定再開

　　這首詩不論思想、造境均已和五十年前有天壤之別，詩人的奮進努力過程，清楚明白的呈現出來，這種攀爬藝術高峰的耐苦持久精神，令人由衷欽敬景仰。

二、哀婉動人鄉愁詩

　　由於戰亂的關係，渡海來台人士，見證亂離世代，莫不滿懷濃濃鄉愁，思鄉懷舊之作品，俯拾即是，但要像余光中

的〈鄉愁〉、〈鄉愁四韻〉這樣，寫得極為哀婉動人，並不多見。流沙河說他「寫鄉愁主題寫得最多又最好」，蕭蕭說他「最委婉沉痛、最淋漓盡致」，應是公正的評論。

鄉　愁

小時候
鄉愁是一枚小小的郵票。
我在這頭
母親在那頭

長大後
鄉愁是一張窄窄的船票
我在這頭
新娘在那頭。

後來啊
鄉愁是一方矮矮的墳墓
我在外頭
母親在裡頭

而現在
鄉愁是一彎淺淺的海峽
我在這頭
大陸在那頭

　　這首詩所使用的意象郵票、船票、墳墓、海峽，都是十分常見而且鮮明容易觸動人心的普世意象，郵票代表需要書信傳達，濃縮兩地相思的情意，船票代表要分離，尤其和新娘子剛新婚就要分手，這種離情之痛苦，不著一字，讀者自然可以感受出來，墳墓更是生死的分界，其痛楚又加深了一層，終生不能再相見，其錐心泣血可知，最後再回到海峽分隔兩岸，我的故鄉在那頭，思念之情，猶如遠方的母親，只能用一枚小小的郵票傳達相思，猶如新婚就要離別的新娘，船票就是強分妳我的劊子手，猶如墳墓，讓母子天人永隔，全詩就這麼輕巧點出，卻重重擊在讀者的心窩上，而且音韻和諧，意象鮮明，便於琅琅上口與記誦，難怪所有編「余光中詩選」者，均不敢漏列這一首詩。

　　再看另一首也是流傳極廣的鄉愁詩（《鄉愁四韻》），這一首詩民歌手楊弦曾為之譜曲，風靡一時。

鄉愁四韻

給我一瓢長江水啊長江水

酒一樣的長江水

醉酒的滋味

是鄉愁的滋味

給我一瓢長江水啊長江水

給我一張海棠紅啊海棠紅

血一樣的海棠紅

沸血的燒痛

是鄉愁的燒痛
給我一張海棠紅啊海棠紅

給我一片雪花白啊雪花白
信一樣的雪花白
家信的等待
是鄉愁的等待
給我一片雪花白啊雪花白

給我一朵臘梅香啊臘梅香
母親一樣的臘梅香
母親的芬芳
是鄉土的芬芳
給我一朵臘梅香啊臘梅香

　　這是一首動人心弦的好詩，利用每段頭尾兩句的重複來
製造無限綿密的感傷氣氛，詩中的長江水意象，竟以酒比喻，
最易牽動讀者的情感共鳴，尤其是醉酒的滋味，竟是鄉愁的
滋味，既真實又抽象，至於以海棠、雪花、臘梅的意象來影
射故鄉，更具體動人，這一首詩仍然和前一首一樣意象鮮明，
節奏輕快，感情誠摯，很容易打動讀者。

三、親情詩篇，真切動人

　　余光中擅寫親情詩篇，不論是寫對母親的孺慕之情，寫

對女兒姍姍的疼惜之情,寫對小孫女的珍愛之情,都能寫得真切動人,令讀者愛不釋手。

先看〈母難日〉三題的第一首〈今生今世〉:

今生今世

今生今世
我最忘情的哭聲有兩次
一次,在我生命的開始
一次,在你生命的告終
第一次,我不會記得,是聽你說的
第二次,你不會曉得,我說也沒用
但兩次哭聲的中間啊
有無窮無盡的笑聲
一遍一遍又一遍
迴盪了整整三十年
你都曉得,我都記得

陳幸蕙評〈母難日〉三首詩:「幾乎都放棄了技巧的展示,而全然出以素樸的文字、深切的情感,在不假修飾中,反激盪出更大的感染力與引人共鳴的質素。」我認為是詩人寫詩已經到了「詩法無法」的最高境界,信手拈來,自成妙品。詩中這兩次哭聲,誰都知道,但不一定寫得出來,尤其一次是聽母親說的,一次是母親不曉得,說了她也聽不見,母親說的那一次,代表母子情深,母親對兒子說:「你出生的時候哭得好大聲」,既得意,又疼惜,母親聽不見的那一次,代表

母親死了，雖然兒子痛哭失聲，但母親不會曉得，多麼哀痛。兩次哭聲之間，有無窮的笑聲，而且一遍又一遍，迴盪了整整三十年，代表母子相處歡愉，這些你都曉得，我都記得，娓娓道來，我們看見了詩人強烈深刻的孺慕之思，寫盡了人類親情的共相。這種既淺白易懂，又深情有味的詩篇，正是許多詩人夢寐以求，雖終生努力，也不見得能做到的。

　　再看第二首〈矛盾世界〉：「快樂的世界啊／當初我們見面／你迎我以微笑／而我答你以大哭／驚天，動地／／悲哀的世界啊／最後我們分手／我送你以大哭／而你答我以無言／關天，閉地／／矛盾的世界啊／不論初見或永別／我總是對你大哭／哭世界始於你一笑／而幸福終於你閉目」，這一首仍然寫出生時自己的哭聲和母歿時自己的哭聲，但是同樣描寫兩次哭聲，作者已經由前一首詩單純的情境描述，進到了哲理的沉思，悲哀更深一層。而且題目就訂為「矛盾世界」，第一段以「快樂的世界」開始，我出生了，母親高興的微笑，我卻是驚天動地的大哭，描寫母親雖經歷無數的掙扎痛苦，但聽到孩子宏亮的哭聲，知道孩子平安誕生，因而迎他以微笑，當然是快樂的世界，但是等到母親死了，母子分手了，母親靜靜躺著，無言以對，天地似乎關閉了，子送母以哭天搶地，當然是悲哀的世界。第三段作者體會到原來這是一個「矛盾的世界」啊！我兩次都是對你大哭，不論是初次見面或是最後永別，但是這個哭是開始在你的一笑，而結束在你的閉目啊。作者因而大大的有所體悟，有所感傷，為什麼你微笑迎我的時候，我卻報你以大哭呢？而當你閉目的時候，我知道我人生的福份結束了，母子的情緣盡了，大哭也沒有

用啊！真是矛盾的世界。

　　第三首〈天國地府〉，作者以電話為喻，來表達思母的心切：「每到母難日／總握著電話筒／很想撥一個電話／給久別的母親／只為了再聽一次，一次也好／催眠的磁性母音／／但是她住的地方／不知是什麼號碼／何況她已經睡了／不能接我的電話」「這裡是長途台／究竟你要／接哪一個國家？／／我該怎麼回答呢？／天國，是什麼字頭／地府，有多少區號／那不耐的接線生／卡嚓把線路切斷／留給我手裡一截／算是電線呢還是／／若斷若連的臍帶／就算真的接通了／又能夠說些什麼／這世界從你走後／變得已不能指認／唯一不變的只有／對你永久的感恩」，整首借用打長途電話，表達強烈的思念母親，這種幽冥兩隔，有什麼辦法可以互通訊息？作者甚至想到天國是什麼字頭，地府是多少號碼？如果可以接通那該多好呀！可是急躁的接線生把電話切了，如同臍帶斷了，母子情緣已盡，即使接通了，又能說些什麼？除了對母親永久的感恩外，又能表達什麼？作者不論詩、文，均常以思母做為主題，而以這三首寫的最淺白也最感人，誰說詩一定要多難懂？

四、眾多名家肯定，實至名歸

　　媒體報導，大陸學者林毅夫二十三年來無法返鄉，如何排遣心中鬱悶？原來他的答案是：「我靠閱讀余光中的詩……」，詩詞除了能淨化人心，提昇性靈外，還是一帖很好的安慰劑。余光中的詩作不下千首，無論出國進修，到處講

學，人走到哪裡，詩就寫到哪裡，題材包羅萬象，內容精彩可誦，他七十歲生日感言：還要再寫一千首詩。壯哉！斯言。

　　余光中的作品獲得眾多讀者的喜愛，也獲得眾多名家的肯定，歷數十年不衰，在現代詩缺少讀者的今天，實在是一個奇蹟。從他的作品的「影響性」、「獨創性」、「普遍性」和「持久性」來考察，其實也沒有什麼好奇怪的，算是實至名歸吧！

　　　　　　　（國文天地 19 卷 3 期 92 年 8 月）

不盡長江滾滾來

—— 羅門論

一、羅門的生平及著述

　　羅門，本名韓仁存，西元一九二八年生於廣東省（今屬海南省）文昌縣，係名門望族，祖父曾是前清進士，父親經營遠洋航運，家甚富裕，從家宅中有「望月樓」、「讀書廳」之設備可見一般。一九四二年進成都「空軍幼年學校」，一九四八年進杭州「筧橋空軍飛行學校」，一九四九年到台灣，一九五〇年腿傷停飛，一九五一年進民航局，一九五四年以一首〈加力布露斯〉為紀弦賞識，刊於《現代詩》季刊，並加紅框以示重視。一九五五年與蓉子結婚，成為詩壇上珠連璧合的情侶，夫婦情深，共創「燈屋」，令愛詩人心儀，紛紛造訪，台北泰順街因有「燈屋」而享名海內外。

　　羅門的作品眾多，計有詩集十三冊，較多人討論的有《曙光》、《第九日的底流》、《日月集》、《死亡之塔》、《隱形的梯子》、《羅門自選集》、《曠野》、《誰能買下這條天地線》等，另有論文集五冊，較重要的有《現代人的悲劇精神與現代詩人》、《心靈訪問記》等，根據文史哲出版的《誰能買下這條

天地線》的〈羅門年表〉、〈羅門創作大系總序及策劃者的話〉得知，文史哲曾出版林燿德策劃的《羅門創作大系》十卷，北京社科院出版《羅門蓉子創作系列》書八冊，以慶祝羅門蓉子結縭四十周年，詩人而如此受重視禮遇尚不多見。

　　羅門伉儷親切隨和，總是熱誠招待前往「燈屋」的訪客，許多教授親自帶學生前往「燈屋」拜訪，恭聆教益，他們不但沒有架子，而且有問必答，讓學生獲益良多。我在研究羅門作品期間曾多次電話詢問有關問題，不但承蒙不厭其煩的述說告知，還獲贈珍貴資料如林燿德、張艾弓分別各自撰寫的《羅門論》，及文史哲出版的《論羅門蓉子》、《在詩中飛行── 羅門詩選半世紀》、《永遠的青鳥》等書，陳大為的碩士論文《羅門都市詩研究》和台師大教授潘麗珠學術論文《羅門都市詩美學探究》亦獲轉贈，彌足珍貴。以下本文的〈羅門研究〉，大概均根據上述書籍為藍本，讀者可以自行查考比對。

二、林燿德和張艾弓的「羅門論」

　　林燿德認為羅門是前行代詩人中意義重大的一位，且因一篇〈失焚乾坤獵〉的詩評，在探討羅門的〈時空奏鳴曲〉時，促使他廣泛的閱讀、拓展視野，終於計畫寫《羅門論》，期能對羅門詩作、詩觀、充滿磅礡的悲劇性格和龐碩的體系，有所闡揚，以肯定羅門在二十世紀中國詩界，所拓展出來的精神領域，豐富了這個時代所做的貢獻，文長約五萬多字，由師大書苑出版，本來林燿德在書的序言中還表示要繼續從

事羅門的研究工作，希望寫出一部更能深入羅門詩學殿堂的論述，可惜年輕早逝，令人扼腕。

而張艾弓也以五萬多字的羅門論，獲得廈門大學的碩士學位，據說張先生在完成此論文之前，精神上十分萎靡，行為上十分頹廢，因閱讀羅門詩作而振作起來，並完成碩士學業，此項傳言如果屬實，現代詩和羅門的功業又可多添一項。張氏認為羅門一生創作不懈，深入思考，已然奠定了他在今日台灣詩壇上孤傲高貴的現代精神掌旗人的地位，所以他從羅門的生平、理論、創作、技巧等四個角度切入完成這一本羅門論。下面我將就林、張兩位詩中的精華為讀者做重點歸納，以便幫助讀者進入羅門繁複華美的詩作世界。

首先我們先來看林燿德的《羅門論》，該書分三大部分，第一部分是〈三百六十度層疊空間 ── 論羅門的意識造形〉，第二部分是〈人與神之間的交談 ── 論羅門的戰爭詮釋〉，第三部分是〈在文明的塔尖造塔 ── 論羅門的都市主題〉。

林燿德《羅門論》第一部分重點在探討羅門的創作意念，因為羅門是「少數能在創作同時具體提出思想架構」的詩人，比如羅門就曾在一九七五年寫下如此的警句：「我們對著太陽的光猛奔，讓史評家去蒐集背後的影子。」

從羅門的詩集《曙光》、《第九日的底流》及《死亡之塔》的詩作及前言中，林氏找到了羅門的理論和創作互為因果關係，「有時觀念的萌生帶動創作，有時創作埋下觀念的種子」，這樣的理論與實踐互為影響，形成羅門獨特的藝術世界，那就是「將抽象思維落實在意象和幾何構造的喻依上」。

在羅門的創作世界中，三大自然和圓與塔的造型藝術

觀，是十分重要的。這三大自然包括「第一自然 ── 田園」、「第二自然 ── 都市」、「第三自然 ── 作者的心象世界」，這三個自然，羅門提出了「創作之輪」的圖表，闡釋詩人創作的運作流程，那就是詩人藉由觀察 ── 體認 ── 感受 ── 轉化 ── 昇華的程序，也就是從「第一自然」、「第二自然」通向「第三自然」。詩人的用心在於「如何使人類由外在有限的目視世界，進入內在無限的靈視世界。」羅門指出：「詩人藝術家創造人類存在的『第三自然』，也就是超越田園（第一自然）與都市（人為的第二自然）等外在有限的自然，而臻至靈視所探索到的內心的無限的自然。」

在這樣的藝術觀中，「圓」、「塔」、「曲線」 ── 尤其是螺旋形曲線遂成為十分重要的意象，例如完成於一九五八年的詩作〈光穿著黑色的睡衣〉，就有「圓燈罩」、「圓空」、「圓禮帽」、「花圓裙」、「圓形的墳蓋」等圓的造形，另外在《第九日的底流》詩集中，更出現了「輪盤」、「旋椅」、「圓舞」、「鐘」、「唱盤」、「圓廳」、「圓臉」等圓形意象。而「塔」也在詩中不斷出現，甚至羅門第三部詩集就名為《死亡之塔》。這個「圓」與「塔」的意象，可以追溯到人類文明幾千年來在生產工具的運用，更有其生命的姿勢，圓有一種渾融、圓滿、幸福的意象，更是實用工具如輪盤用於輾轆。至於「塔」，在中外宗教上常以「塔」之高崇與朝上伸展的姿態象徵與天通連的企盼。

在羅門的創作世界中「圓形的年代」代表農業社會，而「塔形的年代」則代表工業文明，都市文明，而「螺旋形的年代」則代表詩人的心象世界，因此羅門從這些意象中展現他創作的四大主題：「自然」、「都市」、「戰爭」、「死亡」。這

四大主題恰好是以「第一自然」和「第二自然」的成住壞空的循環，進入「第三自然」的體悟，他的創作生命，就是這樣無止境探索的螺旋塔式的文學生命。

林燿德在這一部分做了一個重要的結語：「圓」與「塔」兩種造形在《第九日的底流》一書中均繁衍出多功能、多向度的象徵系統，降至《羅門詩選》中《隱形的梯子》、《日月的行蹤》等卷，更演繹出規模宏大的幾何空間，呼應著「第三自然觀」的形上思索。在現代詩源流中，能夠將「圓」與「塔」兩大造型運用得精妙無比者首推羅門，這種時空形式的投射，事實上也將台灣現代詩創作的形態和過去浪漫主義統治時期區隔出來，形成全新的人文氣象。

再來我們看看林氏《羅門論》第二部分的重點：那就是羅門詩作中的戰爭美學與鄉愁美學。基本上羅門是反戰的，他的許多詩作如〈麥堅利堡〉、〈彈片，TRON 的斷腿〉、〈遙望故鄉〉、〈茶意〉、〈板門店三十八度線〉、〈時空奏鳴曲〉等，無一不是戰爭主題的創作，但是人類又有時不得不戰，羅門在一篇論文中說「上帝也不知道該用那一種眼來注視」，這類戰爭詩篇，陳夢家、艾青、臧克家、覃子豪等人都寫過，但是羅門的戰爭詩有別於這些人的作品，林燿德在比較之後說：「羅門的戰爭主題不拘於民族本位，他的觸角不但探索著中國現代史的蜩螗，更伸及太平洋上的墳塚、北韓三十八度線的兩側的傷口以及中南半島山上的彈片和斷腿，因為他所欲掌握的，已不僅僅局限於個人或個別民族對戰爭的回應，他所欲掌握的回應來自植根人類普遍性的良心總體；他不但使用趨近宗教情懷的感性敘述，更進行知性觀念的照明活

動，在戰爭壯烈、兇殘的景觀中，去掘取埋藏於現實底層的本質。」

　　林燿德在研讀羅門一系列的戰爭詩後，發現羅門在從事戰爭詩的創作時，心靈便會浮現一個由三支主軸組合而成的戰爭評價座標，那就是「從人道思想出發的悲憫心境」、「自歷史解釋著眼的肯定立場」和「由內在空間衍生的昇華作用」。他在許多詩文之中均明顯表示，由人道思想出發而顯見的「人類內在性靈沈痛的嘶喊」、以及自歷史解釋著眼而肯定的「偉大與不朽」，共同被置放在羅門的內在空間，讓兩者火花交迸，昇華出超越戰爭困境的「神人對話」。

　　再來林燿德也探討了羅門詩中的鄉愁主題，他認為羅門對鄉愁這種難以捉摸的感覺，並不以露骨的手法來處理，而是以銳利準確的動作，劃破時空的迷惘，切入懷鄉情結的核心，並舉了有蒙太奇手法的詩句為例：「回頭九龍已經坐車／竄入邊境／將我望回台北市／泰順街的窗口」來論斷羅門詩句可以比美元好問的「穎亭詩」，用超現實的手法，把詩處理得鮮活潑辣。有關這一部分林燿德作了結語：戰爭詩學的省思：「羅門在戰爭文學的傳統上繼承抗戰以降中國詩人反戰／頌戰的兩極徘徊，在藝術手法上則有青出於藍的成就。戰爭是文學的重要主題之一，如日本戰後有廣島文學，德國有還鄉文學……當一個中國文學家試圖成為民族反省意識的運作者時，他必然發現戰爭不僅僅是一種眼前的威脅，更是不堪回首也要回首的鮮明記憶，這記憶，同時證明了人與神的存在。」

　　接下來第三個重點是羅門都市主題詩，我們來看看這一部分林燿德討論的重點。因為都市主題是羅門詩作的重心，

一般人都以「都市的發言人」來稱呼羅門，所以林燿德花了很多篇幅來探討羅門的都市主題。而羅門本身也在許多篇論文中一再闡釋他的都市詩學的觀點，例如〈對都市詩的一些基本認知〉乙文中就說：「1.都市化的生活環境，不斷激發感官與心態活動呈現新的美感經驗，也不斷調度與更新創作者對事物環境觀察與審美的角度。2.現代都市文明高度的發展與進步，帶來尖銳與急劇的變化，導致一切進入緊張衝刺的行動化運作情況。創作者逼近前衛性與創新性去不斷進行突破，是必然。3.承認現代都市文明已構成心象活動重要的機能與動力。」（見《草根》第五十期）。羅門也曾寫過：「凡是與現代人『性靈』缺少摩擦力的作品，或任何與人脫節的形而上的工作，都將顯得脆弱與缺乏吸引力。」（《時空的回聲》，頁四四）因此羅門詩作中，有許多都市人的抒寫，如（都市的五角亭）（一九六九）描寫五種不同的職業，雖然只是抽樣，但已涵蓋了大部分的人生。這些不同職業身分的人，都並軌行使在一條謬悠的路途上，呈現出現代人在都市中「集體失蹤」的心靈悲劇。

另外「性」在都市詩中，也是羅門探討的主題，一九七六年完成的兩首詩〈露背裝〉與〈瘦美人〉，羅門就以普遍性的男子眼光去摸索都市女郎或動或靜的身材、裝扮與行止。一九八一年的〈都市　摩登女郎〉也採取相類的手法。這些詩，既諷刺迷失的女郎，也諷刺唯性是圖的所謂「紳士」。而飲食男女，除了性外，羅門的都市詩也探觸都市人的飲食問題，如〈餐廳〉、〈咖啡廳〉、〈咖啡情〉、〈都市與粽子〉、〈摩卡的世界〉、〈麥當勞午餐時間〉等皆為著例。林燿德認為「不

妨將之視為都市的『腔腸文化叢考』，……這些『叢考』的幅面與向度實際上涵蓋了整個都市精神結構，遠遠跨越了腔腸餐桌的狹隘範疇，而落實在心靈空間的分析上。」

再者，都市造型問題亦為羅門都市主題所涉及，例如〈都市　方形的存在〉（一九八三）乙詩，展開對都市建築千篇一律的反思，因此試圖突破都市造型與空間的約束，羅門在〈二十世紀生存空間的調整〉（一九八二）乙詩中提出了看法，這首詩利用高速公路的開通，企圖連結都市和鄉村，「便有人帶著田園進城／有人駕著都市入鄉」，羅門在這首詩中，透露了較為樂觀的展望，林燿德卻評為仍然埋伏著詭雷：「實際上都市的天空線並沒有改變，銀色積木集團依舊以壓迫性的造型包圍著都市人類；新興的都市將在鄉間一一抽芽，自然和田園也在交通的發達下日益萎縮，『自然保護區』不過是大型的都市公園，就此而言，『彼此不認識／也會越來越面熟』竟是一種兼具喜悅與悲傷的雙重立案。」

現代人在都市叢林中，除了面對前面所提的問題外，交通問題，緊張的生活節奏，都使人不安、傍徨、煩躁，〈摩托車〉乙詩是文明變遷速度的有利象徵，〈都市之死〉乙詩則是現代器物文明對於人類內在空間斲喪而形成的夢魘，羅門在〈時空的回聲〉中仍然吶喊：「物質文明猛進但上帝已逐漸離去。〈都市之死〉也就是上帝之死，取代宗教和道德的是金錢和肉慾。林燿德認為〈都市之死〉是台灣現代詩史中一個重要的里程碑。

因此林燿德做了一個都市詩學確立的結語：「在這個都市化的紀元裡，以文明題材為經、以都市精神為緯的都市詩，

將是最能夠穿刺文明造形與現代人心靈空間的利器。因為，都市系統的確立無所不在地掌握住人的動向，影響著我們生命的流程。都市詩是詩中之詩、塔上之塔。面對著在文明塔尖起造精神之塔的羅門，我們可以體會，都市詩學的出現已是一樁憾動人心的文學史事件。」

接著我們來看看也是寫《羅門論》的張艾弓之論點，他的書除了〈引言〉外，計分五章，第一章生平和著述，第二章詩思流程，第三章詩心追蹤，第四章詩藝評介，第五章結論，顯然和林燿德的三段論「意識造形」、「戰爭詮釋」、「都市主題」不同，值得我們細心的歸納。

首先我們來看看有關羅門的生平及著述，此部分大體上和我文章「開頭的介紹大同小異，現在僅就不同的部分加以補充。第一點，羅門曾與余光中、洛夫、瘂弦、楊牧等人比肩並立為十大詩人（見潘亞暾主編《台港文學散論》，第二，葉立誠《菲律賓商報》的〈台灣詩壇五巨柱〉一文中，將羅門與洛夫、余光中、鄭愁予、楊牧並列，而以羅門居首。第三，一九八二年，羅門配合雕塑家何恒雄，作詩〈花之手〉與雕塑並列於台北市新生公園。第四，蕭蕭在〈詩人與詩風〉（《台灣日報》，一九八二年六月二十四日）一文中說：「跟羅門交往過的人都知道，一談起詩羅門永不疲倦，朋友稱他為『羅蓋』，說他是心靈大學的校長，他認為人類需要詩，他『蓋』的也是詩，這些戲稱都只說明羅門對詩的那份狂熱，羅門是個徹頭徹尾的詩人。」以上四點可以補充我在第一部分生平著作簡介的不足。

第二部分詩思流程，也就是羅門作品的分期，1.浪漫抒

情的「曙光」期；2.繁複心象活動的「現代」期；3.近年的「平易」期。

　　羅門在《羅門詩選》第十一頁曾自道：「《曙光》時期浪漫情思外射的紅色火焰」，所以張艾弓也把這時期稱為「紅色火焰」期，這一時期的美學特徵是鮮明的，在《曙光》集中，詩人向心目中的愛神傾訴心曲或對童年充滿懷念，或在藝術想像裡營造理想的天國，或傾聽自我生命的足音，雖然羅門自認為這時期熱力有餘而沈澱不足，但這時期已潛含著感性與知性、美與深度思考達成一致契機。因此羅門在前述的同一篇文中也說：「把《曙光》時期浪漫情思外射的紅色火焰，向內收斂，而冷凝與轉化成為穩定與較深沈的藍色火焰。從此也開始走進抽象與象徵乃至含有某些超現實感覺等表現的路途上來了。」張艾弓認為這期「現代主義的探險期」也叫做「藍色火焰」期。這一時期有《第九日的底流》、《麥堅利堡》、《都市之死》、《死亡之塔》等重量級的作品，在前述林燿德的《羅門論》中已就「羅旋塔」、「第三自然」等多所論列，及第二期「現代主義之後的融合期」張艾弓名之為「繁複的單純」中之詩作如〈窗〉、〈隱形的梯子〉、〈曠野〉、〈日月的行蹤〉等，林燿德均予以十分重視的詩論，為省篇幅，不再贅述。

　　第三章詩心追蹤，張艾弓認為：「羅門的詩歌創作視野開闊、題材廣泛，涉及到人類精神、情感以及生活的各領域，其中有書寫浪漫情懷的情愛詩，有展露現代悲劇的歷險的時空詩，有悲天憫人的戰爭詩和鄉愁，有解構都市神話的都市詩，還有消融物我於浩瀚宇宙中的自然詩。」其中除了「情

愛詩」外前面均已述及，現在專就情愛詩提出討論。

　　羅門的情愛詩不多，只有十多首而已，但一個有血有肉的詩人，沒有情愛詩，將是藝術人生中的一大遺憾。〈加力布露斯〉便是一首雋永有味的情愛詩，而〈蜜月旅行〉、〈曙光〉、〈鳳凰鳥〉、〈給「青鳥」〉，都是給蓉子的愛情詩。羅門也不迴避「性」，如〈拉蒙娜〉、〈一個異邦女郎〉、〈床上錄影〉，可惜進入九〇年代之後，羅門卻歸向傳統的情愛觀，張艾弓認為：「變得雍常凡俗，他不但採取俗常的評斷，而且採用了俗常的語彙，這不能不讓人感到惋惜。」

　　第四章詩藝評介，張艾弓對羅門的「第三自然螺旋架構」的理論與「創作之輪」多所著墨，因與前面所述略同，不再贅述，今僅就「詩藝特色」稍加論述。文中提到羅門的詩藝，概分為「靈視」、「比喻」、「直接投射」、「反諷」、「形式結構」、「節奏韻律」、「旁類藝術的啟示」、「語言的駕馭」等部分。

　　先看「靈視」，張漢良曾說：「羅門是台灣少數具有靈視（poetic vision）的詩人之一。」所謂「靈視」按羅門在《羅門論文集》中的說法便是：「對一切有的深見，敏銳的第二視力，必須具有哲思性的想像力，它就是以心眼所看到的思想中的思想。」在羅門的詩作〈拉蒙娜〉、〈流浪人〉、〈傘〉等詩中，均可明顯看到「現實」與「超現實」交錯的詩行，這是詩人有第六感「藝術直觀」、也就是「靈視」的功力。陳大為在他的碩士論文《羅門都市詩研究》一書中，提到：「羅門崛起於一九五四年的台灣詩壇，正值存在主義風行之際，而他對存在主義吸收和轉化，在日後的詩作與論文當中逐漸形成明顯的美學架構」，林燿德也認為羅門的詩作有明顯的超現

實主義，這都是因為「靈視」的緣故。

　　在詩歌的修辭運用上，羅門很少用「比喻」，反而發現了更有力量的「象徵和寓言」，在長詩〈第九日的底流〉、〈死亡之塔〉，羅門創造出了綿密的象徵體，〈都市之死〉、〈板門店三八度線〉、〈賣花盆的老人〉等都市詩、戰爭詩、鄉愁詩，詩中每一幅場景俱成為現代生存情況的寓言。張艾弓再舉〈都市的五角亭 —— 歌女及拾荒者〉，論斷羅門即使使用比喻也是經過變形的比喻，比喻與詩的氛圍渾融一體，兩個意象俱能復活，形成互相稱喻，互取形象的型態，詩中物象有了生命感，獲得生命的原感與躍動。

　　「直接投射」是羅門用的一種直接詩藝的傳達手法，張艾弓也舉了〈麥利堅堡〉中的片段來說明「多是以直白的方式，引著詩人追問下去」，而〈時空奏鳴曲 —— 遙望廣九鐵路〉中，詩人對廣九鐵路的「叩問」，震撼人心。張氏認為「『直接投射』在羅門的都市詩中經常使用，為詩平添了一份冷靜、客觀的色調。」至於〈麥當勞的午餐時間〉，張氏說：「都市生活的疲憊與枯竭的心靈相構合，著字不多，意蘊盡顯，直接射穿了都市的帷幕，曝呈出真相。」

　　羅門的詩中也有許多詩句顯見使用「反諷」的修辭技巧，例如〈曠野〉、〈鳥的雕刻〉，張氏就以之說明「以共時性的田園景物與都市以及都市人所組成的景象作為對比，展現出巨大反差的兩極，及田園與都市的空間隔離。也許這種『第三自然』式的意象反襯，意在揭示分裂與荒誕，帶著嘲諷意味。」

　　在《時空的回聲》第三二一頁，羅門曾自述他的寫作一首如〈死亡之塔〉的長詩，不知會如何發展下去：「我採取了

列車式的結構，讓一個一個可獨立的車廂（詩章），連入同一個『車頭』與『車輪』所活動的動向中，成同向的呼應與進發。」張氏評為：這種由仔細選擇之後的『車廂』式的形式結構，延續在羅門其後的創作歷程中，它自由隨意卻散而不亂，即使詩情暢通無阻地流動，又可約束整體的節奏，避免讀者閱讀時的疲累。」

另外張艾弓對羅門詩中的「節奏韻律」也多所欣賞：「對仗節奏與韻律，在羅門詩中竟起了反諷作用，扮演了可笑的角色，這是詩人獨到的創造。」張艾弓對羅門詩作中〈旁類藝術的啟示〉也頗多著墨，例如〈第九日的底流〉的九與貝多芬〈第九交響曲〉的「九」相呼應，在〈曠野〉一詩中「較大規模地吸收借鑑它類藝術表現手段」，在〈鞋〉、〈海〉等詩中有繪畫性，都加以細緻的討論，這些論點剛好印證了羅門自己的話：「做為一個詩人、藝術家，應該以開放的心靈，去吸收世界上美好的一切，同時要有溶化與轉化一切的能力，能將所有已出現藝術主義與流派以及古、今、中、外等時空狀況，均視為材料」（參見《羅門論文集》）。

羅門在許多論文中都有一再強調詩歌語言的重要，例如在「羅門論文集」第二七至二九頁中就有一段話說明他查驗詩歌語言的五個質點：「畢卡索的『空間掃瞄』與『立體表現』，雕塑大師加克美蒂的『壓縮、凝聚與冷斂美』，抽象大師康定斯慕的『律動美』，雕塑大師布朗庫斯的『單純美』；雕塑大師康利摩爾的『圓渾感（或飽和感）』。」以及《羅門詩選》第五頁中的一段話：「由於人類不斷生活在發展過程中，感官與心感的活動，不能不順著這一秒的現代感往下一秒的現代

感移動，而有新的變化。這便自然地調度語言的感應性能到其適當的工作位置，呈現新態。否則便難免產生陳舊與疏離感。」因此張氏認為「詩人為了適應現代都市生活的刺激、震驚的狀況，而努力從語言的節奏上去調整，使其表現凝聚、冷斂、律動，以和都市節奏保持同步。」

　　最後張艾弓做了一個短短的結論：「在台灣眾多現代詩人中，羅門大概是唯一始終與時代保持同步的詩人……詩人以敏銳的、穿透性的目光，保持著高度警惕，秉持超越性的姿態，領先或同步於時代，避免為工業化的社會、商品經濟的交換邏輯及機械理性等所物化或異化，羅門努力地確立新的人生精神指向和『形而上』的精神嚮往，盯住變動著的一切，在變動中尋找著永恆的美。……」

　　以上兩位評論家的《羅門論》要點經整理後，已不難窺出羅門創作的全貌。由於評論羅門的文章，已超過一百萬字，以下我擬就各家觀點擇要敘述，俾便讀者更能深入羅門詩作的堂奧，並節省篇幅。

三、海內外名家眼中的羅門

　　潘麗珠教授的論文《羅門都市詩美學探究》中說：「羅門是現代詩壇中，始終以藝術理念貫串詩作的人，讀他的作品，應該牢籠全貌而不能單一評價，否則無法知悉作品的勝處。他的都市詩『方形』、『窗』、『眼睛』等意象突出，詩語言明朗具現代感，詩形結構切合都市意涵的美學要求，內容也能呼應他所主張的『第三自然觀』，直指都市人的心靈病灶。稱

他是『城市詩國的發言人』或『當代都市詩的守護神』應當之無愧！」潘教授除了介紹羅門的人，界定都市的涵意外，對羅門都市詩中的重要意象、語言風格、特殊結構多所探討與肯定，不失為一篇深究羅門都市詩的重要文章。

　　至於陳大為所撰寫的碩士論文《羅門都市詩研究》，以存在主義為主要架構，援用其他像雄渾觀、主題學理論海德格對存在的本體論及生存論的思辯，分層梳理。尤其羅門對海德格的「美學分析」、沙特的「虛無觀」、尼采的「悲劇精神」的了解，其在吸收和轉化的過程中，所產生的「影響的焦慮」，全書中對「第一自然」、「第二自然」、「第三自然」的理論架構進行分析。並且分三個層次來分析都市文本的空間結構及其演化進程，以及其生存論的價值內涵。並以主題學方法來分析都市女性的角色，在羅門經營都市「性慾」母題的「縮寫」策略下，被片面化成「肉彈」的過程。接著分析羅門在「物慾」母題的多角度經營下，對都市消費現象採取「速讀」的策略，以及語言速度與題材深度的反比例現象。將羅門排除在都市範圍之外的非肉彈都市女性、服務業者和藍領勞工，重新納入「都市人」的範圍內，彌補他在聲色現象的「速讀」和「縮寫」策略下，所導致的疏失。最後以羅門的兩項美學標準來檢驗他的都市詩。首先是以「敏銳視野」為準則，檢視羅門都市文本對各種時代現象及社會文化的變遷方面的掌握能力。接著透過羅門本身的詩歌語言和修辭技巧的躍進或停滯，以及類疊和排比技巧的運用，來檢視其所謂「前衛語言」的前衛性。在最後一章的結論，陳大為有如此肯定的評述：「縱觀羅門四十年來的創作表現，毫無異議的具備了『一

代大家』的份量……對都市詩這種獨特詩類的拓荒工作，確實立下不可磨滅的開疆闢土之功。」

　　大陸評論家沈奇對羅門的創作也有一些看法：「縱觀羅門的作品，其主要藝術特質，似可歸納為以下三方面 ── 第一，是其超越性。羅門詩思靈動擴展，常有很大的空間跨度。無論處理哪一類題材，都能自覺地將傳統與現代、本土與外域之視點融合在一起，放開去思、去言說，不拘泥於一己的情懷，或狹隘的歷史觀及狹隘的民族意識。表現在語言的運用和意象的營造上，也不拘一格，善於融匯一些新的意識與新的審美情趣，創造出一些新語境。如此，便常常可以超越地域、時代與民族文化心理的差異，也更經得起時空的打磨，得以廣披博及、長在長新的藝術魅力。第二是其包容性。這主要來自於詩人創作中的大主題取向，無論長詩短詩，都能大處著眼，賦予較深廣的底蘊。如屢為詩家稱道的〈窗〉一詩，短短十一行八十餘字，便營造出一派大氣象，其開掘的精神空間已不亞於一首長詩的容量。這種包容性還表現在另一方面，即在羅門的詩思指向中，不僅有對現實犀利的批評，對存在深刻的質疑，同時也有良知的呼喚。第三是其思想性。羅門本質上是一位偏於理念和知性的詩人，支撐其寫作的，主要在於意義價值的追尋而非淺近的審美許求。詩人大部分的作品，且常有一種雄辯的氣勢和思辯之美讓人著迷。實際上這也正是中外傑出詩人的一個優良傳統，正如笛卡爾早就指出的那樣：『有分量的意見往往在詩人的作品裡，而不是在哲學家的作品裡發現。』只不過在當代漢語詩歌界裡，羅門在此方面的探求，顯得更為突出和執著。」沈奇的論斷十分

中肯而深入，絕非泛泛之評。

　　鄭明娳教授也在論文《新詩一甲子》中指出：「羅門是都市詩及戰爭詩巨擘，也是八〇年代以來，台灣最具思想家氣質的前衛詩人。他深受西方各種現代主義思潮以及當代前衛藝術的影響。另一方面也掌握了東方人本主義文化的圓融與和平。他的詩語言以犀利、精確見稱，意象驚人、詩思包容的層面既廣且深，是中國知性詩派的代表性人物。他一九五八年出版的處女詩集《曙光》不脫浪漫抒情習性，但在六〇年代後接連推出的幾部詩集《第九日的底流》、《死亡之塔》、《隱形的梯子》、《曠野》，及一九八四年的《羅門詩選》，一再向現代人處身現代文明而產生的繁複心理活動，進行深沈的探索。他採取的表現手法縱跨寫實白描、象徵、超現實、魔幻寫實。透過了精密的思維和組織，使得他超越六〇年代超現實主義潮流下產生的反理性、無秩序的病態詩風，呈露出一種意象繁複繽紛而意旨不失直接有力的面貌。羅門主張現代詩在表現技巧及內涵上都應有多向性，他試圖透過都市文明、戰爭、死亡，以及各種生存情境來追蹤人的存在，也認為現代詩人應不斷尋求語言新的可能性，注意現代詩新語言空間的擴建與藝術創造。八〇年代『掌握都市精神的一代』崛起，受到羅門很大的啟迪。」頗能精準道出羅門的成就。

　　還有為數甚多的評論大文，讀後頗多重複，不再引述，讀者若欲參考，可以參閱《從詩中走過來 ── 論羅門蓉子》及《在詩中飛行 ── 羅門詩選半世紀》兩書。

四、結語 —— 詩壇重鎮，一代風範

　　我在決定研究羅門詩作的時候，就寫了一封信給羅門，表示希望獲得一些資料的支援，沒有多久，他就以掛號寄來一個大包裹，幾乎涵蓋了羅門蓉子兩位的所有著作及評論，令我十分感動，馬上打了一個電話表示感謝，在電話中聊了近一個小時，對羅門年紀輕輕不到五十歲就提早退休，放棄高薪的工作，專事詩的創作，詩就是他的信仰，他的宗教，令人格外佩服。難怪詩人陳寧貴在一篇〈月湧大江流〉乙文中，如此讚揚羅門：「羅門，已成了現代詩的名字，他是現代詩的守護神。三十年來，他放棄了一切物質享受，把自己獻給繆斯。在近代詩壇上，像羅門如此純真、專一的詩人極為罕見。如果現代詩壇沒有羅門，將是多大的遺憾。」（見陳寧貴〈月湧大江流〉，《自由時報》副刊，一九八四年十一月十七日）的確，羅門一生為詩，其成就有目共睹，詩人楊牧譽之為「詩壇重鎮、詩藝精湛、一代風範。」（見《詩眼看世界》，師大書苑）確實實至名歸。

　　　　　　　　　　（國文天地 20 卷 8 期 2005 年 1 月）

青鳥殷勤爲探看

—— 蓉子論

一、蓉子的生平及著作

　　本名王蓉芷，一九二八年生於江蘇，父親是牧師，母親是教師，宗教教育使她成為一位溫文爾雅賢淑端莊的女性，這種特質，使她寫出婉約清麗的作品，頗受讀者喜愛。和詩人羅門結婚後，更共同携手營造「燈屋」，許多詩友都曾是燈屋的座上嘉賓。年輕詩人更樂意前往請益，詩人林野在〈永遠的青島〉乙文中就說：「多次造訪泰順街的輝煌座標 —— 燈屋，益發令我感動，這對珠連璧合的詩壇伉儷所經營的小千世界，正奉祀著詩和藝術的長明燈光，尤其他們那種對詩專業和敬業的誠摯態度，不僅讓人崇敬，也教人心儀和心折。」

　　蓉子著作甚豐，根據蕭蕭主編的《永遠的青鳥》乙書記載，有十九種之多，有關蓉子作品的評論專訪更多達百篇以上，可謂影響力深遠的詩人作家。

　　她重要的詩集有《青鳥集》（四十二年出版）、《七月的南方》（五十年）、《蓉子詩抄》（五十四年）、《維納麗莎組曲》（五十八年）、《橫笛與豎琴的响午》（六十三年）、《天堂鳥》（六十

六年)、《蓉子自選集》(六十七年)、《這一站不到神話》(七十五年)、《只要我們有根》、《黑海上的晨曦》(八十六年)。

一九五二年十一月,蓉子在《新詩週刊》上發了〈為什麼向我索取形象〉,都五十年了,我們深深為她的虔誠信仰所感動:

「為什麼向我索取形象/歡笑是我的容貌/寂寞是我的影子/白雲是我的蹤跡/更不必留下別的形象。」

五十年後,我們終於知道,蓉子所留下的形象是「對詩的虔誠信仰」。

不幸早夭的天才詩人林燿德就曾在一篇〈我讀蓉子〉乙文中說:「她對於生命中真善美的昂揚,對於文學創作的執著,她對名利淡泊不泥的率真,在在於詩中彰顯出一個溫婉純潔的形象。蓉子之所以被形容為「永遠的青鳥」,更成為中國詩壇一朵不凋的青蓮,並不僅止於她是『自由中國第一位女詩人』,這種記錄上的意義,更在於她數十年毫無間斷而具高潮迭起的創作生涯已帶給我們一種典範。」

二、蓉子作品的分期

蓉子的詩作很多,但大體上可以分為兩期。第一期的作品包括《青鳥集》和《七月的南方》,屬於成長期的作品,雖然有不少佳作,例如《白色的睡》(1960),但大體上都較青澀,余光中在評《青鳥集》就曾說:「這本詩集給讀者的正是一位女孩對理想的追求、幻滅與自慰。一般說來,這些作品玲瓏而天真,在清淡中見出韻味,現在讀來當然比較舊些。

有些詩太淡了，太稀了，如〈納涼〉諸作便是……。其中比較傑出的，都以結構取勝，例如〈為尋找一顆星〉、〈春春〉、〈休說〉……蓉子早期的佳作頗能把握感覺的強度，例如〈寂寞的歌〉……」。沈奇也在〈青蓮之美 ── 詩人蓉子散論〉乙文中，評這段時期的作品：「……多屬情感自然流洩，不抑不馭，不事塑砌，唯以真純的情感美、婉約的情緒美、流暢的音韻美和清明鮮活的人生感悟，和諧共鳴，感染讀者。這類作品，得益於情感，也常受限於情感，雖整體架構上也有恰切的組織，肌理分明，但詩思的開展，一般都囿於線性的直抒舖敘，如歌如賦，難得有更多新奇的意象生發。」

　　第二期的作品，大體上以《天堂鳥》、《橫笛與竪琴的响午》、《蓉子自選集》、《這一站不到神話》至以後的作品為主，沈奇也在同一篇論蓉子的文章中說：「詩人的詩思，在這類創作中得到了很好的控制和獨到的深入，情感、理性與信仰三者調和為一，理趣與情韻並重，著力於意象的營造，主體深隱洞明，有如月光溶於荷塘，撲朔迷離中有思想的流光閃回回浸漫。在這裡，語言不再是單一的情感與音韻的載體，而成了自足自明的詩想者，有了更多的延展性，更多的想象空間。」

　　對這兩期的作品劃分，當然見仁見智，比如七十年代詩選對蓉子的評語，就以《青鳥集》為一期，《七月的南方》以後的作品為一期：「青鳥時期，她活潑玲瓏的句法，音響輕柔的節奏，單純明澈的意象，嚴整穩妥的結構，以及含蓄抒情的風貌，在在使人低徊不已。《七月的南方》與《蓉子詩抄》相繼出版，蓉子的詩風有了極顯著的轉變，在現代新審美觀與新的觀物態度的影響下，她逐漸更換了自我的坐姿，逐漸

遠離了青鳥時期那單純雋永與可愛的抒情世界，也像其他的現代詩人，強調深入的思考與知性，向內把握住事物的真實性，追求精神活動的交感作用，使作品在現代藝術的新領域裡塑造交錯繁美與帶有奧秘性的意象，獲致其更純的深度與密度。」此段說法評論家張漢良也十分認同，在他的《蓉子論》中曾加以引用。

　　當然也有評者更細分蓉子為四個時期，例如北大博士研究生譚五昌即是，他在〈論蓉子詩歌中的生命哲思〉乙文中，把《青鳥集》列為第一期，認為此期作品有模倣泰戈爾、冰心小詩的痕迹，且蓉子本人也坦率地承認受到影響，但作者也說：「蓉子這本處女詩集之所以能在當時的台灣詩壇產生熱烈影響，其根本原因在於詩集作品中抒情的高度哲理化，而決不只是一般意義上的少女抒懷。」第二期為《七月的南方》和《蓉子詩抄》，作者指出：「蓉子不再是一隻快樂、單純、情趣古典的青鳥了，而變成了一個逐漸感受到生命苦悶的現代化都市女性。第三期為《橫笛與豎琴的响午》、《天堂鳥》、《蓉子自選集》等，作者指出：「這一時期蓉子心態已由具現代性的緊張內在衝擊回歸到古典式的和平與安寧。第四個階段則為從八十年代迄今的創作時期，作者指出：「這個階段蓉子對於生命的思考態度可以說又發生了一個很大的轉變，也許是隨著年歲漸大，詩人對於生命的流逝日益變得敏感起來，對於生命的哲思也具有了一種宏觀透視的非凡的意味。」

　　而也是北大博士研究生的高秀芹則從飛翔與降落去分期，第一期飛翔：超越現實苦難的自由形式，第二期降落：重歸現實苦難的深刻體認，第三期女性意識；在飛翔與降落

裡分得頗有意思。

　　有關蓉子詩作的豐富內容，無論怎樣分期都言之成理，以上所舉幾家分法，讀者可以自行參考採用，有助於蓉子詩作的深入研究。

三、《青鳥集》的評價

　　《青鳥集》的作品有四十一首，是從一百多首作品中篩選出來的，蓉子在《青鳥集》後記中說：「在童年的時候，就接觸了詩，不是古詩，不是絕律，而是古希伯來民族的詩歌，是莊嚴的頌歌，勇士們的凱歌，大衛王的詩篇和歌頌愛情的雅歌。」

　　她更進一步說：「我愛這些詩裡面，真摯的情感，活潑的旋律。我雖然未有心去模倣，它們多少影響了我。」所以我們在讀《青鳥集》時，感受到一種如希伯來的頌歌一樣宗教的虔誠，感受到一種節奏輕快的快感，例如，〈為尋找一顆星〉：

　　　　跑遍了荒涼的曠野
　　　　為尋找一顆星，
　　　　為尋找一顆星
　　　　跑遍了荒涼的曠野

　　　　找不到那顆星
　　　　找不到那顆星
　　　　癡癡地坐著在河岸邊，

看青螢繞膝飛。
癡癡地坐著在河岸邊。

　　節奏多邊輕快，排比句法多麼有力量，這些多少是「受到外國詩歌的好影響」（覃子豪語），再看〈小舟〉：

劃破茫茫大海的，
不是白晝的太陽
不是夜晚的星星，
也不是日夜吹著的風。

劃破茫茫大海的
是一隻生命的小舟

　　多麼積極的力量，即使人卑微如小舟，也要劃破茫茫的大海。
　　因此覃子豪在〈評青鳥集〉時就表示：「作者充分顯示了她特有的詩人氣質，具有獨立的人格和優美的情操，有一種崇高的思想，真摯的感情，在藝術上也充分表現了她的才華，情感的淨濾很晶瑩的表現在詩裡，把她內在的真，表現為外在的美，故其作品能呈現出異常動人的光彩。最成熟最完美的詩，都是表現作者自己的人格、希望和理想。缺點是有許多詩句句法生硬，是因為作者要揚棄那些爛熟的腔調，創造新鮮的表現方法。因而，在詞彙和句法上，不免有生澀的感覺。」
　　詩人向明也在〈永遠的青鳥〉乙文中說：「蓉子這本處女

詩集，當時會那麼受到歡迎，最主要是它的內容確實有令人喜愛之處，分別是：（一）文字溫柔纖細，（二）詩意清新煥發，（三）取向層多面廣。當然，向明也提到它的缺點：「讀慣了當前現代詩的人，可能感覺它不夠咀嚼，意象不驚世駭俗。」不過，向明還是肯定它：「仍然是一股清泉，是一隻永遠的青鳥，它的美就在它的清新脫俗，不染纖塵。這樣純真爽朗的詩永遠有它的一席地位。」

有關《青鳥集》的評論還有多篇，因限於篇幅，不再贅述。

四、《七月的南方》詩集中的現代精神

《七月的南方》詩集，已由《青鳥集》的晶瑩細膩富有哲理轉進比較把握現代主義精神的某些個人特殊情緒和感覺的繁複之中，雖然她自己並不盲目認同現代主義，不信請看《七月的南方》詩集「後記」：「我原係最不善於解釋自己的；但不容否認的是自四十五以還，無論就整個詩壇或個人的生活來說均遭逢莫大的變動。一個人同時要適應這兩「劇變」，如果他（她）不是渾渾噩噩、盲目附從的話，該不是那麼容易就適應的。猶記得詩壇「劇變」的浪湧初起時，很多人以迫不及待的跳水之姿，迅速地躍入這一股衝激的洪流中（也不管是否已熟諳水性）—— 我願意更多地把握自己一些，而並不急於做一時跳水英雄，去贏得片時的喝采，我願意更多顯露出自己的面貌，此必須有靈魂和實質為後盾。我過去久久的緘默和這兩年來的再發表，可以作為這種態度的說明。」從這一段話，我們可以知道為什麼兩本詩集出版時間相距八

年，為什麼「久久緘默和這兩年再發表」？原來有兩件事，一件應該是「結婚」（蓉子於一九五五年四月十四日與詩人羅門結婚）結婚是人生的重大改變，甚至是「劇變」，許多人可以體會，而另一件事應該是詩壇盛行現代主義與存在主義，對一個傳統的詩人，可以說是相當大的衝擊。雖然她仍像《青鳥集》中的自述詩「我是一棵獨立的樹／不是藤蘿」（〈樹〉），仍然保有自己獨特的風格，但在《七月的南方》詩集中，已可看到「每首詩都純粹是現代的」（劉國全語），詩人劉國全更舉〈燈節〉乙詩的片段來證自己的論點：

> 也擬看燈去；但不著石榴裙
> 也去逛燈市；也不曾慵梳頭
> ── 這是現代，這是異鄉
> ……
> 此後，孩子們會不耐
> 哦，十分不耐煩地
> 等待下一個年的緩步
> 像等待一世紀那樣悠久

　　劉國全說：「像這類詩句，甚似法國象徵詩人藍波（Arthur Rimbaud）所謂的「魔力傾向」（Daemonic Trend），予人的感覺是不可思議。讀〈燈節〉乙詩，猶我們在一座現代建築大廈中，品味一幅純粹東方精神的畫。」並且再舉〈七月的南方〉乙詩片斷來說明：

　　讓陽光舖路，推開這雲濃霧重

　　讓陽光為我舖橙紅金黃的羊毛氈直到南方

　　我便去追踪，追踪他暖暖的足蹟

　　去探詢靈魂成熟的豐盈

　　「一首內容豐富的詩，是由眾多形象集合而成的。如『而自由舒捲的葉子們如密密的雨』，『小樹盡如花嫁時的衣飾』，『傾陽的向日葵，金紅鵝黃的美人蕉』，『椰子樹的巨幹靜靜地支撐南方無柱的蒼穹』、『光彩迷魅似無數華麗的孔雀羽』等美麗句子，造成〈七月的南方〉這首詩意境的超脫。其氣魄鏗鏘有力，起落有致，有一種完整的渾然情調。」劉國全更進一步說：「筆者以為以一種新節奏加入現代詩法，是很適合讀者心理的自然需要。在〈紅塵〉、〈一捲如髮的悲絲〉、〈紫色裙影〉、〈白色的睡〉、〈十月〉等詩中，作者常用許多重疊句子來相承續、相錯綜、相感應，藉這種詩味來引導讀者如何呼吸詩中的靈魂，自然這種寫法必須靠經驗及大膽實驗去探求，但如果沒有蓉子那麼豐富的創作經驗，是很難有這樣的效果的。」

　　也就是說蓉子是以自己原有的堅實基礎，來做現代化的轉進與突破，不會像有些人連素描功夫都沒有就畫起現代畫，其不失敗，怎麼可能？

　　另外評論家藍采也以〈試評七月的南方〉乙文，肯定蓉子的成就：「詩句典雅，情感次序冷凝，語言豐盈而又嚴謹。……融匯了音感、色感、嗅感之總和。因此它給予我們是多種喜悅。又因她盡量發揮了抽象與寫實的高度技巧，故詩中意境的展示，就如一幅詩的壁畫。」

其他仍有多篇肯定《七月的南方》之評文，大體上見解略同，不再贅述。

五、《蓉子詩抄》展現驚人成就

蓉子曾說「詩與藝術使生命產生耐度，在時間裡不朽。」可見藝術家要長時間的苦心孤詣，才能有所成就，蓉子在出版了《青鳥集》、《七月的南方》等初獲肯定的詩集之後，《蓉子詩抄》的出版，才真正展現詩人的驚人成就。她的詩已經不是少女情懷或初為人婦的羞澀，她在這本詩集的序中說「詩的創作早已不再效十九世紀初浪漫派詩人們那樣地奪門仰仗衝動的情感和『煙絲披利純』（靈感）了，今日新詩追求純粹與凝練，需要嚴密地思考和冷靜的觀照，詩是靈魂在清醒、透明、豐盈的時刻所完成的，它特別需要一間安靜，孤絕可供自由思想的『工作室』……」。從這一段自序裡，我們可以得知，詩人的創作，已經和從前大異其趣，但她仍然堅持自我：「身為一個創作者，或從不感到他們必須完全依照一種流派，服膺一種主義去創作；而且文學上或藝術上的任何流派或主義關係針對前一種流派的反動，因而也往往有『矯枉過正』的弊端。倘或創作者自囿於一種狹隘的主義去創作，則勢必至於接受了其利之外更接受其弊！與其那樣，還是讓我們服膺個人的心靈的引導去創造吧！」蓉子雖然不願再以閨秀派作家抒寫少女的點點滴滴，但她還是堅持不走別人的路綫，仍然堅持她自己的風格。

因此評論家林寒潤就在〈小論蓉子詩抄〉乙文中指出，「蓉

子根據對詩發展與演變的認識，主張傾向內在的刻劃，依循自我心靈的導引，創造出富有個性的作品。顯然的，在《蓉子詩抄》裡，那些閃爍的詩篇，都是基於此一原則而完成。我們可以看到的是，明麗、跳躍、嚴厲的字句中，包含著親切的對生命的熱望，夢的嚮往以及敏慧的自我抒發。所以那不是完全寫景的，也不是完全抒情的，那是詩人複眼對大千世界的透視與反射，就如霓虹玻璃反射出來的光芒那樣，包含著許多凝然，那是令人有些眩惑與疏遠，却又令人感到那麼炙人的親切。」

　　瘂弦也在〈新詩品 ── 評《蓉子詩抄》〉乙文中說：「在《詩抄》中，蓉子幾乎徹底擺脫了她早期作品中那種過於散文化的傾向，而強化了詩的張力，不管是高潮的鋪設，語字的鑄造，層次的安排，都益臻謹嚴，給人前所未有的密度之感。在題材方面，蓉子也不再侷限於一個女孩子的『心靈小園』，除了具有高度主觀的作品之外，還透過作者冷靜的觀點，描寫了大自然的各種風貌，並嘗試一些她過去從未涉獵過或從不喜歡的事物。」因此瘂弦論斷：「在求進、求變、求嘗試和求創造方面，蓉子一向不甘後人，故多少年來，她始終保有她美好的名聲不墜。」

　　現在我們來看幾段《蓉子詩抄》中的結構，便知以上的評者實不虛言。先看〈我從季節走過〉：

走過 ──
卻不知終點何處？
當美夢在季初塑成未開的蓓蕾

　　緊鎖古銅色的深心 ——
　　只如此筆直走過，難以回頭

　　以此段詩內外交錯的美，證之里爾克所說的：「詩是詩人的靈魂最豐盈、最寧靜、最明澈的時刻所創造。」實與容子的「序」不謀而合。

　　再看《憂鬱的都市組曲》一輯片斷：

　　我們的城不再飛花　在三月
　　到處蹲踞著那龐然建築物的獸 ——
　　沙漠中的司芬克斯　以嘲諷的眼神窺你
　　自晨迄暮

　　這正是現代詩的語言和內涵的展現，瘂弦說：「作者試著去征服一些更博大、更深沉、更具思想性和傾向性的事物了。」

　　已故詩人李莎在〈讀蓉子詩抄〉文中，有一段中肯的評論：「全書共分五輯，五輯中的每一首都以不同的風貌給予我們不同的感受。由於作者極富想像之創造，乃能把最古老的語言作嶄新的更精練的運用，並將吸收的生活經驗使之升華，清純真樸，不留一點渣滓。……讀蓉子的詩，我們能感受到一個現代詩人靈魂的顫巍與演變。」

六、《童話城》掀起兒童文學研究風潮

　　現在童詩已經有不少人經營，並且著有績效，但在早年，

除了早夭詩人楊喚之外，童詩為數甚少，已有聲望的詩人如蓉子者能抽空為兒童寫詩，更是絕無謹有，因此她的《童話城》可以說是一個開端，從此之後，大人寫童詩的多了起來，甚至後來又有兒童文學寫作研習會的成立，《童話城》的出版，有一定的影響力。

評論家珩珩就寫了一篇〈蓉子的「世外桃園」〉，介紹蓉子的童話城，他舉了書中的〈童話城〉乙首為例：

> 孩童們全都敏捷像兔子，
> 美麗像花朵，
> 他們互相友愛，
> 從不會為食物或玩具爭吵，
> 因城市有足夠的愛和食物供應居民。
> 連那些不幸失去父母的孩童，
> 也一樣能得到足夠的陽光和溫暖，
> 甚至比有父母照顧的孩子得到的還多。
> 這是兒童的美麗天堂，只有仁慈沒有暴力的世界。

珩珩說：「在這篇童話詩篇中，完全看不到醜惡、卑鄙、殘忍、凶暴等可怕字眼，詩中所洋溢的是一片祥和、寧靜與甜美的氣氛。只有愛，沒有恨，只有同情，沒有嘲笑。成人的世界紛爭吵嚷，充滿了緊張的煙硝味，《童話城》卻像現實社會中的一帖清涼劑，使人有清新脫俗的感覺。」他並且評論《童話城》乙書有下面四個特點：「一、是具有創意。二、是揉和文學意味和教育價值。三、是充滿想像。四、是具有

深度。」珩珩並比較〈童話城〉和陶潛的〈桃花源記〉:「陶潛用散文敘述一個故事,令人如入仙境,恍然有隔世的感覺;而蓉子則以詩的形式來表達,優雅的詩句,高曠的詩境,使人不盡陶然忘我,又回到童年善美的幻想中。」

評論家黃孟文也寫一篇〈談蓉子的《童話城》〉,文中認為:「第一輯裡所包容的描寫一般常見的事物童詩,才是全書中寫得最精彩和最為成功的。描寫自然現象的第二輯,頗有特色,在她的筆下的自然景物,色彩斑爛,音韻和諧。第三輯〈童話城〉是本書的主篇,最有份量,但做一首故事詩,就很難避免散文和敘事化的毛病。

七、《這一站不到神話》已到十分圓融之境

《這一站不到神話》出版於一九八六年,共分九輯,六十四首詩,讀完這本詩集,你會感到此時的蓉子已經到十分圓融的境界,信手拈來無不是詩,而且皆是妙品,已經是嚴然大家的風範了。

這九輯詩中,舉凡對時間的詮釋(輯一),對環繞身邊的人物或事,對人生的見解和感嘆(輯二〈茶與同情〉)對自然景觀與節氣,與大自然神交的紀錄(輯三〈當我們走過煙雲〉,輯四〈揮別長長的夏天〉),寫情寫景均具功力。寫對國家民族的大我之愛,透露對國家鄉土深深的情感,有血有肉,深刻感人(輯五〈只要我們有根〉),對新聞事件的感觸,應香港大學邀訪的感觸(輯六〈香江海色〉),對生活繁忙,時間和生命深層的體悟與玄想(輯七〈紫葡萄的死〉),對她遊歷

各地的海天遊踪（輯八〈倦旅〉），對愛情的看法，寫西方的英遜王溫莎公爵的情史，也寫東港小鎮的愛情故事（輯九〈愛情是美麗的詠歎〉），舉凡週遭所遇、所見、所聞、所想均可入詩，而且寫來已到爐火純青老練異常的境地。

比如〈祇要我們有根〉的片段，就能有「振人心，揚鬥志」的積極作用：

　　我親愛的手足，不要傷悲
　　縱使葉子們都落盡
　　最後就剩下了我們自己 ──
　　那地光潔的樹身，仍舊
　　吾人擁有最真實的存在
　　── 祇要我們有根
　　……
　　就讓我們調整那立姿
　　在風雨裡站得更穩
　　堅忍地渡過這凜冽寒冬

這一首詩就收在國中教科書中，為千萬學生頌讀。

鄭明俐教授曾發表〈這一站，到那裡？－評《這一站不到神話》〉乙文，對蓉子這本書頗為讚賞：「發現蓉子在題材上有了重大的突破，不僅僅是向客觀的現實進行探索和省思，更可貴的是她寫得如此平易而親和，新奇的事件並未如時下的風潮，以炫奇好怪的表現手法來呈現，蓉子的近作，看不出綿密壓縮的龐大結構，並無詰屈聱牙的惡態句型，在

溫柔詩心之中潛隱的是散文家的從容不迫，舒緩而睿智，又能把她那巨大的悲憫充分地傳達出來。」鄭教授更進一步分析〈太空葬禮〉乙首，那是一首描寫美國太空梭「挑戰者」號爆炸的感想，鄭教授詳細分析全詩的感人及技巧所在，最後指出：「全詩觀點幾次轉換，從作者主觀的詠嘆，到全知觀點的描述，最後投射到稚女的心靈，感人尤深。」

　　另外詩人向明也評了這本詩集〈大化滿詩情－讀《這一站不到神話》〉，文中除評析九輯作品包含的內容外，並舉詩例加以賞析探討，最後結論是：「這本輯子中的最大特色的三首幅度較大的情詩，都是針對中外二三特殊的感情事件所抒發。其中〈意樓怨〉最令人讀後唏噓。因為她所吟咏的是本省鹿港古鎮一則傳說中的悽惻愛情故事。而今座落在鹿港全盛巷的那座使女主角獨守相思的意樓仍在，當年男女雙方舉證盟誓的楊桃樹也仍枝繁葉茂，祇是從來沒有誰為這麼美麗的傳說寫成傳人的作品，而蓉子却從簡略的故事基礎，藉助想像的推衍，發展成了一首八十行的長詩，使這本詩集《這一站不到神話》顯得內容更豐富。」

　　詩人陳寧貴也以一篇〈玉疊浮雲變古今〉來詳細介紹蓉子這一本詩集。文章一開頭陳文就指出：「表現了她前此未有的現實生活的親和力。」並評析了九輯詩的內容，舉例了不少可讀的片斷及佳句，最後還是和詩人向明一樣，頗為欣賞輯中的愛情故事：「蓉子憑藉詩人豐富的想像，為鹿港傳說中的悽惻愛情故事發展出更完整的情節，也為封建社會中弱女子點出不凡的哀怨。」結論更盛讚這本書：「縱觀蓉子的《這一站不到神話》內容豐富，創作技巧靈活多變，是值得細品

的一本詩集。」

八、除詩創作外，蓉子還有其它重要成就

　　蓉子除了自己潛心詩歌創作之外，她也應《國語日報》之邀，撰寫介紹新詩的專欄，為青少年選讀優良作品，頗受學生和家長的歡迎，後來結集出版，定名為《青少年詩國之旅》，該書分兩部份，第一部「詩是什麼？」闡釋詩的意義，美的觀念，寫作的動機，詩的形式與結構，內外的意涵，流暢生動親切的文字，為青少年做詩的課程解說。第二部份是「詩的賞讀」，是第一部理論文字的印證，選了四十四家詩作，以深入淺出的寫作方式，剖析詩人內心的世界，以及詩人繁複變化多端的手法，對生命中喜樂的展現方式，都能予以觀照分辨，使青少年能在繁複中找出頭緒。她想起國中時就喜愛新詩且受老師的鼓勵，因此在這本書的序文中自道：「設若當時的老師給我一頓責罵，說不定涼水般從此澆熄了我心中對詩的熊熊火焰……」這段話可供為人師者參考。詩人上官予就很讚賞這本書：「《青少年詩國之旅》不僅重視詩的現實內容與生活的意義，同時也發揮了詩的藝術，品味詩的風格，發明詩的創見，細致而深入。由於蓉子在詩創作上難得一見的成就，於闡釋詩的質素之處，尤其游刃有餘，盡得其妙。」

　　另蓉子也寫得一手好散文，並出了兩本散文集。一本是《歐遊手記》另一本是《千泉之聲》。

　　《歐遊手記》是蓉子遊歐洲的散文集，詩人以詩眼將所

見到事物，一一筆之於書，從序文中得知，她是很用心寫這些文章的：「為了這本遊記，無形中倒讓我多讀了幾本書，尤其是繪畫藝術方面的書，諸如歐洲文藝復興史、西洋美術史、米蓋蘭基羅、達爾文西的生平與解說等」〈序〉，這種認真的寫作態度，難怪《歐遊手記》一書頗受好評，詩人羊令野就盛讚說：「所著《歐遊手記》一書，其蒐集圖片及資料，至為完備兼美，對歷史、人物、風土，無不加以考查，並以其詩心觀照，表現為文，亦畫亦詩，此正是詩人遊目馳騁，引人尋勝探幽也。寫遊記者多，但流於平面攝影，亦不過一篇流水賬，此種作品彷彿導遊手冊，索然乏味。蓉子遊屐所至，情有獨鐘，一經再造則別有天地與人間，此蓉子才所謂『情乃一人領』也。」

詩人陳寧貴也評曰：「本書每個篇章幾乎都極有特色，筆觸生動自然，充滿詩情畫意，蓉子是一個詩人，有著很中國的溫柔敦厚情懷，目之所視，耳之所聞，從歐洲旅遊歸來後，她的眼界更高超，目光更銳利，所以讀《歐遊手記》不但可以增加見聞，更可以有一次豐盛的心靈之旅，去過歐洲的讀者看《歐遊手記》感覺回味無窮。未去過歐洲的讀者看《歐遊手記》，也可以好好地臥遊一番。」（讀介《歐遊手記》）。

而《千泉之聲》的散文集，你如果讀幾段，你才會知道蓉子還真是會寫散文，而且和一般散文家不同：

「你不覺得嗎？有時料峭的春寒更能振奮人們的精神，而我在微寒的晨曦裡體驗到生命的芬芳，聽見了生命脈動的歡欣。」（〈寫不成春天〉）

「在千泉宮中的水，就像春天花園中的各種繁華，以它

們所能呈現的百態千姿，吸引遊人們的觀賞和注意，且以奪人氣勢的聲喧震攝人心。」(〈千泉宮〉)

　　這樣動人的散文，評價當然高了，散文家鮑曉暉就評曰：「好的散文，除了文字洗練，內容言之有物，有所啟迪外，還要有引人入勝的可讀性。這些全憑作者文字運用的功力，題材剪裁的功夫，用文字和靈思為絲綫，織出一片藝術的錦繡。《千泉之聲》內所收集的篇章，雖然性質多元化，顯得雜了些。但從另一個角度看，讀者可以欣賞到作者不同的藝術織錦技巧；正如千泉宮裡眾多的流泉，有不同的風格和音籟。」(〈細聽泉聲 ── 析介蓉子的散文集《千泉之聲》〉)

　　鄭明娳教授也在〈評《千泉之聲》〉乙文中盛讚：「蓉子的散文詩共同的特色是：來自中華文化溫柔敦厚的內蘊，含有宗教淑世的精神、慧美優雅的生活品味、清靜淡遠的靈思。其實她大部份的散文和閒散的交談非常貼合，讀她散文與詩的人都可以發現，她的作品所呈現出來的聲美情懷，自然天成，雖偶見繁難，但絕無矯飾之弊。讀者在閱讀《千泉之聲》的同時，不但欣賞到散文之美，也同時可以和作者完成一段優渥的心靈神交。」

九、結語：名家紛紛讚賞，實至名歸

　　寫詩已經有半世紀之久的蓉子，所贏得的讚譽非常之多，例如詩人余光中就稱她為「開得最久的菊花」以及說：「蓉子是現代的，也是古典的，現代是她的作品，古典是她的行為；對於一位女詩人，這兩種精神的如此調和，是再理想不

過了。」唐玲玲教授也讚美蓉子:「蓉子的山水詩,繼承了中國古典山水詩的傳統,又能把傳統和現代融合而一,她既描繪了古老的曠古不變的星辰山水,又綜合了現代色彩斑斕,展現古老的東方和年輕的西方的結合。」(《蓉子論》,蓉子詩歌的藝術風格)

詩人辛鬱也曾如此評蓉子的詩:「兼具古典精神中的璀燦的女詩人蓉子的詩,常把一些得自靜觀的美與痛苦的造像,展佈在我們面前。讀她的詩,我們在感受上或許不會有強烈的波動,但是,我們的心靈却會隨著美與痛苦的造像所射出的光度而昇華或潛沉。而這,無疑是蓉子的詩的特色所造成的結果。」(〈自我的塑造〉):「抒情,是蓉子作品的特色,這也許是因為女性天生的愛,蓉子的詩,在意象的營造,氣氛的烘托,以及語言的建構等方面,可說是得心應手,其技巧運用的圓熟,一般女詩人是很難達到的。從蓉子的詩中,你會發現那美的完整,與那完整的美所散發的感染力。」(蓉子的〈傘〉)。

不論是對蓉子單篇的詩作或集結成書的詩,以至於對蓉子整體成就的評論非常之多,我在寫作此文時參考了文史哲出版的《永遠的青鳥》(蕭蕭主編),《從詩中走過來:論羅門蓉子》(謝冕等著文史哲編輯部編),引用的文章,讀者均可從上述二書中查得,不再詳細附注。亦不敢掠美,特在文末聲明。讀者若有意進入蓉子的文學世界,不妨再細讀該兩冊書籍,相信會有助益。

(菲律賓華僑商報 91 年 8 月 5 日

國文天地 18 卷 5 期 91 年 10 月)

燃燒的詩魂

── 大荒論

一、前言：寫作時間超過半世紀，應予肯定

　　大荒，本名伍鳴皋，曾任軍官及國中教師，早年曾寫長篇小說《有影子的人》及《夕陽船》，反省戰爭本質，短篇小說《火鳥》、《無言的輓歌》，乃寫普遍人性，時時洩露非戰情緒。散文集《在誤點的小站》等四冊，均頗受愛書人欣賞。詩集《存愁》在一九七三年由創世紀列入詩叢，十月出版社出版。詩集中之「幻影‧佳節的明日」（頁六三）組詩入選七十年代詩選。一九七九年詩劇《雷峯塔》由天華出版公司出版，曾由許常惠教授譜成歌劇，由中廣主辦演出。一九九〇年由采風出版社出版《台北之楓》詩集，這是從《存愁》出版後十五年間所寫的一百多首詩中精選編輯而成，雖然出版社「補貼了一些」（作者自序），但大體上可以說是自印本，和上一冊詩集《存愁》一樣，可謂「咬緊牙關，勒緊褲帶，自己掏腰包印它一冊」（《存愁‧後記》），真可謂寫得辛苦，出得不易，直到一九九六年，《第一張犁》才由台中市立文化中心出版，「讓聲名在作品中顯揚」（文化中心主任林輝堂

語），也讓作者「感到溫暖，也感到光榮」（作者自序）。直到一九九九年，作者的第四本詩集《剪取富春半江水》才由九歌出版社出版，詩集中第一首詩〈威爾莫特們萬歲〉，原載於八十六年三月十二日《聯合副刊》，次年由年度詩選選為八十六年度詩獎作品，余光中評為「感性生動，知性深沉」，大荒的努力，終獲出版的青睞，詩壇的肯定。

二、陶保璽如何解讀大荒

　　安徽淮南師院教授陶保璽在《台灣詩學》第二十六期發表了一篇〈觸摸詩人大荒燃燒的靈魂 ── 兼談歷史滄桑中詩性體驗的東方情結〉，文長近兩萬五千字，頗能詳盡剖析大荒寫作的母題及作品的特色。首先陶先生指出大荒詩作的兩大母題，一、詛咒戰爭和環境污染。二、對「世紀病」的深刻批判和棒喝。至於大荒詩作的特色就是「為人生的悲苦命運而嘯吟呼號」及「在審視現實中鍛造自身的靈魂。」

　　陶先生舉〈存愁〉的長詩為例，分析詩人大荒「確實失落太多」，戰爭不僅將他逐離故土，迫使他們割斷親情和文化傳統，而且頑腐的高壓政治和窳敗的社會道德，使他們浪子孤旅的漂泊情懷終無所寄。詩人以詩作展示一個民族被黑暗政治反覆屠戮的無奈，展示現存世界已將人們摧殘、蹂躪、閹割得生不如死，只有以死的抗爭方能求得真正的生存。陶先生並論斷詩人以長詩〈存愁〉為開端，「詩人以自身心靈的震顫，將讀者引領到一種具有巨大穿透的意象群落中去，引領到一種具有濃郁詩性本源的特定時空中去。」大荒的許多

詩作,也一直環繞著戰爭、工業文明污染、以及自然界對人類生存的壓力。陶先生舉了〈幻影‧佳節的明日〉、〈我是流動戶口〉、〈哀桑麻〉、〈狂人日記〉、〈泰山石不敢當〉、〈土龍的呻吟〉、〈大法術〉……等好幾首詩為例,詳盡分析說明,讀者不難從分析中體會大荒寫作的用心,因此陶先生評詩人大荒:「在二十世紀七〇年代的後期,能以如此高曠的立意和深切的情致,神思高蹈,蕩氣迴腸的引領讀者去感悟人生所處的困境,雖稱不上空谷足音,但其中所蕩漾著的心靈波瀾,倒也飽含著博大沉雄的人間正氣和中國詩人所特有的歷史憂患。」「不難看出詩人大荒在為人生悲苦命運而嘯吟呼號時,他始終凝眸於歷史,凝眸於民族的命運和國家的命運。正是在這一點上,我們可以觸摸到詩人大荒那顆熾熱燃燒的靈魂。」認為「大荒實屬一位為人生悲苦命運而嘯吟,呼號的詩人。同時指出大荒對宇宙之隱、歷史之痛、人生愛憎的參悟,達到了令人震顫的精神高度。」

接著陶先生在探討大荒詩作的第二大特色 ——〈在審視現實中鍛造自身的靈魂〉一段文字中,以大荒詩的第二母題〈世紀病的批判與棒喝〉詩作為例,進行探討,他舉了「上帝的震怒」、〈威爾莫特們萬歲〉、〈新新少年〉、〈新新女子〉、〈新新詩人〉、〈新新畫家〉、〈褻瀆〉、〈驚蟄 —— 致燃燒的靈魂之一〉、〈冬雷 —— 致燃燒的靈魂之二〉……等詩,批判「兄弟失橫、禮儀失次、人的定義失據」等當代病根,並觀照時下文化狀態和生命狀態,進而為世紀末的人類把脈療傷。陶先生評大荒詩作「對世紀末畸形兒的揭露與抨擊,真可謂入木三分。」其實許多人早就對「以人貓屍體作畫」、「把生殖

器、作愛入詩」……等新新人類的怪異現象有所批評，只是以之一系列入詩撻伐的並不多。

　　陶先生整篇文章把大荒四本詩作詳加分析，舉例說明，可以說是一篇導讀大荒詩作的佳構。

三、沈奇如何解讀大荒

　　早在陶保璽之前，就有西安詩人沈奇就大荒的兩本詩集〈存愁〉和〈第一張犁〉寫了一篇評論〈歷史情懷與當下關切 ── 評大荒兩本詩集〉（收錄在《台灣詩人散論》一書中），沈先生文章一開始就為《存愁》未得到台灣詩壇重視而為大荒叫屈，並論斷大荒是優秀詩人，有優秀詩人的特質：不媚俗，不湊熱鬧，不計功利，關心詩比關心詩人的名號為重，持久地注視現實而又執著地深入對現實的詩性思考和藝術表現 ── 持重、嚴肅、孤寂而超拔。沈先生研讀了大荒近三十年的作品，認為還是《存愁》第一本詩集，最能代表大荒，所以說他「是一棵倒置的樹 ── 札根甚深，起點頗高，出手即成橫空出世之大氣磅礡，一發不可收拾，成名後則漸趨萎頓，少有新的高度超越起勢，實在令人遺憾。」沈先生接著舉〈兒子的呼喚〉、〈幻影‧佳節的明日〉、〈首仙仙〉等詩，分析之後說「這是典型的大荒意象，為一個失控的時代作了最精警的造型！」另外對〈輓歌〉乙首則說：「其凝重的意象，深沉的氣蘊，使人如臨深淵、獨對荒原之感，句句如冰鐵濺火，行行似暗夜電閃，將一個墮入物慾世界的現代人生存困境，哭悼得銘心刻骨。」另外沈先生以三千多字的巨大篇幅，

分析導讀了〈存愁〉長詩，認為該詩第一章「肅穆逼人」，第二章是「被政治」再閹割的民族靈魂之無奈狀，在此得以最典型的訴證」，第三章則是「一場物化世界與神性生命、生存與尊嚴極端分裂的現代戰爭」，第四章則寫「失去『伊甸』而又不甘沈淪的時代『落伍』者，尷尬而無奈的生存困境，第五章則是「寫現代人最根本的失落 —— 宗教情懷的失落。」第六章則是「冷眼看世界，詩人更徹底地看到了這個危機時代的本質性病症。」第七章是「詩人恐怖而至絕望，隨發出這個時代最慘烈的訣別。」第八章是「詩人大荒穿越時空之生命真實和藝術真實的力量所在。……把嘲諷的芒刺直扎向荒謬的營造者……。」第九章是「孤弱的個體生命只能守一份靈魂之無奈的詩意。」第十章是「由對此生之意義的叩問導引出代代因襲的生存悲劇。」第十一章結尾：「將此鄉愁推到更深沈絕望的境地。」由於一般認為〈存愁〉乙詩較「朦朧」，評價也高，所以抄錄十一章之重點分析，方便讀者閱讀原詩參考。沈先生在深入研讀《存愁》詩集後，領略到了大荒的創作主體的基本風骨就是「強烈的現代意識和深厚的歷史情懷。」並從中找到大荒詩作的三個層面抒發：第一、懷鄉 —— 作為失去之家園的「守望者」，第二、尋找田園 —— 作為生存之現代都市的「叛逆者」，第三是理想的追尋 —— 作為人類彼岸世界的「囑望者」。在討論完《存愁》詩集的結尾，指出此時期大荒詩作的三大特色，第一，大荒的詩歌意象大都突兀、厚重，深沈而又不乏新奇，富有哲學內涵和歷史意識，可稱之為「大意象」。第二是大荒詩作中特有的氣韻。第三是體現大荒詩歌品質的，當屬其語言造詣，冷、凝、沉是

大荒詩語的基調。大意象、大氣蘊、大詩語感，冷峭、凝重、高遠、深沉，沈先生認為這正是大荒式的詩美品質。

　　沈奇在談到大荒的另一本詩集「第一張犁」時，對大荒的「為歷史作鏡、為蒼生刻碑」的創作立場「深入而持久」表示讚揚。文章談到的詩作有「第一張犁」、「致杜慎卿」、「黛玉焚稿」、「秦淮河畔訪李香君故居媚香樓」，分析中頗多溢美，例如：「足見詩人筆力之峭拔與詩思的開闊，頗具張力。」、「語言頗具知性硬度，同時，又不失理趣與意象的彈性，顯見肌理分明，有一種骨感的美，高古而又現代。」、「平實中見奇崛」、「那種超然遠觀的氣，卻又分明有一抹歷史的蒼涼感，浸漫於字裡行間，引人入更深回味中，感受詩人那一腔悲憫關愛的情懷。」沈先生論斷說：「他的詩，是為那些心智成熟了的人們所寫的，或不為當下所青睞，卻可能為歷史所銘記。」

四、名家對大荒的批評

　　大荒既是優秀詩人，尤其「起點頗高，出手即成橫空出世之大氣磅礡」（沈奇語），引起詩壇注意，自是必然，所以一九六七年時出版的《七十年代詩選》就選有大荒的詩，算是很好的肯定，詩前並有一段小評。「有影子的　存愁」，茲抄錄一些重要評語供讀者參考：「……作為一個現代詩人的大荒，他的勇武豪邁的氣魄早已是聞名的，他一系列的長詩，猶之，沈雄的交響樂，深深擊打著人們心靈的青空，大荒的詩雖然以沈雄著稱，可是他絕不刻意追求一種風格，對他，

屈原，李白，陶潛，波特萊爾，里爾克都同樣給他以沈醉和鼓舞。……大荒是對現代物質文明體驗最深表現最力的詩人之一……大荒絕不是一個悲觀主義者，相反地，他對生命的肯定，對愛情的真摯，對美好事物的禮讚，也常洋溢於他的某些詩作中……作者寫愛情，寫戰爭，寫現實的陰影，寫無可泯滅的最原始的人性，由於他的顫動性的言語，往往達到一種無限的詩境，使人心靈獲得飛躍的享受。……」算是十分中肯的評論。

　　詩評家古繼堂也以一篇〈造氣貫古今，健筆攬縱橫〉評論大荒的詩作：「……他的處女詩集《存愁》，完全可以和瘂弦的《深淵》、洛夫的《石室之死》等作品比美……大荒的詩，大而不荒，在表現藝術上，具有獨特的個性。其一是內熱外冷，短語急火，目不暇接。……其二，抒情中插入細節，猶如淙淙急流連著片片池塘，造成路有涼棚，藤有果實的交互暉映之景。……其三，歷史和現實相結合，古今互激，古為今用，以古之滷水，點今之豆腐。……其四，風格上軟硬兼施，剛柔相濟。剛者深沈、厚重；柔者活潑、清新。……」頗能評出大荒詩作的風格及特色。

　　李傳璽也在一篇〈一身是骨 ── 讀台灣作家大荒的詩集《剪取富春半江》〉中評道：「……作者化日常語言入詩，通俗中越發顯得凝重。作者有一腔詩情，但在打量觀照時又是那樣冷靜，發而為詩，便是結構上禪定般的敘述描寫與點燃時不可遏制抒發的交互推進，於是整個詩篇就像桂林山水，一片平地突然拔起一座峭麗山峰，平實又驚心動魄，嘆為鬼斧神工。」可謂擊中大荒詩作之核心。

　　另外八十六年度詩選他獲得年度詩獎的作品〈威爾莫特們萬歲〉，也有不少名家的評介，算是大荒寫作五十年的肯定。

　　首先辛鬱說：「……大荒用意測之言（其實也是實象）寫『人造人』，讀來不覺其語多調侃，反覺心頭沉重……」，商禽也說：「……詩人以其無比之想像，出之以警慎戒懼之心，寫下發人深省之詩篇。」白靈則說：「……此詩用語輕鬆，氣氛自然，在焦慮中隱含了詩人深切的人道關懷。」余光中更評曰：「……本詩感性生動，知性深沈，洵為大荒上品。只希望他的長句……能稍收斂。」張默也有短評：「…。莫非，薑，真的是愈老愈辣。證之近年來大荒的詩作，頗有點石成金，水到渠成之勢。……」蕭蕭也說：「…一向以神話入詩的大荒，這次卻以科學的神話入詩，足見這樣的震憾不可謂不大。……」向明則說：「……這種『巧奪天工』究竟是人類的神祉呢？還是自我毀滅的開始呢？詩人已經開始在擔心。」瘂弦最後評說：「……他不過是托物寓興，以諧謔的語調，表露他那滿腹不合時宜而已；藉著這樁新聞事件，把他對現實的憂悵、人生的鬱結宣洩出來。……」。

　　以上經過這麼多詩人、評論家的剖析批評，已不難進入大荒詩的世界。有關大荒寫作技巧，就容後專文專論了。

五、結語 —— 燃燒的詩魂

　　總體而言，大荒從《存愁》出版，就有不凡的演出，因此就有入選七十年代詩選的肯定，之後，《第一張犁》的出版，由於「載道太多，或有傷詩之風姿，詩之筋骨」（沈奇語），

此期之作品明則明矣，往往意在筆先，甚至習語連連，沈奇直批「成名後則漸趨萎頓，少有新的高度超越起勢，實在令人遺憾」。但大荒何等人物？馬上調整寫作方針，終有《剪取富春半江水》之圓熟作品出版。在《台北之楓》詩集中，有三首〈致燃燒的靈魂〉──〈驚蟄〉、〈冬雷〉及之三的〈倘我是中國〉，大體上可以從中看出整個大荒寫作的精神脈絡，大荒擁有一顆燃燒的詩魂，以其寫詩數十年的功力，當可「越老越辣」，為我們寫出更清明有味的詩篇。

（創世紀 131 期二○○二年 6 月）

征服生命的悲哀

—— 朵思論

一、生平與著作

　　朵思本名周翠卿,台灣嘉義人,一九三九年生,一九五五年發表第一篇詩於《野風》月刊,一九六○年與《當代文藝》主編畢加結婚。已出版的詩集有《側影》(一九六三),《窗的感覺》(一九九七),外加散文集《斜月遲遲》及小說集《紫紗巾和花》等多種。詩作入選《中國現代文學大系》詩卷,《中華現代文學大系》詩卷,《抒情傳統 —— 聯副三十年文學大系》詩卷,《亞洲現代詩集》中日韓三種文字版本。《剪成碧玉葉層層 —— 現代女詩人選集》,《新詩三百首》等均選有朵思作品,是當代重要詩人之一。

二、沈奇對朵思的批評

　　中國詩評家沈奇有篇〈生命之痛的詩性超越 —— 朵思論〉,對朵思作品的解讀頗為獨到。

　　沈奇認為朵思的詩作,探索人類與生俱來的生命之痛,

對一般單純的情感渲洩的「初級層面」的詩性言說，進行了自覺的反思與探索。才能和那些優秀卓越的男性詩人一樣，面對人類共同的生存困境和生命意識的詩性思考與詩性超越，因此她的作品，已經擺脫了一般女性詩人的「自我沉溺」。擺脫了那種「清溪」和「小湖」式的寫作樣態，呈現出如長江大河的詩性生命歷程。

朵思成名甚早，成名後卻有一段漫長的停筆階段，沈奇認為無從考證詩人實在的人生歷程，但從她的作品中，仍然可以讀到「一位心性甚高而遭遇坎坷，對生命之痛有著特殊敏感體悟的女性」，可以找出詩人命定的主題 ──「憧憬的歲月轉瞬即逝，青春的幻滅隨之降臨，與命運的抗爭和對痛苦的超越。」

沈奇從朵思早期詩作一路讀下來，認為朵思的詩歌全面成熟，應在經長期停筆而又於七十年代末復出之後，從一九九〇年出版的《窗的感覺》開始，已成為令詩壇刮目相看的詩人，這時的作品，已不再是一種溫柔，一種年輕的鬱悶，而是「幾經磨難之後的堅忍超拔的主體人格之光采逼人的寫照」，到《心痕索驥》出版，很明顯有著驚人的飛躍，並拓展了詩歌的場域，第一是對純粹個體生存困境的拷問，擴展到對整個生存背景亦即生態環境的探測。第二是由對單一女性生命之痛的體驗轉為對男女共性的生命之痛的深刻體味與詩性言說。

因此沈奇對朵思的詩歌才華和藝術表現，歸因於「朵思的特殊人生經驗和對這經驗的特殊體悟。」這種「詩路歷程和心路歷程息息相關，心境與心語和諧共生！對生命痛感的真切把握，使生命、語言與詩達到高度的圓融統一而獨樹一格，這正是朵思詩歌的藝術特質所在。」

三、名家對朵思的批評

　　張默認為：「朵思的詩，表現手法獨到，詩思濃郁飽滿，意象犀利深刻，不喜歡因襲前人，也排斥詩中散漫的敘述性，力求開拓屬於自我的新路，極富個人風格。」看法深刻獨到。（見〈朵思的詩生活探微〉）

　　朵思的早期詩作，鍾玲就頗為欣賞：「能以寫實的筆觸，深入探索在激情領域中的女性心理。」對朵思的散文詩〈給〉，鍾玲仍有一段不錯的評價：「刻畫女子在愛情破碎時的痛苦感受，有極濃厚的寫實主義色彩。而且她又善於運用感官的意象，像是用「聯想」（syne sthesia）的手法來處理「影子」的意象，把視覺與聽覺的效果混同，間接描寫了女主角無法在生命中擺脫她愛人的份量，又用雨季的濕來形容她在愛的泥濘中不能自拔。在台灣眾多女詩人中，能以寫實的筆觸，深入探索在激情領域中的女性心理，首推朵思。（見《現代中國繆司》）。

　　另外十位詩人、學者、詩評家在「五更鼓茶」藝館「談詩小聚」，對朵思所提供的三首詩〈詩句發芽〉、〈幻聽者之歌〉、〈影子〉發表評論，茲摘錄其中重要的評語供語供讀者參考。

　　管管評〈詩句發芽〉：「借羅丹之吻抒情，抒慾，意象豐富準確深刻大膽，女詩人能書寫如此洶湧澎湃如大洋之深湧，如火山之內燃，卻又洗牌精簡，並不多見。」又對〈幻聽者之歌〉評曰：「這首詩寫得極細緻，且發掘出前人所未發之新境域。佳句處處，別有天地。」

　　商禽評〈詩句發芽〉:「作者已經擺脫單線性思考,以平行的兩個思考線,牽引著詩作進行,看似複雜,但是詩人處理得相當圓融,讓詩作充滿了活力。」

　　洛夫評曰:「朵思的抒情結構非常細密,每一個字都像一個琴鍵,可以敲出音響來,這種音響有時是一種可以聽見的節奏,但有時更是一種肉耳聽不到的內在律動,凡是與她心靈的頻率或敏感度大致相同時,就可掌握到她詩中的這種特殊的聲音。」

四、結語 ── 還其公道,實至名歸

　　寫詩近五十年,卻未能得應有的聲名,洛夫就有一段感言:「在台灣女詩人中,朵思相當資深,成熟也很早,我一直認為,數十年前她的詩就已經達到某種高度。她以詩質綿密,意象精緻著稱,如以她許多出色的作品,如〈石箋〉組詩之類,來衡量她在詩壇的地位,實不低於敻虹與羅英,但現實往往是不公平的,她的成就和她應得的名聲卻未能得到合理的平衡,所以我認為對她的作品,做一次深入的探討,以便對她的美學內涵和藝術成就有一個多層面,較客觀的評斷,是有其必要的。」信哉!斯言。盼望能引起普遍注意,還其公道。(補記:這是十年前的情況,現在朵思已然進入詩壇名家之列。)

　　　　　　　　　　　　(台時副刊 91 年 12 月 13 日)

最戲劇化的哲學

—— 趙衛民論

一、生平與著作

　　趙衛民，浙江東陽人，一九五五年生於台灣，文化大學中文系文藝組畢業，轉讀哲學研究所，獲文化大學哲學博士學位後，轉任彰師大國文系副教授，現任淡江大學中文系所教授，《藍星詩刊》主編。曾獲國軍文藝金像獎、時報文學獎等多種。著有詩集《望海潮》、《巨人族》、《芝麻開門》、《情人與仇敵》和《猛虎與玫瑰》等五冊，散文、小說、論集多冊。

　　高中時期受詩人老師王憲陽的啟蒙鼓勵，大學時期大受史紫忱教授的讚賞，選讀祝豐老師的詩選課，研讀趙滋蕃的小說理論並創作，因而擴展了文學領域及視野。《藍星詩學》編輯部認為：「趙衛民接受最大的影響是歌德、尼采的哲學，里爾克的存在主義詩學。」這樣一個出身中國文學系又浸淫西方的哲學、詩學，終於奠定自己的風格，屢屢參賽獲得大獎，實屬實至名歸。

二、趙衛民詩作特色

　　一九七八年趙衛民曾出版《望海潮》詩集，中文系出身的他，不論寫作內涵、思考方法、語言習慣均深受中國古典詩詞的影響，集中多篇詩作如〈桃花詞〉、〈大風歌〉、〈春望〉等從題目一看就是古詩的題目，意象更是古詩詞的意象，例如下面的詩句片斷：「在此聽濤，就醉臥十載的濤聲裡」、「未解洞簫般古老的悲鬱／如何彎成悠悠一脈長城」，可以看出趙衛民古詩詞中吸取的養分，此時的他用古典詩詞表達自己年輕的壯志，竟然有些像年輕的白萩，例如趙衛民的〈鷹之歌〉中昂揚的抒情：「任風雨剪貼傲笑的回憶／而以堅定的眼神雄視當代／風雨其後，一隻蒼影留下並堅信，將永垂不朽」，與白萩年輕時期的〈羅盤〉、〈蒼鷹〉一樣，充滿信心和活力。

　　一九八四年推出《巨人族》和《芝麻開門》兩本詩集，巨人族的所謂巨人就是描寫夸父、后羿、文天祥的偉大人物之意，這三篇英雄史詩是以敘事長詩方式寫作，〈夸父傳〉是綜合了古書《山海經》、《列子》、《淮南子》的記載書寫而成，詩中的主題強調人類頑強不屈的意志，把原來神格故事人格化，把夸父當做創造之神，昇華為人類的一個典型，此時的詩作已融合了中西文學、哲學，以詩提出詩人自己的人生哲學和人生態度的看法。

　　而〈后羿傳〉則典出《淮南子》，嫦娥奔月的故事人人耳熟能詳，但詩人卻側重心理描寫，尤其是后羿之死的部份，對敵人的寬大，詩人把后羿刻劃成一個殉道者和耶穌基督一

樣，楊牧寫吳鳳借吳鳳之口說出心中的神靈，而趙衛民寫后羿也借后羿的對手之口說出后羿坦然受死的理由，手法類似。

　　至於〈文丞相〉一詩，則描寫〈正氣歌〉的作者文天祥，詩人把〈正氣歌〉融入詩中，把文天祥塑造成意志堅強，忠君愛國的偉人典範，雖有過多的溢美之詞，但面對一個連元人都佩服的文天祥，誰曰不宜？

　　面對這些長詩巨構，瘂弦曾讚美說：「趙衛民擅長於長詩創造，如《巨人族》一書中的〈后羿傳〉、〈文丞相〉、〈夸父傳〉不僅結構、氣勢、敘事、語言，甚至虛實之間，他都能作最妥適的安排，使這些歷史人物活生生在讀者的心中迴蕩。」已故青年詩人林燿德也推崇他說：「趙衛民始終抱持著倫理的櫽栝，背負著歷史的道統，他透過對於歷史和神話人物的詮釋與再現、透過自我心靈的掙扎與反省，把握人子生命的意義，進而肯定人性中真善美的部份，企圖以唯美而浪漫的理想和教示來規劃人生。」

　　詩人張錯更以哈姆雷特最精采的獨白莎翁的本色，來論斷趙衛民的巨人族們的一切悲劇與反抗，其實是趙衛民的替身，並盛讚他說：「我在〈巨人族〉裡看到一種龐大的構想，企圖在史詩與敘事詩之間找出一個總體結構，而且更明顯的是，無論是史詩英雄或是敘事英雄，他們的悲劇帶給人生一種睿智與堅持：無論古代或現代，我們仍然反覆踩著過往英雄悲劇的道路。你的詩集，不但給我閱讀的快慰，文字的豐腴與意象的經常經驗，同時在故事的追求裡，我也極為欣賞你在詩內主觀性的引用不同的『聲音』── 主角們在詩內說的話，這是敘事詩的精華，無論是獨白或對答，都做成一種

戲劇性的聲音。」

　　《猛虎與玫瑰》是第五本出版的詩集，分上下卷，收詩近約百首，上卷寫生活的細小微波，人間百態，用字十分講究，想像力驚人，下卷則有情有愛，有悲有喜，是人間性的詩作，傳遞人間的感情、光、熱、希望和祝福。向明評曰：「他既能將哲學這隻猛虎制服在詩的這朵溫柔的玫瑰之下，更能將陽剛的靈魂與陰柔的心性送做堆，使得他的詩在理性和感性上，作到你泥中有我，我泥中有你，恰到好處的交融，此本乃詩人所應追求的完美境界。」

三、唯有作品是一切

　　趙衛民浸淫在中國文學與西洋哲學、詩學之中，最能將文學加以哲學戲劇化，例如印度的泰戈爾及其他許多重要的偉大詩人，人們往往稱他為「詩哲」。從他的自傳性的文字「我的寫作歷程」乙文中，我們知道詩人曾「熱情過」也曾「挫折過」，但他是一個有理想有抱負的詩人，他說：「對於一個致力於創作的人而言，獎盃並不曾照亮他的前路，他仍必須行吟化作生命之光，直到他的創造活力走到盡頭，即使悲苦那還是有著深沉的喜悅。」多麼令人動容的話；他也說：「我期望生命靈魂，能貫注在飛揚的筆錄，流出優美的文學旋律。成功或失敗，不過是暫時的指標，何足以定止詩人永遠的歸程。」這段話，將令斤斤計較眼前詩名的人愧煞。

　　　　　　　　　　　　　　（台時副刊 92 年 8 月 7 日）

航向宇宙的最初

—— 洪淑苓論

一、生平與著作

　　洪淑苓，台北市人，一九六二年生，台灣大學中國文學博士，現任台灣大學學中文系副教授。曾獲學生文學獎、教育部文藝創作獎、台北文學獎。著有詩集：《合婚》、《預約的幸福》等，散文集：《深情記事》，另有學術論文多種。

　　大學時代曾隨詩人張健教授學詩，並將詩作引薦到《藍星詩刊》發表，頗受重視，作品曾多次入選年度詩選。完成學位後在台大擔任教職，講授現代詩，學生十分歡迎，後來又受聘擔任《國語日報》的〈古今文學〉主選人，在詩藝受肯定之外，學術地位也有極大的成就，許多重要的學術會議，她都受邀發表論文。

　　第一本詩集《合婚》只印了兩百本分送親友，集中作品難免稚嫩生澀，但由於有深厚的學養，古詩詞訓練的後盾，加以對現代詩技法、語言了然於心，終於成為學院派詩學兩棲的詩人。

二、詩的特色

　　張健教授在替《預約的幸福》寫的序文〈要砍我的相思樹〉，認為讀洪淑苓的詩作〈留海〉，禁不住想起了林泠早期的作品，讀〈結〉又有一點夐虹的味道，而〈絕情書〉的某些句子，則使人隱隱回味方思的〈夜歌〉，若說是模仿又不一樣，只能說是種神似，青年詩人寫詩難免受前輩影響，是否能自創風格成一家之言，那就要看以後的努力了，張健盛讚洪淑苓的詩「溫婉敦厚之外，能夠醞釀奇思異想，令人擊掌稱妙」。擅長運用「拈、連」筆法，在詩行中用之，絲毫不覺窒礙，反而相輔相依，相得益彰，有些詩則妙在起首，然後層層轉進，轉折成末尾的詩句，使全詩呈現了張力和情感的濃度，又有些詩平實而真摯，做到柔中有剛，能收能放，假以時日拓寬題材，變化風格，琢磨語言，定能再創新猷。這是張健在序文中的重點，讀者可以自行閱讀原文，參照所舉詩例，更能心領神會文中的要義。

　　詩人向明也在一篇〈猶記得彼當時〉的文章中，舉了三首詩來論斷洪淑苓的詩藝，第一首〈麻雀二題〉，對後現代的混亂城市，提出了批判，寫來非常犀利，向明認為：「洪淑苓不以專寫某詩來規範自己，視角伸入每處隙縫，關懷層面澤被眾生，萬物均可取作意象。」

　　第二首〈四物仔湯〉係台語詩。「將時地物生動的道出，背後卻將母親的愛心苦心及望女成鳳的企圖心關懷情作了密實濃烈的呈現，最後終於讓人體會出，人生的滋味本也是一

樣的苦澀甜酸，樣樣都嚐。詩的場景圓融並具啟示性。」向明認為「這是洪淑苓擅寫母愛親情的範例。」

　　第三首〈在鹿港寫給女兒〉，向明認為：「除了場景表現活潑生動，親切感人外，最可貴的是這一切都在優美旋律和韻味中順口順心的發生。」不愧是名家點評，簡單幾筆，洪淑苓詩作的特色，盡在其中矣。最重要的是向明的結論：「我覺得洪淑苓是蓉子、敻虹之後，另一會在詩文學上持久發光的女詩人。」

　　詩人朵思也以〈溫柔的母性發聲與人性關懷〉乙文，肯定洪淑苓的詩藝，她先舉〈窗想〉乙首說明「洪淑苓先由物象轉而進入心象的寫作手法，節奏緊密，娓娓道來，令人讀了舒坦動心」。再舉〈舞鞋〉乙首，認為這是洪淑苓最出色的作品：「作者完全基於母性揣摩的描述，假擬、想像、摻入病腳，拼貼出人生悲愁酸楚的心理過程，頗為耐人尋味。」〈舞碼三組〉和〈洗衣程式〉，「皆以現代式本質的語言形式，洋溢出活潑新鮮的撼動旋律。」〈西北雨〉乙首：「則更顯現出飽滿的成熟度，拓展了未有的想像力。」至於台語詩，「台灣通俗的生活點滴，皆藉由作者的筆生動展現，也由於作者的回憶，帶領我們回到台灣光復初期的溫馨時代。」然後在〈地震日記〉詩中，「她又把脆脆的玉米片聯想成樓房折斷的聲音，把蘇打餅乾想像成牆壁嗶剝紛飛的碎片，她把地震區的苦難融入自己的生活和內心，而詩人的大愛情操，也喚醒了讀者的惻隱之心。」朵思仍和前述兩位詩人一樣對洪淑苓充滿著期待：「以她對現代詩投入的熱情，想必當會有更燦爛的遠景在等待她。」

三、寫作技巧試論

　　洪淑苓詩作的特色，既如前述有敻虹的少女情懷晶瑩剔透，有鄭愁予的浪漫情懷，（朵思以〈借傘〉乙首的意境佈局，很像愁予詩句的纏綿），有方思的冷靜主知，當然不能不深入探討其寫作技巧。如果說不是「模仿」（張健語），那應該是浸淫日久，體會自深，內化為自己的學養，轉而寫出屬於自己風格的詩。因此我認為「內化所學」為她最重要寫作技巧。

　　她在自序中一再的表示內心有寫詩的衝動：「年過三十的我，如果要以詩安身立命，便只有寫、寫、寫。」這一點和陳義芝在《遙遠之歌》詩選集附錄的詩觀中所表達的看法不謀而合：（是否算是一位真正的詩人，我認為最大的考驗在：寫詩是件有沒有化入他的生活中，也就是說，不論何時何地碰到何物何事，他是否都想，也都能用詩表達自己的看法。）因此我認為時時以詩為念的對話的虔誠態度更是她重要的寫作技巧，此時所有技巧皆能存乎一心，達到詩法無法，不必技巧的最高境界。

　　以〈留海〉乙首為例，就是把詩法內化為無形的例子。「留海」本是人的頭髮一小撮而已，竟能擴大為航海，這種「大而小之」的藝術手法，豈能因一句「你知我要遠行麼」就說是林泠仿作？

　　以〈結〉一首為例，洪淑苓多麼擅長拆解重組心情，把抽象的心事，化為具象的「心底花飾」、「天空的鵝黃」、「蒼翠的湖綠」等等，在在均能使未知的冥漠，以顏色和形狀示

意，那種情的虛幻，水中之月，鏡中之花，以繩結牢牢的把它拴住，又是多麼的不可思議。

〈重逢〉乙詩，寫執著的愛戀「不經意的種子，在心底長眠」，末兩句「真真長眠不醒／不醒千年」，多麼痴情而富於張力。

另外洪淑苓也擅長音樂抒寫，像譜曲一樣的寫詩，每一個字都像音符，讀起來那麼有味，像聽曲子一樣，但又說不出在表達什麼，例如〈龍柏之憶〉乙首，像流水潺潺流過，像雲飄過，似乎是可感的，讀者被牽引著、導航著，一直「航向宇宙的最初」。似乎是不可感不可解，詩的可貴、迷人，也似乎在那樣的可解與不可解之間。我們深深為她能創造如音樂的詩所折服。

（台時副刊 92 年 7 月 17 日）

海洋文學的座標

── 汪啟疆論之一

一、生平與著作

　　汪啟疆，一九四四年生於成都，漢口市人。海軍官校五十五年班畢業，先後進修海軍參大與戰爭學院，並赴美接艦，歷任艦長及作戰專職，於一九九一年晉升少將，曾任職艦隊長，以中將退役，退役後曾分別到過英、日、美等國，很喜歡保持對工作事業的誠實及對自己、友人、詩與文學的誠實。著有《夢中之河》、《海洋姓氏》、《海上的狩獵季節》、《藍色水手》及《人魚海岸》。詩齡三十年以上，詩作四百多首，是海洋詩的重鎮。

二、名家的批評

　　汪啟疆出身海軍，一生與海為伍，詩作大部份以海為抒發對象，張默在序《人魚海岸》詩集〈怎樣揉捏詩的藍土壤〉時說汪啟疆：「對海洋題材涉獵之廣，對海洋生活體驗之探，對海洋意象挖掘之烈，對海洋遠景規模之巨，在在均凸顯汪

啟疆的從容不迫，有備而來，他一絲一縷將諸多不易為他人
省察捕捉的海上視覺嗅覺觸覺聽覺川流不息的風景，一起匯
集在他的詩篇中連發出神奇的光彩，令人雀躍。」從他的詩
作中，隨便抽出一首，就知道張默此言不虛。

　　但身為軍人，生活一定比別人有更多壓力，尤其海軍，
一旦出航，不知何年何月才返回陸地，日夜所見，不是茫茫
大海，就是日月星辰，就是海鳥，有時甚至是颱風暴雨，有
時是出生入死的任務，詩人透過了他的詩，把這些經驗內化
為自己的藝術美學。

　　蕭蕭在中山大學舉辦的「海洋與文藝」的國際會議上發
表論文〈台灣海洋詩的美學特質〉，其中有關汪啟疆的部份，
就佔了近四千字，對汪啟疆「以海為生活經驗之拓本」有獨
到的論述：「他的「夢幻航行」是三十年前之我與今日之我相
遇「時間夢幻」，是迷路（陸）的昔日之我與（海）艦長之我
相遇「空間夢幻」，是瑰麗的時間流逝（另一種航行），也是
少年曾經的自我期許（今日之幻與少年之夢），是念舊（過去
如夢如幻），也是對未來的惶恐（未來仍在航行中），如期多
重曝光、疊合，窈杳、不定，正是海洋的重要屬性。深入海
洋之中，優遊洪瀾之上，汪啟疆之所拓，是真不同於曹操式的
岸上之觀。」這一段話，直指汪啟疆創作迷人的核心所在。

　　蘇紹蓮更在〈走進汪啟疆的創作房間〉乙文，指出汪啟
疆是海洋文學、島嶼海岸文學、軍人文學的一座不容忽視的
座標：「能代表台灣島嶼及海洋的現代詩人……，畢竟像汪啟
疆這麼專注於海洋島嶼的詩人並不多，從歷史的時間層面及
島嶼的空間層面來看，他絕對是一個不容忽視的座標」。

三、寫作技巧試論

　　汪啟疆日夜觀察大海，細細體會海在每一分鐘每一秒鐘的變化，所以許多評家都說他是寫海的高手。也因為每天在海上，投身海軍，疏遠了家人，所以也常在詩中，表現出深摯的情愛，他同時也被稱為寫情的高手。他在這兩方面的書寫，我歸納出下列幾種重要的寫作技巧。

　　第一、以小見大：他在〈我的房間〉一詩中第一段的兩行：「我的房間小／但，小中見大」用來討論他的詩也很貼切。比如他的詩作〈她踏睡，夏夜〉乙首，竟至以貓的意象來描寫大海：「幽邈微笑，將觸鬚舔動／聳起背脊，作貓科動物的／溫柔與咆哮」，海竟然成為貓，寫活了暗夜的海浪，再看同詩末段：「在牠／巨大毛紋內觀察黑夜的大海，海濤聲如貓的叫聲」，此時他內心的孤寂，對妻子或愛人的想念，此時也在海浪中湧現，愛情的夢也湧現，海的聲音，正是思戀人兒的聲音，如貓的「咪唔」聲，這種現實與夢境交錯的寫法，令讀者如喝純酒，讀後有些醺醺然。其他詩作中，還有很多可以隨手找出的範例，用像小貓這麼小的意象，來描述大海，來描述他深深的情，十分精準。

　　第二、不願因襲前人的成就，創新遂成為他成功的重要技巧；張默曾說：「汪啟疆一直十分專注新語彙的開發，經常有令人拍案的效果。」蕭蕭也說：「汪啟疆的詩有著異於常人的意象創造，〈海的莎樂美〉是他早期的詩篇，浪漫節奏的氣氛中，他創造了崩陷的海原、少年骸骨、透明的紋皺，看見

海的殘酷本質。」這裡的「新語彙的開發」以及「意象的創造」都是他創新的技巧之延伸含義。藝術貴在創造，而汪啟疆正擁有創新的絕佳功力，詩作的成功，自不待言。在〈大海站在夢的裡面〉第一段兩句：「大海站在／胸前黑暗處的夢裡」，詩題很平凡，一個日夜與海為伍的人，即使在地上，也會感受到海的波濤，「大海站在夢的裡面」，就沒有什麼新意，但加上「胸前黑暗處的夢裡」，意義就不同凡響。至於新字詞新語彙的開發，請看同詩第三段第三行「皮膚的黃嘴唇的紅眼瞳的黑頭髮的柔」，除了碧果外，使用這種句法的詩人不多，一般人讀後，可能都會如接下來的詩句：「都沒有了認識標誌」，滿頭霧水，這就是詩人高明的地方，大海站在你的夢裡，你被海浪衝得七暈八素，出現這樣的句子，正暗示你被海浪衝得東倒西歪，那能認清方向，認識什麼標誌？

　　第三、意識流手法的成功運用：汪啟疆的許多詩作，都在描寫他內心思想的流動，一下子就在船舷邊大海上，一下子又回到家中，一下子是三十年前之我，一下子又是今日之我，這就蕭蕭所說的「時間夢幻」、「空間夢幻」、「今日之幻與少年之夢」及「過去如夢如幻」、「未來仍在航行中」這些都是小說中意識流的寫法，使詩更耐讀，更有奇幻的味道。這種意識流手法以〈魚〉一首最能完整的呈現，詩一開始就指抓回來已凍過的魚：「這兒所有的軀體已被凍過／潮濕著不停滴下融泌的水液」，接著意識回到抓牠前：「不久前剛發生的圍捕，被割捨自／閃滿鱗光的大海，槳和網罟都已舉起。」然後又回到魚市場，婦人在挑魚貨：「沒有眼瞼的瞳眸是無焦距的／婦人在血肉上翻撥一股冷」，然後在末段才回到現實：

「在議價談判後，塑膠袋提攜著／魚市在背後被洗淨，被大
海登岸所覆蓋。」整首詩在眼前的現實與過去的記憶之間交
互進行，避免直陳的乏味，許多詩中均可找到這種意識流的
寫作手法。

四、拓寬題材，再創高峰

　　汪啟疆的寫作技巧當然不止這些，例如他對月亮意象就
有不少精彩的變奏轉化，限於篇幅，留給讀者自行探討。我
們在這裡在意的是汪啟疆已由軍中退役，脫掉束縛，是否在
詩作上可以再登另外的高峰？例如張默就曾對他建議：「今後
他在抒寫〈海〉的組詩方面，不妨加重特定主題的思考，譬
如「人魚」意念的融會，「海洋四季」的變化，「海洋生態」
的探索，突破疆域新世界觀的建立等等。在寫作〈海〉的長
詩方面，筆者以為法國詩人韓波的〈醉舟〉可為借鑑，長詩
重氣勢、結構，以及獨特觀念的形成……。」的確不愧是詩
壇長者，相信對汪氏今後的寫作，有一定的提升作用。

（台時副刊 92 年 3 月 5 日）

探索台灣土地之美

—— 汪啟疆論之二

一、前　言

　　剛在 2008 年 10 月出版《疆域地址》的汪啟疆，又在 2009 年 7 月出版《台灣‧用詩拍攝》，令人對其努力創作，用筆勤耕台灣之苦心，感動莫名。

　　李進文在序中說：「這次，汪啟疆又不同了，他拿著鏡頭上山下海走透透，以詩一點一滴記錄下這些年來他所生活、所愛的土地。」（見李序〈為下一部史詩進行田野調查〉）。由於這樣的不同，我深深的喜愛上了這本詩集。於是，隨著他的詩，我又到了那些我常去的地方。

　　這些地方，雖然常去，有的甚至去了幾十回，但我只是走馬看花，用心不如汪氏。我發現他在詩筆的運鏡、對焦中，加上深深的愛和關心，有些地方，自己竟然彷彿初來乍到，十分陌生。

　　於是，我每天讀個一首兩首，摩娑著每一個字或詞，彷彿摩娑著台灣的每一寸土地。於是，我彷彿在每一首詩中，看到一具具三稜鏡，顯現出五花八門的奇光異彩。彷彿雨後

的彩虹，顯現出這一塊土地，在每個地方，每個時節，因時間不同的塗抹，而顯現出七彩的艷麗。

於是，我從書中的主題如時間，如回憶，如作者心靈的影像，如死亡議題，如人世的無常，如地方誌式的史詩書寫，如作者近年來視野的開拓等，從這些方面努力鑽研汪氏詩作的成績，詩藝的展現，草成此文，以就教於高明先進。

二、書中的主題

和所有文學藝術家一樣，時間一直是汪氏書寫的主題，明的就連詩題即以〈時間書〉直接寫出，內容更不用說了：「時間正一樣的忘卻你我名字入睡」、「輕輕剝裂燈火裡的聲音，時間」、「時間／剝到最末　悲喜／還剩下什麼？」，至於暗裡以時間主題書寫，或因時間的逼視在詩中形成張力，更是不可勝數。

全書只分七輯，但和時間有關的字眼為輯名的就有輯二：「聽時間說話卻聽到自己的呼吸」、輯三：「用年輪磁碟記錄台灣／族裔身貌」、輯六：「日曆月曆年曆記事曆」。

即以第一輯的〈蟬諾〉一詩，我們都會讀到汪氏以時光命題，帶給我們對生命深刻體悟的感動。我們會對蟬的鳴叫和汪氏的聲音相結合，體悟生命短促，卻仍「吟唱最後的完美」，感謝神的恩典，讓我們有「森林與樹因之具有意義，整個環境／充滿了豐富幸福，自由／渾厚」。汪氏對蟬鳴和自己的發聲，在詩中說：「怎麼能沉默。我急於讓生命響徹」，是的，他以虔誠的宗教情懷發聲：「我是你等待走開的一扇門」，

他的那扇門，讀者如果打開了，將看到如同神的恩賜，看到了「所居住的地方，軀殼內外，我的太陽／灌滿風、歌和雨水，我是白日解夢的鑰匙」。

是的，汪氏整冊詩集，都灌滿時間的主題，以誠敬的神思，傳達他的喜樂、哀傷。李進文就在序文中肯定汪氏詩中特有的質地，與國際名導安德烈・塔可夫斯基透過攝影，傳達一種帶有宗教情懷的詩意感動十分神似。

這種感動，我們在〈園林〉乙詩中，也透過汪氏的詩句，被神撫觸到了：「這光線是如此熟悉的經過／我們家鄉，我們學校，我們昨天／此刻，你全然知道了；你已使我感覺到／通過了我，樹木的／根已扎得好深」。像神諭一樣，沒有一個地方不是如此，無遠弗屆，廣被神的恩典。這是奉主甚篤的汪氏，在主面前誠懇的宣誓他對這片土地的愛，也因為有這一分宗教信仰的誠篤，才會有一連串的詩篇，寫出對台灣土地的誦讚。

本來就有「海洋文學座標」美譽的將軍詩人汪啟疆，如今退役了，他從海上返回他所熱愛的陸地台灣，於是用詩用心去拍攝這塊土地，是十分自然的事。我們對以往的台灣印象，往往要靠老照片來捕捉，因為，幾十年來，台灣改變得太快了，你以前所看到的山、河、稻田，往往已經變成高樓大廈。高速公路、快速公路、捷運穿梭其間，令人唏噓不已。照片當然有其補助回憶內涵的功能，但羅蘭・巴特說：「攝影會留下肯定而短暫易逝的證據，但不久將不再能以象徵性的觀點和感情的角度來想像時間的長短。」因此，詩將可以補足照片的不足功能，李進文在序文中說，可以「保留住象徵

性與綿長的感情細節」。所以，我翻閱汪氏的整冊詩集，遺憾
沒有任何照片和詩作配合，因此我們無法配合圖文，感受如
他在〈底片〉乙詩中所言：「底片身邊的其他輪廓，就當作／
是我隱藏的喜怒哀樂」。也無法體會如〈照片〉乙詩所言：「是
已經完成形貌的隱喻／定格的美麗／心靈風景都作成了隱喻
的匣帶」。是有些遺憾。

三、詩中的死亡和無常

我之所以說詩集未配上任何一張照片，有些遺憾，是因
為讀詩時，往往被詩中的片段詩句，引得心癢難受。例如〈照
片〉第三段：「我有一張我死亡了的照片／妻偷偷未驚動任何
而在我睡中拍攝」，是怎樣的一張照片，讓作者突然聯想到死
亡：「週邊的一切並未因鎂光燈而驚醒，一切都在睡／但我想
起另一些事物」，哦，原來作者看到「相片」而聯想到：「父
親遺照所穿那件黃毛衣原是我的／在那個時代父親穿兒子所
給新衣裳相當正常／他永不捨得為自己買下任何東西」，是那
樣沉重的思父親情，而不是任何頑皮惡作劇似的戲弄拍攝，
我的第一個感覺竟然是開玩笑的拍攝，所以我很想看看真正
照片和真正讀詩感覺之間的差距。安德烈•塔可夫斯基說：「影
像並不是導演所表達的特定意旨，而是宛如一滴水珠所映射
出的整個世界。」原來拍攝者的意旨，只是水珠映射出的世
界中的任何一絲光芒，讀者看到的，將是千萬光芒中的千萬
分之一。汪氏的詩也只表達了這千萬分之一，若能讓讀者看
到原照片，豈不更佳，收穫更多？

　　汪氏這幾年勤於用詩拍攝台灣，有些詩作確實滿足了作者和讀者的「回憶」，例如〈靜靜無聲〉；「芒果熟落，在枝椏下／芒果墜在它位置上，篤的一聲／光線、枝葉與夢都起伏不停／風把肉香與甜腐帶到遠處」，使我想到當年在北港高中宿舍，看結實累累的芒果，摘食的情景，彷彿回到我的夢中，我還聞到那些「肉香和甜腐的味道」。像這樣的詩作，比比皆是，每一個讀者都能讀到和他相關的回憶。

　　汪氏的許多詩作，往往將照片化成他心靈的顯影，但讀者也一樣可以勾起回憶，回憶近數十年來，發生在台灣的種種事件，例如〈二二八〉：「給歷史以省思和眼淚／給時間以警惕和新生，給／人性以無隔止的愛與和平吧」，讀者就不一定如作者所言「那麼簡單／就都化解恨變成愛與和平」了。

　　作者在詩中，往往關連著死亡議題的抒發，例如〈短詩〉：「秋天很美，秋天是一個靜止的季節／落葉其實是沉澱了夏天的重量，才墜出聲音。」這種睿智則有別於他在〈照片〉第六節的省思：「而我則是穿著父親給我的輪廓／坐在它墳前感受／所穿著衣服裏他的體溫」及第七節：「我在監獄內聽到獄友的一句老話／子欲養而親不在／他的臉孔，被我拍攝得／就像我的臉孔」。

　　這和作者前面處理睡與醒如同死亡一般的主題，又似乎不同，掉落的落葉，和坐在父親墳前的作者想到父親與自己的生命傳遞繁衍的關係，又似乎不同，這種生生死死，有生必有死，兒女是父母的延續，睡覺如同死亡，作者顯然花了不少心思去著墨。

　　面對著人生的無常，汪氏其實也很用心的處理。例如〈柿

子與葉片〉：「我看著。時間的盤皿內／完整得僅蒂臍受摘除傷損的柿子，正進行著、蝕腐著／自皮膚萎縮透往內臟的。世界的」，任何完美如「柿子」的人或物，都無法不像「柿子」，「慢慢自皮膚萎縮透往內臟」，甚麼時候「霉爛」了，無常的「掉落」，誰也不知道。或如葉片掉落：「一片片　葉子　一一下來／寄向大地的眷戀　放棄了／所有高度」，是的，任何高度的葉子都會有「放棄高度的時刻」，什麼時候來，誰也無法預測。人世的無常，莫過於此。

四、點滴拼貼台灣

　　李進文在序中說汪氏這本詩集是一部台灣的地方誌，是汪氏為詩寫台灣史詩的田野調查，並且以之為序文的題目，固然沒有什麼不可。但我以為，汪氏這樣從身邊的事物親人寫起，進而擴大到台灣各地名勝如七星潭、奇萊北峰，更進而寫台灣的動植物如蟬聲、蒲公英、水鴞、白頭翁、山芙蓉，更進而追進歷史，如二二八，可以說是台灣整個歷史、地理、人文環境、自然環境的拼貼，自然比「台灣史詩」更宏偉，更具價值的整個台灣書寫，整個大題目就叫「台灣‧用詩拍攝」，不是比什麼史詩更有看頭？

　　這樣的書寫，讓我們見證了生命的奧妙，如〈短詩〉中的片段：「上帝讓我靜坐觀看一切光影的消失及互動…／上帝創造了彼此小小的肉體場景。」並且也看到了生命的初生之美，如同一首詩〈短詩〉中的第三段：「孩子撿來一隻尾部稍稍折損、僵硬了的紅紋鳳蝶／孩子笑白筍手指多輕的處拿，

美學意識的疼痛。」可以看到台灣的小孩，比幾十年前的小孩，又是不同。

　　也可以從書中看到台灣的美，如〈七星潭〉中的句子：「海的玻璃杯，一塊薄冰映出滿杯的／絲，光線已自額上揭開立霧溪全身鱗片」。又如〈清水斷崖〉末段：「永遠有一行雁／是往外飛的，在天空尋歸宿／改動了排列。清水斷崖啊／因為這邊岸和潭石不動／季節才能留住海浪／向我寧靜對談這一年的台灣嗎？」賞景不忘關心家園台灣，汪氏所說的「這一年」，到底是哪一年，哪一年的台灣，不是每一年的台灣都讓人「驚心動魄」嗎？

　　作者的書寫，也讓人回憶到從前，如〈記得〉的第一則：「田溝裡鷺鷥叼起小青蛇的，剎那／把身子躍入敞開的小河的，剎那／一下子愣住了，那漂來的香蕉軀幹／抱住它，喜悅順河流走／笑聲叫聲的，剎那／／童時，我們卻是什麼都曾擁有」。讀詩的剎那，彷彿也同作者一起躍入那敞開的時光小河，順河喜悅的流走。

　　我們也隨著汪氏，回到五十年前我們就讀的小學，如〈曹公小學〉乙首第三段：「這是五十年前小學，這土地／此刻真小，小如茄苳的手掌／我站在紋路盡頭，瞧看自己／二年級到六年級的天地，一切都陌生／而回憶熱著，時間內撐出我對學校的／每一寸丈量，我身體裡那個小孩要放出來」，那麼生動，也多麼感動。那麼小的小學，卻培養出大人物的海軍鑑長，中將官階的詩人汪啟疆，每個奮鬥過的人，回到那麼小的小學，心中有多少回憶？多少感觸？

　　如果回到你生長的小鎮呢？作者在〈柴頭埤，鳳山鎮〉

乙詩,帶我們回到它生長的小鎮,也彷彿讓每個讀者回到他
自己生長的小鎮:「你仍坐在那/水閘的墩樁後,白天/你吃
著布袋蓮紫花,夜晚/火金姑從你身體內,將柴頭埤/閃動
在水光間,七十六公頃面積」,不論面積多大,每個人心中都
會閃動著他自己的柴頭埤。這是他生長的地方,讓他永遠忘
不了的地方,他怎能不加以用心「詩」寫?

　　汪氏如此用心的拍攝台灣,點滴拼貼台灣,如此串連成
一首長長的史詩(Epic),誰曰不宜?

五、企圖逃避禁錮而無法逃避

　　汪啟疆是個詩人,詩人愛好自由,卻不幸也是個軍人,
尤其是海軍重要幹部,曾任艦長,幹到中將退役,這兩種身
分是否會發生排斥糾葛,一直是我心中想要探究的問題。

　　於是我從汪氏的作品中,讀到詩作骨子裡有種思想被禁
錮,靈魂極需要出口的潛意識。他的許多詩中,隱隱透露出
在現實體制下,無法言宣的悲傷。他的許多詩作,或明或暗
都在告訴我們,他的人生被扭曲,身體被職務綁架禁錮,極
欲奔逃而出的渴望。但這種渴望,一直到他退役,都不曾付
諸實現,因此他詩作中的悲劇精神之產生,緣由在此。

　　以〈潮汐〉乙首兩段詩為例,夜的意象代表讓人安心的
隱喻,而蜘絲則是囚禁的象徵。作者企盼在夜的擁抱中「委
屈入睡」,而「蛛絲黏成每根入夜的頭髮,纏住了枕頭」,是
他夜不安寧的重要原因。在現實的逼迫中,以兩種背反的意
象來對比,讓人印象深刻。當然,其中也不乏稍稍露骨的表

示，例如〈心象〉乙首的前兩句：「人的臉被心所捏塑／面容有承納和忍耐」，足夠說明我前面的論點：「他的詩是內在心靈反射的寫照，寫出他在現實人生中的悲傷和隱忍。」

〈海軍車廂〉更是一首利用孩子和母親的意象，來訴說汪氏心中逃避的主題，逃避成人世界的被監視、行動被干涉；唯有如同孩子，在母親的懷抱中，才能享有自由、安全與舒適。這個車廂，象徵一個社會，一個世界，車廂不論在什麼情況下，都寧靜的向前走，「爭吵是輪和鐵軌」則代表環境的喧鬧、衝突，但不論外界如何不平靜，如何險惡，只要心如孩子，單純潔白，即可能逃脫人世的困頓，末尾四行「心鬆開來展放了月光／心鬆開來展示著／持續湧過的海洋」是汪氏內心潛在的盼望，暗示在嚴格規律的軍人生活下，盼望逃避那種規範，解脫內心的自我壓抑，心鬆開來，舒坦如月光下的情境，如持續湧動的海洋，富有生命的韻律。

其他反映身體桎梏，精神困居牢籠，極欲求得心靈解放的作品，還有很多，限於篇幅，請讀者自行參考比對。

六、結論：海洋詩延伸到土地台灣詩的美學

曾在海軍服役，有「海洋詩座標」美譽的汪啟疆，退役後，心力著重在對人與土地的關愛，因此海洋詩和土地台灣詩之間，其實有很多共鳴、感應、薰染、浸漬之互動，因之呈現許多不同層次、層面的交疊、交錯、交織、交融的現象，有心人可以慢慢爬梳其中的詩作美學因緣。

汪氏是中生代詩人群中，少數成就突出的幾位之一，寫

作方式平實細膩又充滿深情，不論對海洋或對土地台灣，他常以一喻百，以十九世紀正宗歐洲單一贅敘（iterative）模式的寫實主題，有時也受到一些超現實主義的薰陶，但總的來說，其寫作技巧雖有時隱含多種他意，也再三轉折，不易捉摸，但尚不至於「沒辦法理解」。

他的詩作，我認為有四種特色：第一，普遍環境共相下的特殊人物、地點、史實之書寫，也就是同中之異。第二，材料單一，卻有代表性。第三，對生存環境、歷史與個人關係之探索檢討。第四，對台灣詩的重新塑造，有別於某些刻意的悲情及冷冷的旅遊寫作成品。

汪氏整冊詩集，隱隱約約透露他生活的不快樂年代，身體心靈同受禁閉，而內心渴求光明自由的一絲絲願望，那麼的不易得到。如今汪氏已脫掉「制服」，正可以大大的發揮一番，不必再作虛偽臣服的「囚犯」。

（台時副刊 98 年 10 月 14-16 日三天）

從悲劇存在的情景中昇華

—— 方明論

一、生平與著作

　　方明，廣東番禺人，一九五四年，生於越南，台大經濟系畢業，與羅智成、廖咸浩、楊澤、詹宏志、天洛等交遊，並創辦「台大現代詩社」，作品常發表在已故詩人羊令野主編的《詩隊伍》，因作品具獨創性，言之有物，羊令野頗為賞識，並向詩壇推介，張默編選的現代百家詩選《感風吟月多少事》，就選了方明的〈聲音〉和〈夜〉兩首作品，並譽之為「在語言與意象的經營上已經相當成熟與契合」。

　　一九七七年二月，方明出版處女詩集《病瘦的月》，就已表現了天洛在序言〈超自地平線〉，所說的：「詩作的完成不僅僅在於文字詞彙的堆砌及組織，更可貴而重要的還在於詩人對情衝動的反省及適可而止的把握。」一九七七年六月，方明又出版散文詩集《瀟灑江湖》，建立了他詩作的特色：「從他筆下，無論是採取詩與散文的方式，所表現出來的那些深沉的愛，以及鄉思與家仇國恨，乃至大自然的景象與往昔生活的種種情景……閃動在明麗的回憶與無限的追思中，均是

那麼的真摯專情，那麼的動心，那麼著實與有力地使我們再度發覺到，那自悲劇存在情景中昇華的憂思，確是文學中至為感人且含有宗教膜拜情懷的一股永恆的力量，因為它表現了對不幸與苦難的同情，把握了人性上無比的懾服力。」

　　後來方明突然從詩壇「失蹤」，詩人們均不知其下落，連提拔他最力的羊令野都以為他回到越南去了，直到最近方明又出現在詩壇，原來他遊學法國去了，且經商有成回到台北，重拾詩筆，真是「一日愛詩，一輩子愛詩」。他怎麼可能忘情新詩呢！

　　二〇〇二年六月號《創世紀》一三一期，刊有方明新作〈地鐵神話〉，仍然保有過去纖細的情思，加上成熟的人生體悟，是一首凝重、冷靜讓人再三沉吟，再三思索的好詩。

　　二〇〇二年九月號《創世紀》一三二期再推出方明最新力作散文詩四首：〈訣〉、〈青樓〉、〈巴黎夏日〉、〈賦懷〉等，可以相信，那位羅智成筆下的「某種祕密結社的成員，或詩美學的終生會員，並且在性格中永遠刻劃下對年輕夢想的珍惜與堅持」的方明回來了，如今，只有風度更成熟，詩筆更穩健。他預告近期將推出版《生命是悲歡相逢的鐵軌》詩集，我們正熱切的期待著他這本新舊作合集的紀念集。

二、方明詩作的特色

　　一般人對方明詩作的印象，大概都僅止於「好用長句冷僻的字眼」，但《藍星詩學》第十五號「方明特輯」中，就有十家對方明的作品提出批評，《創世紀》一三四期補刊了〈漏

網之魚〉白靈小論方明的詩〈拯救與抵抗〉，從十一家批評中，所歸納出方明詩作的特色，雖不能算完全，但也差不多說盡了方明詩作中最深層的本質。

首先第一篇是羅門為方明新詩集《生命的悲歡相逢的鐵軌》所寫的讀後感〈一樣冰爆　春流滾滾〉，「對方明的創作世界做重點性與概觀性的透視，給他表現傑出值得大家重視與激賞的部份，予以應有的肯定（不做細部推敲）。並祝望他有更美好無限的創作遠景。」羅門認為方明天性接近於詩，全集分成五個驛站，每站都有特色，即至為純真、貼切、細微，在敏悟的知性中，有超乎常人的深情，他的詩是真情實感的生命之旅。在第一個驛站〈戰爭卷〉詩中，他是身歷其境，在詩中嘶喊人與世界存在的出口，第二站〈情懷卷〉中，羅門說方明是一座「抒情」的多弦琴，彈撥著人生、夢幻、理想與年青時代的寶貴時光。第三站〈馳古卷〉中，羅門認為方明揮掉時間歷史的塵埃，讓過去的一切活在詩中。第四站〈剪絮卷〉中，羅門認為方明以敏動的心思，纏綿的情致，幽閒自得的飄逸，對風花雪月、四季等一切的變化，都能以生命噴射多彩多姿的情意，展開似真似幻的詩境，寫出清雅、玄妙、迷人的詩篇。第五站〈花都卷〉中，羅門認為方明是以畫家畢卡索三百六十度的掃描鏡精要的掃描巴黎，包括羅浮宮、聖母院、凱旋門、鐵塔等，以詩表現出花都「巴黎」是最具藝文氣息的「觀光大拼盤」。同時羅門也指出方明四點藝術表現上的策略和理念意圖。

第一是方明的詩有自己的特色，不屬於「流行」的詩人，詩注重「意象」強有力的放電性，使詩境發光。第二，方向

較偏向「新寫實（New Realism）」，使詩呈現的物象情景，均經抽象，獲得新的美感。第三，方明的詩作近乎詩詞的「散文」技巧，在語言操作時，更舒展與舒暢，收放自如，使方明的詩作更有「高度」與「古詩」與「現代詩」交配而成的新品種。更有新機能和新活力。

向明的〈燦發的詩心〉乙文，除了交代方明的寫作、失蹤、回歸外，並指出「二十六年前方明所出版的《病瘦的月》，做了許多形式上的實驗，而且做得很成功。」後現代詩人所玩的「板塊式的詩」，方明二十六年前就玩過了，而且比後來的精英詩人更大膽，更有水準。向明認為原因無他：「乃方明文字功力深厚，仍然循規蹈矩，沒有任意堆砌，製造障礙，故而方明的長句式的板塊寫作，讀來仍通體舒暢，一氣呵成，毫無生澀之感。」

三、方明未來的方向

方明詩作的成就已如前面名家所言，已經登上某種高度，如今思想已更成熟，歷練也更豐富，方明一定不會以此自滿。尤其長句冷僻字詞讀來拗口，流傳不易，鄭愁予最為人傳誦的是早期的詩作，楊牧、林泠、夐虹……等亦然，朱銘的雕塑「太極」，也以簡單的線條為人所喜愛，梁實秋在〈論散文〉時有一段文字，可以供詩人參考，他說：「散文的美妙多端，然而最高理想也不過『簡單』二字而已。簡單就是經過刪芟以後完美狀態。散文的文調應該是活潑的，而不是堆砌的，應該是像一泓流水那樣活潑流動。要免除堆砌的毛病，

相當的自然是必須保持的。用字用典要求其美，但要忌其僻。文字若能保持相當的自然，同時也必須顯示作者個人的心情，散文要寫得親切，即是要寫得自然。」藝術原理，萬般皆相通，看古典詩、詞為人琅琅上口便於記誦者流傳自廣自久，徐志摩的「揮一揮衣袖，不帶走一片雲彩」，數十年來常為人引用，可見詩人寫詩以能自冷僻艱澀中走出為佳。

　　方明早慧的才具，再經不斷的琢磨，相信有朝一日，也可以到達完美的境界。

（台時副刊 92 年 7 月 7 日）

企盼登上藝術峰頂

── 秦嶽論

一、生平及著作

　　秦嶽本名秦貴修，一九二九年十二月九日，生於祖籍河南修武縣，國立台灣師大國文系畢業，先後擔任教師、組長及訓導主任多年。曾獲中國語文獎章、中興文藝獎新詩獎、著有詩集《夏日・幻想節的佳期》、《井的傳說》、《臉譜》。散文集《影子的重量》、《雲天萬里情》。論著《散文欣賞》。書評《書香處處聞》等書。

　　一九五七年曾在台東與與李春生合編《東海詩刊》，一九五八年編《詩播種》週刊，為東部點燃詩的火苗。一九六二年又在花蓮與陳錦標、李春生合編《海鷗詩刊》。一九六七年在師大讀書，又創辦師大「噴泉詩社」，主編《噴泉詩刊》。一九六九年回到花蓮，準備《海鷗）復刊，又籌組「風格詩社」。

　　目前在台中市擔任青溪新文藝學會常務理事，兼任文學街出版社副社長兼總編輯，對台中市的文運推動貢獻居功厥偉。

二、詩藝探究

秦嶽的第一冊詩集《夏日‧幻想的佳節》，出版於一九七〇年，當時已經四十歲的詩人，還保持著純真的詩情，難能可貴，和許多青年詩人一樣，一開始詩人就寫情詩，表達他澎湃的熱情，例如〈燭影花夢〉的片斷：

啊　網我於其中／妳的眼睛深沉
如潭／藏著兩顆晶瑩的珠粒／閃爍著
灑我一身繽紛

描寫如痴如醉的愛情景象，運用網的代表愛情的共通意象，以潭的深沈描繪情人的眼睛，尤其兩顆眼睛晶瑩閃爍還會灑我一身繽紛，簡直是少年歌德的翻版。

秦嶽在處女詩集中就有如此精彩的表現，實應歸功於他用心經營詩藝，如前述他的意象塑造十分成功，在這裡我要談的是他的音樂性，以〈變奏的冬〉片斷為例：

雪　層層疊疊　　覆蓋著／覆蓋著
一粒雪　含泳一夏故事／蘊藏一束記憶

此處的「層層疊疊」雙聲疊韻，「覆蓋著／覆蓋著」的覆沓句法，使詩的音樂性產生綿邈無盡的詩味，中間的「一粒雪／含泳一夏故事／蘊藏一束記憶」，讀起來如密密的雪，又如細細的雨，是一頁多麼美的故事，是一束多麼難忘的記憶。新詩不押韻，但特重字裡行間的音樂性，秦嶽可以說一出手

即不同凡響像這樣生動如江流奔騰，如琴韻細訴的，還可以看到〈夜〉乙首的片斷：「啊　包容一切　一切都無法觸及的／我的存在　是一片虛無虛無／一片冷冷的虛無」及〈戀·在南方〉的片斷：

> 這季節，屬於裸體的　　這季節，展示生命　展示
> 花／如夢之光／如月之光／誰在囈語／誰在呢喃／
> 誰在測度
> 太陽／與／向日葵之間的距離

第二本詩集《井的傳說》，出版時間是在十八年後，此時詩人詩作進入圓熟期，詩語、造境、哲理趣味均不可與第一本詩集同日而語。例如〈腳印之外〉的片斷：「我是折斷腰肢的柳條／怎麼彎也撈不起溪底亮麗的星辰」，以垂柳影射自己彎腰撈星辰，意象多麼生動深刻，哲理多麼圓融有趣，泰戈爾的小詩，日本的俳句有許多類似令人一看難忘的佳構。

詩人也在「詩中有畫」方面展現功力，例如〈醉飲〉乙首的片斷：

> 一陣陣排著隊呼嘯而至的／風／企圖梳理我溢滿一
> 身的紊亂的鄉愁／而我／卻早已沈迷在那一片翻騰
> 無際的蒼茫裡

這種文字繪畫的設計，成功的視覺意象，使他的詩有了繪畫的效果。〈五重奏〉之三的片斷：「曾經是握過槍流過血的手／如今握著堅硬的自己／刻劃美的形象，雕塑時代的縮影」。刻劃老兵轉而寫作的畫面，生動如在眼前。同詩的另三

行：「與我一樣，該也是逸出槍管的一枚子彈／燃燒著劃亮熾熱的生命／在中國苦難的翳著陽光的陰影裡」，子彈射出的畫面，與詩人奮力創作的畫面重疊交錯，鮮活生動。

　　許多大陸來台詩人，鄉愁詩寫的特別好，如余光中的〈鄉愁〉、〈鄉愁四韻〉洛夫的〈邊界望鄉〉、張默的〈深圳・在打鼾〉，還有很多很多詩人，不勝枚舉。秦嶽也是從大陸浪跡台灣的詩人之一，豈能沒有鄉愁？

　　〈望月〉乙首，就成了他的鄉愁詩的代表作：「于是，垂掛著的天河／在俺臉上泛濫成滴滴的清淚／敲響了深藏著的美麗鄉愁」，望月思鄉，多麼典型傳統的作品。「今夜／月若高懸的鏡／就舉頭望明月吧」也不怎麼出奇，但開始的兩段卻有出奇獨特而鮮活的想像：「曾經山過／曾經水過／曾經風景過／曾經嚼著月餅溫馨的團圓過／而如今廣式月餅，只是在街頭招徠顧客的旌幡／道口燒雞，也咀不出一絲故土的風味」廣式月餅，道口燒雞，台灣也有得買就是沒有故鄉的道地，鄉愁之濃不言而喻。而「吾兒看我凝神而視之痴迷／焦急地問俺可看到奶奶」，母親在家鄉，〈望月〉想見親人借由小孩之口說出，更顯作者內心之傷痛。另外〈醉飲〉乙首也寫盡鄉愁之苦：「一陣陣排著隊呼嘯而至的／風／企圖梳理我溢滿一身的紊亂的鄉愁／而我／卻早已沈迷在那一片翻騰的蒼茫裡」。

三、成就倍受推崇

　　秦嶽詩作的表現，陳慧樺教授以一篇〈秦嶽的情懷〉大

加肯定，他說：「秦嶽的詩作頗能展現其人格。他的節拍是緩慢的，因此他的詩句結構唸起來也是徐行迴蕩的。他早年的悾匆軍旅、艱辛逃亡等生活細節都可以反映在兩本詩集中。他的詩作實在是揉雜著淚水、憤怒和冷凝寫成的」。

古繼堂也以「寧靜深遠，淡泊高遠」來論秦嶽的詩：「讀秦嶽的詩，彷彿探尋幽冥深邃，奇景迭現的岩洞，越前進越令人神往，越深入越令人驚嘆」。他在這一篇文章中指出秦嶽詩作的四大特色：

第一，在同一種事物上，開拓出多種藝術的表現途徑。在表現一些難度較大的題材時，也能新招迭出，毫無力拙氣短之感。

第二，疏密、虛實、淡濃相宜的結構和筆觸，構成藝術上的勻稱和完整。

第三，獨特而鮮活的想像。

第四，北方大曠野的粗獷和南方小田園的細膩，相交組織的詩的個性。算是公允的批評。

總之，以一生所有青春歲月付予新詩的研究、推動、創作，成就應受肯定，只是我們在精益求精、春秋要求賢者之下，我們盼望詩人再創詩的高峰，比如洛夫的長詩〈漂木〉和〈禪詩〉，秦嶽也擅長書法，何妨再做生命中最大步的一躍，登上藝術的頂峰。

（台時副刊 92 年 9 月 19 日）

文學的苦行者

── 陳千武論

一、生平與著作

陳千武，本名陳武雄，另一筆名桓夫，一九二二年生於南投名間，童年時期在鄉下過著自由自在的生活，享受鄉間寬廣美麗的世界，孕育了他日後即物抒情的詩篇和無數人道關懷的文學創作。一九三一年，他由皮子寮小學轉入南投小學，第一次感受到「自己是日本殖民地的孩子」，所受到的不同待遇，直到考入台中一中，早年的經驗，讓他成為一位敏感、早熟而且叛逆的學生。

他和同屬劍道部主將的同學陳嘉豐帶頭反對皇民化的「改姓名運動」，終於遭到學校監禁，不准上課，派老師輪流到圖書館看管他們，且給他不及格的操行成績，讓他升學及日後的發展都受到莫大的影響，曾經在製麻和製米工廠工作，也曾被徵召遠走南洋去當特別志願兵，終戰後又看到國民黨吸收黨員的方式以及二二八事變、白色恐怖，這些體驗不但塑造了他的人格而且深深影響了他的作品及文學活動。

一九七七年，創設台中市立文化中心，並且擔任主任，

一九八六年，任文英館館長，參與創辦《笠詩雙月刊》，並編《詩展望》、《亞洲現代詩集》，曾任亞洲詩人會議台灣大會會長、台灣筆會會長、台灣兒童文學協會理事長。出版著作有詩、小說、評論、翻譯、兒童文學、編纂等五十多種。曾獲吳濁流小說獎、台灣榮後詩人獎、國家文藝翻譯成就獎、日本翻譯家協會特別勤勞獎、大墩文學功勞獎、南投文學成就獎及九十一年度國家文藝獎等，曾任靜宜大學駐校作家，獲有台灣文化學院榮譽博士。重要詩集有《不眠的夜》、《剖伊詩稿》、《野鹿》等。。

二、強烈的批判性

　　由於殖民時期，日本的「皇民化改姓名運動」及「寺廟整理運動」，使陳千武體認到被殖民的台灣人的悲哀，他有一首詩題名叫〈油畫〉的作品，就是描寫他因「反對改姓名」而被監禁在學校圖書館時所寫的，原詩如下：「監禁室的牆上：／我凝視著一張油畫／浮出鮮明的赤黃／的風景／畢竟在訴說甚麼？／寂靜的房間／挾在鐘的敲打聲裡／搖遠的昔日的夢／奔向我的腦中閃過／赤黃的風景的山／是懷念的故鄉。毫無華美的生活。／人生二十的煩惱是什麼？／童心喚起我／看，在將來／我底童心也知道／命運會怎樣呵。」，陳千武自述：監禁室的牆上，掛有一張油畫，我天天凝視著油畫，促成我寫這首〈油畫〉的動機。油畫的藝術美吸住了我，使我逐漸拭去殖民社會凡俗的懊惱。

　　如此，依據眼睛所看的物象直接寫出感懷，是自由詩普

遍而容易表現的寫作方法。從物象的直接感受產生的詩思或說詩想，詩便開始發展浮顯出詩的焦點來。平常對物象的直接感受，會成為寫詩的動機，而詩的焦點等於就是詩的主題。這段話不但道出陳千武的詩觀及寫作方法，也為他的許多重要詩作如〈幸福〉、〈咀嚼〉、〈指甲〉、〈野鹿〉、〈鼓手之歌〉指出研讀的方向。

三、參與笠詩社的文學歷程

從陳千武整個創作歷程看來，一九六四年與詹冰、吳瀛濤、林亨泰、錦連、白萩、黃荷生、趙天儀、杜國清等人共同創辦《笠》詩刊是一個重要的轉淚點，在此之前由於跨越兩種語言的斷層，使他曾中斷了大約有十年的時間沒有創作，有了笠詩刊，陳千武的文學才華與文學使命感有了適度的發揮，因此陳明台在一篇文章中，提到：「……進入個人文學創作的鼎盛期，不只是創作質和量大大地有所突破，創作的範疇也廣及各個領域，從詩、隨筆遍及小說、文學評論，乃至兒童文學和文學翻譯。此期文學作品的題材和主題，甚為寬廣，綜合了感性和理性的表現，從個人愛情、人生的感受，到對外世界的關懷，除了戰爭回憶錄的自傳性質小說外，均緊扣時代的脈動，呈現強烈的現實意識，歷史意識和文化意識。尤其值得特別強調的是，對白色恐怖和強人專制，高壓統治底下的台灣政治、社會文化各層面，敏銳地加以省察、揶揄和批判，造成他作品的一個主調，飽含著強烈的現實性格」。

綜觀陳千武作品的特色，可以說是笠詩社特質，那就是

台灣精神、本土意識、草根意識、現實主義手法、人權理想
等，這些理念相近的詩人結合在一起，激發了無限的生命的
活力，笠詩刊出刊到一九九九年六月止屆滿三十五年，出版
二百十期，從未間斷、脫期，至今仍在出版中，日本的今辻
和典就在一篇〈台灣笠詩的運動體集團性〉乙文中說：「笠疊
積了苦節二十年的忍耐，卻不中斷發行，保持了詩文學力量
的耐久性和強韌性。……台灣詩壇便形成了台灣座標和中國
座標的兩條主軸。而中國方面的座標由《藍星》和《創世紀》
為其主柱。」（一九九八年十一月六日民眾創刊）。這形成的
壁疊分明，不論詩、論文，均明顯產生互相切磋的火花，形
成一個多彩多姿的文學世界，讓吾人眼花撩亂。陳千武和李
敏勇、陳鴻森、李魁賢等人為了本土詩人的能見度，卯盡了
全力，功不可沒。

四、實至名歸令人感佩

　　陳千武在經歷了日本人的殖民統治，求學與就業的人
生，異國的戰地生活，寫了一些詩和小說，顯現出對社會的
關懷、理想主義的色彩，然後經歷了語言的斷層、白色恐怖，
直到投入《笠》詩社的創作高峰期，至今每年均有新作問世，
並以個人力量，翻譯日據時代台灣作家的日語作品，目前已
達百萬字以上，如今獲得國家文藝獎的肯定，可以說是實至
名歸，已有八十高齡的他，還如此奮力投入，令人由衷感佩，
我認為他是一位「文學的苦行者」，應不算過譽。

（台時副刊 92 年 4 月 28 日）

立在嶢岩之上

── 岩上論

一、生平及著作

　　岩上，本名嚴振興，一九三八年九月二日出生，原籍台灣嘉義，遷居南投草屯。台中師範、逢甲大學畢業，曾任中小學教師，現已退休，專事寫作。一九五五年接觸現代詩，一九六〇年起開始創作不輟，一九六六年加入「笠詩社」。一九七六年創辦《詩脈詩刊》，一九九〇年至二〇〇〇年主編《笠詩刊》。曾任台灣省兒童文學協會理事長。曾獲吳濁流文學新詩獎、中興文藝獎章、中國文協新詩創作獎、中國詩歌藝術學會編輯獎、南投縣文學貢獻獎、第十一屆榮後台灣詩人獎等。已出版詩集《激流》（一九七二）、《冬盡》（一九八〇）、《台灣瓦》（一九九〇）、《愛染篇》（一九九一）、《岩上詩選》（一九九三）、《岩上八行詩》（一九九七）、《更換的年代》（二〇〇〇），及評論集《詩的存在》（一九九六）。

　　由於岩上半世紀來創作不輟，並屢獲大獎的肯定，《笠詩刊》在第二二〇期做了一個〈現代詩的光芒，岩上詩作評論專輯〉，發表論文的計有林亨泰〈岩上的「舞」〉，該文原以日

文書寫，由林巾力翻譯。李魁賢〈詩的衝突〉，丁威仁的〈岩上《冬盡》詩集裡「血」的意象研究 —— 兼論此詩集的位置與價值〉。丁先生也曾在靜宜大學第二屆全國現代思潮學術研討會上發表論文〈初論岩上詩裡「燃燒」類意象傳達的生命思維 —— 以「太陽」與「火」為例〉，黃明峰的〈嶢岩之上的劍客 —— 論岩上詩藝的變化〉。蔡秀菊〈八〇年代的台灣社會縮影 —— 論岩上現代詩中的現實性格〉，以及王灝的〈試說岩上八行詩中的形式意義〉，等多篇文章，洋洋灑灑好幾萬言，足供喜愛岩上詩作的朋友研究之用。

二、名家眼中的岩上

　　林亨泰在評岩上的詩作〈舞〉時，特別肯定岩上創造意象的功力：「在詩中一連串的幻化與變身之間，創生了一個擁有全新生命的意象，與超乎字彙表面意義的詩世界」。從林亨泰的分析中，我們見識到了岩上寫作功力，以〈舞〉的身形變化，一再轉喻：先是「筋骨」，忽而化為「龜」，忽而轉喻為「蛇」，再變為「水」，然後是「魚」、「鷹」、「雲」、「雨」，終為「蓮花」再幻化為「河濤」，不是高明寫手，那能如此？

　　李魁賢也對岩上讚譽有加：「岩上以八行詩建立他獨特的風格，內在心靈和外在世界的交感，意義與意象的交融，語言的精緻簡練，意境在隔與不隔之間，在在呈現岩上詩藝的高峰」。

　　黃明峰從岩上的第一本詩集《激流》探討起，雖然入門較「超現實」，讀者不易融入作者所欲表達的情感，接著探討

《冬盡》是岩上改變寫作方向的「詩的生命的新音調」，到《台灣瓦》中的「關切現實」，岩上用的都是「非常嚴厲的措詞」，到了「情詩集」，黃明峰論斷：「不管是借物詠情，借景抒情或者直對情人說，岩上所表現的愛是一種擇一固執，殉身無悔的愛。」再到《岩上八行詩》，黃明峰說：「無疑的是岩上近年的力作。」我在看林亨泰分析的那首〈舞〉，也正是八行詩。黃明峰最後的結論是：岩上經歷許多風風雨雨，就像是從四處行走的俠士到立於嶢岩的劍客，從熱血奔騰的勇士到沈浸太極變化的武者，此時的岩上，已經不需要現實世界的那把利刃了。劍客到了不需用劍的地步，黃明峰給岩上的肯定，相當的高。

　　王灝在論岩上八行詩時，認為岩上「在不變中求變，在變中求不變」是值得肯定，有很大意義的：「對這種生命課題的表達，只是借用由幾個詞句的更動，以及句子的位移，便舉重若輕的表達無遺了，這不得不讓我們讚嘆岩上手法的靈巧，對應關係運用靈妙。」古繼堂也對八行詩有所評論：「這種結構的特點，不僅僅是詩的行數和語言的限制，而且是一種固定的形式裝載一種活的，可以膨脹可以收縮的內容。就詩的特點來說，它要求形式的有限性和內容的無限性。即以最凝煉、最精省的形式，容納儘可能多的內函。」

三、岩上寫作技巧試論

　　寫詩近半世紀，出版七冊詩集，一本詩論，對於寫作技巧的嫻熟自不待言，這裡擬就批評論文中提到的加以探討。

　　第一、意象的創造及擅長運用此喻,這一點林亨泰在論岩上的〈舞〉時有深刻的討論。尤其對比喻的運用,一再轉喻的成功,尤為讚賞。丁威仁也論到「血」、「火」、「太陽」等意象的成功塑造。這些論文,前面已提過,請讀者自行再體會一番,不再贅述。

　　第二、詩中「衝突」的成功運用:李魁賢在論文中有詳細的論列,諸如「岩上在一首詩中不只是處理單一面向的衝突,往往是或隱或顯地兼揉並蓄二種或三種面向的衝突。」如「主體與客體的衝突,客體與客體的衝突」等三方面的衝突,李魁賢都能在岩上的詩作中找到例證,證明岩上詩作中的衝突,常採「異峰突起的手法」,使得岩上的詩作「呈現不同的繽紛面貌」。

　　第三、以對應頑韌的方式來安排詩想:王灝在他的論文中,對岩上詩中對比,舉出了好幾個例證,來探討岩上以對應頑韌的方式,讓「詩意多了一份轉折,詩的意義多了一份空間」。較明顯的對比有「來 ── 去」,「強 ── 弱」、「前往 ── 停留」、「倒下 ── 豎起」、「遠 ── 近」,這種寫作技巧,成功創造了八行詩「有限的材質營造多面相的生命體悟」。

四、結論 ── 詩在著與不著之中

　　綜觀岩上詩作演變的脈絡,從《激流》開始,明顯受當時詩壇流行的影響,詩風較晦澀含蓄,但經過歷練,即使他在〈詩的存在〉後記中表示懷疑:「詩和生活是不是有距離?」,「生活如果沒有詩,詩如何表達?」,「寫詩有什麼用?」

等等，許多寫詩的人都曾面對的困惑，即使他「關切現實」，語言下的很重，如：「孔子氣死」、「老兵的刺青」，甚至忘了詩要含蓄，但他的大部份作品，都還是頗注意「詩味」的，因此詩脈詩社才會有如下的肯定：「岩上的詩在著與不著之中拈出詩絲，從縝密的結構秩序裡注入生命的悲情和激越的精神，語言縱收峻切而淵沛，結束了以前的姿態而以另一奇異嶄新的風貌出現」。詩即使再關切現實，也不等於口號，更不等於論文，這一點岩上即使碰上和某些詩觀特異的人討論，他還是神思清明，應不致於迷惑而不知所從才對。我們看岩上的八行詩即可知道他還是十分重視詩藝的，我們期待他有更多佳作分享讀者，畢竟他詩的志業，才正在高峰頂上。

（台時副刊 91 年 1 月 3 日）

詩人的痛苦美學

── 龔華論

　　《花戀》是龔華的第一本詩集，也是繼散文集《情思‧情絲》後第二本出版集子，根據蕭蕭〈誰能為風找到安歇的地方？〉乙文之記載：「我們都是輔大的校友，龔華小我一屆，合該是學妹？」看來，他們的年齡應該相仿，何以龔華至今才出版第一本詩集，彷彿詩壇青年詩人？原來「龔華近年與病魔奮戰」。（瘂弦語），使她「決定重提年少歲月的「舊愛」，重新提筆寫作。（作者後記〈伏思於窗櫺上〉），這樣一個殘酷的人生現實體驗，會給作者帶來什麼不一樣的人生體悟，會給作者帶來什麼不一樣的作品？都是我研究再三的資料，我相信「真正痛過的人才能呼痛」。我希望能從龔華的詩作，真正進入龔華的「痛苦美學」世界。

一、龔華在詩作中的痛苦美學

　　當醫生宣佈詩人是癌症患者，那種震驚、煎熬、痛苦是怎樣的一種心情？

　　一直走，卻怎樣也走不出去，是一種走在隧道中的心情，

一種走不出去的徬徨，詩人想到什麼？

> 「我便知道，噗噗的風聲，已尋到止歇的歸處，於是，
> 我將背上行囊卸下，紙、筆、顏料、畫架、眼鏡、加
> 上一生一世的懸念」——（〈風之魂〉）。

詩人是有了徹頭徹尾的體悟，她「將背上的行囊卸下」，「走出了一個浴火的新生命」，但也被迫「走」掉了一些「色即是空」的事業，如外語學校的助教、外商公司職員，及自己的外貿生意等。然而也正因為有此一「失」，才有她在〈伏思於窗櫺〉（〈代後記〉）所說的「重拾年少歲月時的舊愛」，重新提筆寫作的「得」。（謝輝煌語），她「已尋到止歇的歸處，這種體悟產生自詩論家季紅所說的「靜觀——清醒的時刻」，此刻的清醒，在大徹大悟之後，「靜觀使我們看到萬物之真貌跟它們之關係；使我們的靈魂得以自肉體中釋放如一位天使；使其豐盈而且自由起來如一位天使」（季紅語），於是痛苦的詩人，把痛苦轉化為一種美學——詩，這種痛苦美學，也就是印度女詩人奈都夫人的「以詩悲哀征服生命的悲哀」的痛苦美學。

二、龔華詩作中的張力

新批評家阿倫　泰特（Allen Tate）說：「……詩的意義，全在於詩的張力；詩的張力，就是我們在詩中所能找到的一切外延力（extension）和內涵力（intension）的完整有機體。」

（《現代世界中的文學家》頁七節二）。這裡的內涵力我就把它稱為內在張力。外延力就叫外在張力。統稱為張力。詩論家李英豪說：「不少外國批評家早已指出：現代詩的佳作，無不伸向豐繁、伸向濃鍊、伸向岐義、伸向密度、伸向矛盾的統一、伸向對立的和諧、伸向意義的反射層、……即伸向張力的強度。」（論現代詩之張力）。

> 「然後／在灰濛濛的山頭／我看著晨曦／漸被你盤旋已久的靈魂／一點點染綠」——（〈風之魂〉）

這種對比的矛盾情境，如「灰濛濛」與「綠」，晨曦代表初生（初昇的太陽）對比「盤旋已久的靈魂」（代表死亡），這種悲刻性，感情上的張力，強過語言上的張力，我直覺認為那是詩人詩作的內涵力，這種內在的張力，強到使人讀來有錐心刺骨之痛。

再看下面〈信仰〉乙詩的片斷：

> 「然而／方才妳親眼看到／臟腑上流散著無數光點／正如煙火在高亢引爆／妳心裡明白／眾鬼神的節奏／正殘酷地在他漂亮的身體裡／開幕得歡天喜地」——（〈信仰〉）

這種藉想像的觀照如「臟腑上流散著無數光點／正如煙火在高亢引爆」，這種自身俱足的，富有戲劇動向的意象上的張力，一方面使讀者也可能感通、經驗或重造詩中世界。」（李英豪語），龔華的詩其實有很多話要說，但若不是使用深

刻的意象，具有無比強度的內涵力和外延力，那麼將流於說理非理，抒情非抒情的散文了。欠缺張力的詩，如空中樓閣，沙上之浮雕，不但不實在且不久即會消失。

三、龔華詩作中的死亡意象

許多成功的詩人作品之所以成功，在於意象的經營成功。龔華在與病魔奮戰之後，死亡的壓力經常逼得她不得不努力探究死亡。所以在她的詩中，死亡意象的詩句俯拾即是：

迎白雲為幡／行進一種招靈的儀式（〈風之魂〉）

床單的白色／淹沒了妳最後一點奢望（〈信仰〉）

當你的身軀終於化作灰燼／飄升成億萬年以外的星光（〈流星〉）

波瀾還是退去／沙灘上躺著靜止的永恒（〈思念〉）

當星雨灑落／黑夜的光芒／融化了海水中的鹽粒／潤濕你我糾結的髮絲（〈海誓〉）

在開滿菅芒花的崖邊／聽到對山傳來一聲渾厚的叫喊（〈秋日之約〉）

任你暴露在失速的空氣裡／那樣只會使你變得乾裂易脆／當陽光和風已任意飄遠……（〈陶〉）

當玫瑰花朵一瓣瓣墜落（〈隧道〉）

從這些詩句的片斷，讀者不難看到死亡意象在詩人的詩中不斷出現，讀者被這些意象驅趕著成為哀傷的一群，詩的震撼力因而達到了極致。

四、任風去吧！把詩留下

　　海明威說：「人可以被毀滅，但是不能被打敗。」證之抗癌小詩人周大觀肉體被毀了，但他的精神沒有被打敗。詩人得天獨「厚」，有這一種非常人的際遇，又有一般人沒有的寫詩才華，這兩種恩賜加在一起，正式在詩的舞台，展現特有演技，詩壇何其幸運。章亞昕說了一段話：「沒有後台演員的不幸，只有角色的演出則是空洞的。」沒有真正的人生體驗，許多「行為藝術家」的作品是沒有生命的，空洞而乏味的。龔華正是可以看透這一層生命意義的詩人，第三十八期《台灣詩學》季刊就有詩人的兩首詩：〈車窗外的雨景〉、〈告解〉，我們希望詩人寫出來的詩如「行走的路樹／追趕著來不及乾燥的眼球／車窗上的露珠」，以及「我流著淚越過聖潔／在逐漸微弱的燭光裡／進行一次背叛／為首次的邀約，也為／最後的逃亡。」我想，對詩人來說詩是最好的告解，也是對命運最好的「背叛」，更是對死神邀約最後的逃亡，只有詩作是永恆的，任何人都戰勝不了大自然，即使活到百歲成為人瑞，沒有任何貢獻，突然佔有地球的一角，消耗一些糧食而已，有何意義？最後仍以瘂弦在「詩人手扎」的一句話來做本文總結：「而詩人的全部工作似乎就在於『搜集不幸』的努力上。」詩人，我們在展讀妳華美的果實，將如何來面對妳的不幸？真是十分弔詭，那麼一切就像詩評家蕭蕭說的：「任風去吧！」把詩留下。

（台時副刊 91 年 9 月 17 日）

深情自有一山川

—— 一信論

一、前言：寫詩近半世紀，作品嚴謹，深刻有味

　　一信從民國五十八年八月出版《夜快車》詩集，之後陸續出版了《時間》、《牧野的漢子》、《婚姻有哭有笑有車子》，共四冊詩集，時間縱深達四十年之久，最近整理正待出版的詩作八十一首，可謂創作不懈，一生奉獻給詩的詩人，展讀其四十年來詩作，深刻有味，值得向讀者介紹。

二、早期作品即獲佳評

　　當年還是二十歲的年輕詩人一信，出版詩集《夜快車》後，散文家季薇就寫了一篇頗為肯定的評論，篇名叫〈詩與生命－兼評夜快車的啟示〉，對詩集中的〈夜快車〉乙首，讚譽有加，認為這首詩：「……氣定神足，雄豪之至，其運用文字之技巧尤為精湛……」。季薇同時舉出多首詩作，加以分析討論，最後並肯定的說：「這些詩，無論其間過程如何，造境背景如何，在一字一字的混凝和作用中，沒有多餘，也不少

扣，恰到好處，充分發揮作者底豐富的想像力和強烈的進取心，作者的成就是基於他虛懷若谷的學習慾，意志和恆心。……」

所以我以為他的詩有個性、有特色，詩想微妙，詩味醇厚，用暗示，用隱喻，含蓄而不晦澀……」難怪詩人張自英在序文中這麼說：「……一信的詩，簡短有力，不落八股口號的窠臼……他的詩風是屬於柔和之一面的。豐富的想像力，是寫詩的最大資本……由於他有豐富的想像力，才能塑造出許多鮮活的形象來，使詩的生命躍然紙上，進入了化境。」一信經此肯定，自然是信心十足，益發勤奮寫詩。

三、一信詩中的感情世界

一信的《夜快車》出版後，除了有季薇的評文外，尚有陳芝萍、屠申虹、白楓等人的評論，都給了一信很好鼓勵作用，因此他的詩集才能一本一本的出。我在展讀他的所有詩作之後，擬分成四點，來探討一信詩中的感情世界：

（一）生存的無奈感

外表文靜，為人誠懇的一信，如果你不讀他的詩，實在看不出他心中有多少無奈，他內心有多少事要吶喊，不信請看他的〈江湖行〉一詩第四段：（《牧野的漢子》詩集第五十一頁）

「江湖　江湖／江湖染白了我的頭／江湖磨平了我的銳

／江湖折斷了我的鋼／江湖扭彎了我的直」讀者不難領會「人在江湖，身不由己」，而這個詩中的〈江湖〉，就是我們的社會，詩人在社會中受了多少折磨，不言而諭，難怪〈江湖行〉末段他又說：

「如今　如今　如今／祇有寫詩　寫詩／是我尚未死僵的唯一生活」

多麼令人同情，詩人祇剩「寫詩」是唯一尚未死僵的生活，此中的痛苦，凡是真正生活過的人，自不難體會。

再看〈茶之恨〉乙首，讀後真叫人拍案叫絕，一個人被利用完了，像茶泡完了，茶渣被倒入溝渠，那種痛楚，誰人沒過？

〈茶之恨〉（引自《婚姻有哭有笑有車子》詩集第六十二頁）「以狷介之風骨踞傲之姿／歷酷風　炙陽　旱灼　寒凍及諸多苦難甚至煎熬　我／生在山間　長在山間　活在山間／枝葉伸展在山間　花朵綻放在山間／這是我　我啊！／

而你！你們！採我　摘我　晒我　烤我　熏我／又以世俗評我／斤兩秤我／金錢買賣我／我　我成了什麼呀／我認了　我認了　我認了／我無奈地認了／我痛苦地認了／我絕望地認了／任你　任你們　任你們這伙兒／用滾水泡我／取我精　飲我汗／最後　傾倒我於污澤的溝渠中／我認了　這輩子我認了／對你　對你們　對你們這伙兒／晒焙我成為需用之形體的這伙兒／買賣我牟取利益的這伙兒／沖泡我作飲用的這伙兒／利用完後傾倒我入溝渠的這伙兒／我認了！我

認了！」

　　這一首多麼深刻的人生體驗的詩，借用茶葉來發音，這種擁抱現實的苦難，和瘂弦的鹽，有異曲同工之妙，瘂弦是借「鹽呀！鹽呀！給我一把鹽呀！」來展現人們生活的困苦和無奈，而一信卻用「茶葉」的：「我認了，我認了，我認了，我無奈的認了」來展現他對人生的抗議。一信這種對人生的抗議詩篇，處處皆是，例如：〈槍聲響後不知道為什麼？〉（聯副 85.12.12）、〈與飛彈對吼〉（聯副 84.12.2）、〈哈密瓜〉乾坤詩刊第二期、〈碗說〉、〈防風林〉……等，都是一信實實在在生活的感觸。〈碗說〉的第一段尤其撼人心弦：

　　「你捧著我／祇是因能／裝飯充飢　盛湯解渴／苟非如此／還會留著我嗎？」

（二）擅用排比句法，使詩更加有質感

　　瘂弦喜歡用北方小調來增加詩的音樂性，而一信喜歡用排比複查句法，來增加詩的質感，例如：

　　「我們的手握不住現實／我們的腳走不進歷史／我們我們／究竟是在那裡／（〈寄一友人〉）「曾剪貼燈光在夜／曾剪貼影子在燈光上／曾剪貼遊蕩在影子上／曾剪貼孤獨在遊蕩上」（〈我已非我〉）那朵雲飄向那裡／那條路走向那裡？」（〈異鄉人〉）

　　每一次的重覆，都令讀者心頭被重擊了一下，每一次重覆，詩人所要傳達的效果，都實實在在的命中要害。

（三）情韻綿邈深致，氣勢流盪不止

　　一信許多詩作中，都有一種氣韻綿邈不止的態勢，例如前面所舉的〈茶之恨〉，這裡再舉一首〈火車〉為例：

> 「火車／在這條軌上／奔馳，停止／停止，奔馳／在這條軌上／進行，進站／出站，行進／且山、且水、且村落、且都市／且美好而美麗的風景／我，祇在這條軌上／行進，進站／出站，行進／在這條軌上／行進，行進／且吞入，且排洩／且貨物，且人口／我，祇在這條軌道上／行進，行進／且保養，且修理／且噴漆，且刷新／我，祇在這條軌道上／且損壞，且停駛／且腐朽，且報廢／我，已不在這條軌道上」

　　一信以他特有句法，傳達他所要傳達的情感，你把前面那首〈火車〉朗誦一下，你就會感到有一種綿綿不絕的情韻，從詩裡傳達出來，那種氣勢會在你胸中、腦中流盪不止。有時他的句法規則，有一洩千里之勢，例如：「逼我戰慄、哀苦／逼我喪志、卑賤／逼我頹廢、絕望／逼我放棄一切之一切／逼我在無奈中無奈！」（引自〈死亡〉一詩），有時他又以十分不規則的句法來傳達他的詩思，例如：「老是到處看見／狗的眼睛　狗的尾巴／蒼蠅盤據在大家需要的食物上／文字變成蚊子　到處飛著／找尋能夠吸到的血／鳥不飛翔　被養著學人說話／照著那人反覆地說相同的話」（引自〈社會〉一

詩 88.1.11 中央副刊）一句一句分開，一件事情一件事情不規則排列，可是整首詩又十分諧和而不紊亂，你不會抓不到詩人的中心思想。這樣表面上看似紊亂，一下子狗的眼睛，狗的尾巴，一下子又是蒼蠅盤據在食物上，一下子文字又變成蚊子，好像很亂，但作者的中心思想卻是統一的，這就是一信的功力所在。

（四）常以反諷手法展現情趣

　　一信的詩作中，常常用反諷的手法，來使詩增加味道。前面所舉辦的〈茶之恨〉、〈碗說〉，還有〈防風林〉、〈吟詩的蛙〉……等讀來令人會心一笑，試看〈吟詩的蛙〉乙首：「一隻青蛙挺著大腹／得意地，大聲地，不斷地／咯咯咯猛叫／溺水死亡的屈原與李白魂魄／聞鳴聲疑惑問道：／他究竟在鼓噪什麼／一隻蜻蜓鄭重地說：／他在吟詩／我正要寫一系列評論推介」，多麼有意思，聽到「蛙鳴」而竟能寫得如此戲劇化，如此生動，以之來諷刺當今詩壇現象，讀後不覺令人莞爾。

四、結語：一生為詩，終於有成

　　一信在出版第一本詩集《夜快車》後記中說：「……怎樣的詩才是今日的詩？明日詩又是怎樣的詩？什麼詩才是永恆的詩？我是一個怎樣的我？我如何才能夠在詩中永恆？詩又如何因我而永恆？站在廿世紀六十年代的詩街頭，每條街的

紅綠燈全亮著。」從事寫作的人，禁不住自問：「我該走那條路？」當再三自問獲不到答覆時，仍煩噪地向空間高聲吶喊：「我該走那條路？」如今重讀這段震撼人心的話，來印証一信詩的成就，就會知道一信能寫好詩不是沒有原因的，從年輕開始，他就多麼用心的思考：「詩該往何處走？」江浪在一篇〈孤絕的詩人，一信〉乙文中，明白指出：「做為詩人的一信，他的世界是一個戰慄的世界，他的內心充滿一種矛盾，充滿一種對生之苦悶和對死亡之疑惑，這兩種力量的衝激，使他成為一個很有深度的詩人。他的詩，幾乎是心中的吶喊……」真是一針見血之論，我們在細讀一信的所有詩篇之後，深深佩服江浪先生的看法，最後讓我們再看一首〈防風林〉，看看一信先生，如何以他單薄的身子要為我們擋風：「在繁衍子孫的陸地邊緣／在掀風作浪的海的邊緣／防風林／防風林／就這樣撐了一輩子／種下去就是為了擋風／長起來就是要擋風／就這樣在最有風的地方／擋一輩子的風／防風林／擋風／防風林擋風／就這樣擋了一輩子的風」，詩言志，信哉斯言，一信借用防風林來表達他的心志，讓別人安安穩穩的享受他們的安樂窩，而願意自己抵擋刺骨的西伯利亞寒流，我們在展讀之餘，不由得昇起崇仰之心。他的詩或許跟當代的主流詩潮不合，但他的特色就是和這些人的詩不一樣。誰說詩一定要寫得跟他們一樣？

（台時副刊 91 年 2 月 18-19 日兩天）

靜觀詩海拍天浪

── 瘂弦論

一、前　言

　　二〇〇七年九月四日，林煥彰宴請剛從香港大學客座回台的瘂弦，在永康街宜蘭小館小酌，做陪的有方明、煥彰的侄女及侄女婿，還有我，紫鵑別因有要事，匆匆打過招呼，未留下來餐敘。

　　瘂弦即席贈送每人一本剛由香港大學黎活仁教授總主編的《瘂弦詩中的神性與魔性》乙書。二〇〇八年元月二日，瘂弦又從溫哥華請葉步榮帶回文史哲出版，蕭蕭主編的《詩儒的創造－瘂弦詩作評論集》相贈。對他的濃情厚誼，至今衷心銘感。

　　幾十年來對瘂弦的作品及有關的評論，曾投入不少心血，用心鑽研。惟越鑽研，越不敢輕易動筆；想寫好一篇研究論文的想法，一直存放在心中。

　　現在，再次研讀這兩冊大書及龍彼德的《瘂弦評傳》後，終於下定決心，寫下一點研究心得，請先進專家指教。

二、生　平

　　瘂弦，本名王慶麟，一九三二年生，河南省南陽縣人。先後讀過楊莊營小學、陸營中心小學、南陽私立南都中學、國立豫衡聯合中學。一九四九年八月在湖南省零陵投筆從戎，隨軍來台。

　　一九五三年從復興崗政工幹校戲劇系畢業，奉派海軍陸戰隊服役，結識了洛夫與張默，共同創立了至今享譽世界的詩壇重量級詩刊《創世紀》詩雜誌。

　　不斷力求上進的瘂弦，除了參加「中華文藝函授學校」，成為學員，接受詩人侯佩尹、盛放、覃子豪的指導外，又努力研讀中外詩人作品，遠在一九六○年之前，他的札記本中，就選錄了波特萊爾、梵樂希、梅特林克、濟慈、許拜維爾、加西亞‧洛卡、Ｐ‧艾呂亞、里爾克、Ｅ‧Ｅ‧康敏思，大衛‧葛里康，……等人有代表性的譯作和評論。而五四時期以後的詩人，如戴望舒、王獨清、朱湘、廢名、梁宗岱、聞一多、李金髮……等人的作品，也做了極深入的研究；對他以後詩作的表現及詩論的成就，都有一定的貢獻。

　　早年曾獲得台灣當時最重要的詩歌創作獎，如獲得軍中文藝獎全長詩組優勝獎與國軍詩歌大競賽官佐組特優獎的〈冬天的憤怒〉，而三千行長詩〈血花曲〉則獲得國防部文藝創作獎金徵稿第一特獎，〈巴黎〉一詩則獲得「藍星詩獎」……可謂詩壇一顆閃亮的新星。

　　二十七歲時加入「中國文藝協會」，同年由香港圖書公司

出版第一本詩集《瘂弦詩抄》，次年與張默合編影響台灣詩壇深遠的《六十年代詩選》。一九六四年，年方三十的瘂弦，又以〈一九三六詩抄〉獲得香港「好望角文學創作獎」。名揚海內外。與張橋橋戀愛成功，步入禮堂，至此瘂弦集詩獎、演戲的演技獎及戀愛獎於一身，十分風光。

一九六六年，獲愛荷華大學「國際作家工作坊」之邀，赴美研究兩年，順道旅遊西歐各國，此時的瘂弦已結合五四以來中國詩歌風格和西方詩歌風格，加上人生的歷練，淬鍊出他內涵悲苦，音韻舒緩，意象閃爍，深沉如海洋，神祕不可測的獨特詩風。

及至詩集《深淵》中文版及英文版先後出版，瘂弦在台灣現代詩史的定位儼然已是一代大家，詩作對台灣現代詩的影響，難以估計。

平步青雲的瘂弦，接著擔任「中國青年寫作協會總幹事」，接受「國立藝專」之聘，擔任廣播電視科的教職。又與朱西寧、余光中等人編選《中國現代文學大系》，接編《聯合副刊》等等，展現在文學編輯上的非凡功力。

像這樣，從一位孤單來台青年開始，進而成為詩家、編輯家、教授，可謂集無數光環於一身。最近「洪範書店」又將他為人寫的序，出版兩巨冊的《聚繖花・序》，可謂錦上再添鮮花，高度不可仰視。

三、詩藝探究

一九五七年端午節，文協、青協、現代詩社、藍星詩社

擴大慶祝詩人節，共同選出「年度最佳詩作」六首，瘂弦即以〈印度〉乙首入選，另外入選者尚有羅行、向明、戰鴻、阮囊和王祿松等共六位詩人。

覃子豪就認為瘂弦詩作在想像力方面有令人驚異的瑰麗，在史地知識方面更是豐富，尤其是氣勢十足，同時又細膩、新鮮、優美而且柔和。句子中有生動的節奏，令人有盪氣迴腸之感。全詩中幾乎都以「馬額馬」的神聖名字的呼喚貫串全詩的每一段，這種內心真誠的呼喚，加以音樂的韻味，更加感人。覃子豪認為在當時大部份詩作只有重視零碎片斷意象的追求，〈印度〉一詩，是一篇完整的自在的作品，如此完整，如此渾厚，是難得的佳作。

余光中在他的文集《左手的繆思》中，寫了一篇〈詩話瘂弦〉，肯定瘂弦的詩藝有下列四種特色：第一，抒情詩幾乎都是戲劇性的，也就是瘂弦詩中，都有很鮮活的戲劇性表現。第二，善於運用重疊的句法，加強詩作的氣氛。第三，詩中充滿「異域精神」，他的詩往往能攫住該地的精神，成就往往不限於藝術上的滿足。第四，詩中好用典故，崇拜許多大詩人，吸收、引用他們的成就，造就自己傑出的詩藝。第五，同意阮囊的意見，認為瘂弦的詩很甜。此點張默亦曾表示：「甜是瘂弦的語言，苦是他的精神。」

葉珊（即後來的楊牧）在《深淵》後記中說瘂弦的詩除了有甜味外，就是一種文學上的真，是一種心靈力量所完成的繪畫。而且詩中的音樂成份濃於繪畫成份，詩中有一種基礎音色，控制了整部詩集的調子。他的人物詩如〈乞丐〉、〈馬戲團的小丑〉等都充滿同情心，有一種極廣闊而深入的同情。

　　劉紹銘在〈瘂弦的「貓臉的歲月」〉乙文中說，瘂弦的詩常見音樂性很強的警句，意象鮮明，語言濃縮，常收過目不忘的效果，例如被葉維廉用為題目的「激流怎能為倒影造像」及林懷民的「蟬」中所引的「如歌的行板」。但瘂弦的〈深淵〉一詩雖在台港大陸三地叫好又叫座，卻被陳映真大大的嘲弄了一番，劉紹銘也認為譯成英法德日幾種文字，把名字掩蓋起來，直可亂真，以為是英法等國詩人的詩。這也是為什麼有許多在中國被看好的作家詩人無法得諾貝爾文學獎，反而由高行健獲得的原因之一。先看〈深淵〉中下面的三句：「在剛果河邊一架雪橇停在那裏；／沒有人知道它如何滑得那麼遠，／沒有人知道的一輛雪橇停在那裡。」雖然可以讀出其「荒誕性」，但和海明威小說「奇里孟加羅的雪」中，在冰封的山頂上發現一具豹屍同樣令人迷惑，卻有似曾相識之感。

　　李元洛也在〈清純而雋永的歌 ── 台灣詩人瘂弦詩作欣賞〉乙文中，指出瘂弦詩歌有下列三種特色，第一，是他詩中有清純的抒情。第二，是獨創的意象，是瘂弦雋永詩作的美質。第三，是瘂弦的詩餘味無窮，賞之不盡，不論熟悉或陌生的美，都傳達得恰到好處。第四，是他仍然同意台港多數論者對瘂弦詩的音樂美多所讚賞。

　　葛乃福在〈瘂弦印象〉乙文中說瘂弦勤奮又謙虛，是文壇的多面手，既善於寫詩、編詩、評詩，又善於演戲。他指出瘂弦的詩有兩點引人注目，第一是他的詩博採眾家，集各家之長，而自成一格。第二是不斷的飛躍跳升，從早期詩作偏重語言和技巧的追求而忽視詩作的內容，進步到注意將內容作為詩誕生的因素，因而形成他詩作獨樹一幟的特色。

　　無名氏在〈〈荒原〉與〈深淵〉〉乙文中，說瘂弦的詩心是創作的原動力，那是出自對人類終極的強烈關懷，洋溢著博愛的深情。由於他一片厚重愛，甚多作品遂呈現強烈的抒情性。他的風格可以說又現實、又幻覺、又主觀、又客觀、又幽默、又諷刺、又甜潤、又苦澀、又瑰美、又陰沉、又抒情、又冷肅、又泛愛、又嫉惡、又深柔、又嚴峻。可以說非常多的味道，令人忍不住的喜愛。他詩篇的外貌又多形體豐腴，肌肉均勻，有別於某些詩人的作品瘦骨嶙峋。

　　辛鬱也曾在《現代名詩品賞集》的談詩中，發表對瘂弦詩作特色的看法，也有四點，除了第四點說瘂弦的詩作有戲劇性的效果，為一般人常提外，其他三點算是獨特之見。第一，瘂弦善於掌握敘述性和表現性的兩種不同語言，交互運用，產生非常強悍的、媚惑人的力量。第二是擅長以現代人的生活語彙、靈活的編織意象，有強烈的趣味性，更有一種新鮮感，非常甜美的節奏感，極為自然流暢。第三是應用了西方超現實主義的語言技巧。

　　蕭蕭從瘂弦詩作中的流盪的情感，尋找到他的動向，發現到瘂弦的甜點與苦表現在五種不同的情的層面上，形成瘂弦特殊的世界。第一，情韻綿邈而流盪。第二，情調屬於北方風光。第三，情節充滿戲劇感。第四，情趣帶有反諷味。第五，情節不免超現實。雖然竟見和其他論者大致雷同，但仍能歸納出瘂弦詩作的特色。

　　在論瘂弦詩中音樂性方面，張默在《飛騰的象徵》一書中說得最好，他說：〈深淵〉在過程上，好像波浪似的，一波推著一波向前逼近，但是它不是爆破式的，而是很有層次的，

等前面的一波平息之後，後面的一波緊接著趕上。）（張默：〈試論瘂弦的〈淵淵〉〉）。

　　沈奇認為瘂弦在近代八十年中的現代漢詩的歷史長河中的地位是優秀而且重要，在中國新詩的意義價值取向和藝術價值取向，進行雙向度探求，而取得了雙重成就的詩人。他指出瘂弦詩作形成的因子是離開大陸、南渡台灣、文化隔絕、政治高壓、意識形態暴力與商業文化困擾等。瘂弦在詩作中也展現了生存焦慮與生命萎頓，文化困境與文明危機，主體漂泊與家園幻滅，這些都使得的詩作深深撼動人心。沈奇更研究瘂弦詩歌的審美價值在下面四項：第一，對口語的運用與敘述性語言的再造。第二，濃縮意象與重構非意象的成份。第三，卓然獨步的戲劇效果與張力效應。第四，趨近完美的形式感。

四、瘂弦詩論的評價

　　瘂弦的成就除了詩作成績輝煌外，他在研究中國的新詩方面，出版了《中國新詩研究》一書，在台灣開啟了研究風氣之先河。

　　這一本書計分三輯，包括詩論、早期詩人論和史料。詩論包含他主編《當代中國新文學大系》的「詩選」導言，名為〈現代詩的省思〉，檢討和回顧了新詩運動一甲子以來的一些功過。

　　詩論中另一篇文章是〈現代詩短札〉，是讀詩與思考的記錄，對當代詩的純正與邪道，有所評述。

　　至於第二部分的〈早期詩人論〉，是全書的主力，論述了十一位詩家：廢名、朱湘、王獨清、孫大雨、辛笛、綠原、李金髮、劉半農、戴望舒、劉大白、康白情等。由於這一部分內容得之不易，大大的受到台灣詩讀者的歡迎，也使得詩的初學者獲得不少養份，有助於他們的成長。

　　第三部分是「史料」，整理了一九四九年以前的《中國新詩書目》，其中有〈中國新詩年表〉的整理，讀者對當年的情況可以一目了然。（以上參閱茶陵〈傳薪一脈在筆鋒〉一讀瘂弦的《中國新詩研究》）

　　另外古遠清也指出《中國新詩研究》乙書，讓台灣的青年人知道二、三十年代詩人的資料。同時指瘂弦此書能「出乎其外」與「入乎其內」，真正能進入詩人締造的藝術世界中。古氏更肯定瘂弦整理《中國新詩書目》，除了參考日本學者今村與志雄的《中國現代文學選集》第十九冊中的〈中國詩年表〉外，許多地方還是瘂弦自己天涯訪書所搜集的成果，辛苦可見一班。

五、結　語

　　一生只以一本詩集八十七首詩，卻能風靡台灣詩壇數十年，詩集又一再由不同地方，不同書店出版，一魚可以多吃，令人羨煞，尤其要出版一本詩集十分不易的時代，更令人除了羨慕，就是嫉妒，但沒有辦法，數十年，讀者喜愛不衰，寧非怪事？

　　但是從以上的研究，知道瘂弦的詩藝及成就，對這一切，

又都釋懷了，他，畢竟是瘂弦，有著十分迷人的唱腔。

　　我在閱讀研究前述幾本評論瘂弦的專書之後，不憚愚陋，草成此文，還望高明先進指教，並對收在書中的所有作者致敬及致謝，沒有他們，我進入不了瘂弦迷人的詩世界。

（文學人革新版第二期 2008 年 5 月 6 日）

張健詩作的奧祕

—— 張健論

一、生平與著作

　　張健，台大中文系所教授，從民國四十三年開始寫詩，四十八年由藍星詩社出版第一本詩集《鞦韆上的假期》，迄八十九年再由藍星詩社出版詩集《完美的交響》止，共出版詩集三十三種，對現代詩十分投入與執著。古典文學研究專書亦有十餘種，研究心強，創作力旺盛，是中文系學者最早投身詩創作與批評的人物，門下博士弟子眾多，影響深遠。《藍星詩學》第八期張健特輯，共有八位詩人學者發表評論張健詩藝的成就，篇篇精采可誦，公正客觀。

二、無物不可入詩

　　民國七十四年由文史哲出版第十六本詩集，張健就在序中坦言，他已經創作了二千首以上的作品（見《敲門的月光》自序）。如今又過了十八年，如果再統計一下，應該又有不少作品了，創作量實屬驚人。

　　為什麼有這麼多作品？除了認真創作外，張健的詩觀應是主要原因，從他出版的詩集序文中可以找到量多的主因，例如他認為「無物不可入詩」，（第二十三本詩集《春夏秋冬》自序），所以他對身邊的事物感受，甚至對人物的印象批評，都寫成了詩篇，張健的幾十本詩集，可以說是喜、怒、哀、樂的情感記錄。張健曾多次表白：「詩是人的心聲」、「詩是喜、怒、哀、樂的森林」、「詩是對一切挫折、失敗、沮喪的安慰」。就這樣，詩幾乎成了詩人的日記，既是日記，數量就可觀了。

　　張健詩藝的第一個特色是「不拘一格，不囿於一題，平中有奇，謔中見正」，他在〈生活〉一詩中就有如下的記載：「生活是一部大辭典／每天都尋索一些字／一些詞／幾個成語／幾個例句」，比喻得非常實在，再看〈年〉一首的片斷：「彷彿讀一本厚厚的典籍／翻過去一頁／另一頁呈現／總有許多新的圈點／新的文字／還有新的憧憬。」一點都不打高空，平淡中有奇趣。

　　什麼都可以入詩，他的詩的宣言也是詩：「我站在一座活山上／為世界默默垂淚」（二行），他記載自己的行動也是詩：「世紀走到盡頭／發現一叢荊棘／我下車，用力拔除／雙手流注著鮮血」（世紀），他描寫「生命是一張破網」，每天總要「修修補補」（破網）可以說是無物不可入詩的境地。

　　古人喜歡替人把名字嵌在對子或詩詞中，一般都甚具巧思，但論者評價都不高，認為是文字遊戲，然而張健並不避諱，寫了《百人圖》詩集，每首單詠一人，凡一百零一首，其中嵌入姓名者七十六首，不但有巧思，甚至有相當豐富的內涵。例如寫〈魯迅〉乙首：「魯莽的後生以為你是神話中的

／鳳鳥，其實你的板牙蠟黃／阿 Q 不巧，酒樓上一陣乒乓／你的死在左右雨雪中／迅速的凝為銅像」，將魯迅的形貌及受人崇拜的情形刻劃了出來，雖寫實，卻也有嘲諷。這也是張健作品多樣性的一例。中山大學國文系教授龔顯宗就評論張健的姓名詩：「《百人圖》所詠，中外古今皆有，而中多於外，古少於今，篇幅精短而含意精，技巧猶勝於古人。因巧見才，因才使用，借古人之藝，詠讚今人而不落窠臼，作者確將姓名詩充分發揚光大了。」對張健「什麼都可以入詩」又一佳評。

　　張健詩作的第二特色就是「擅寫寂寞心境，以具像敘寫抽像」，讓讀者深受感動。」台大中文系教授掌杉就以一篇〈試論張健詩中的寂寞〉，專題探討了張健此一詩藝的特色。他認為「張健在早期詩作中對『寂寞』已有深刻的描寫」，並舉《夜空舞》中的〈掘〉為例：「空白填入空白／寂寞踩著靈魂／而笑聲，竟如朝露」指出張健年輕的善感心靈，蒼白、寂寞總是佔據詩人易感的心。又舉《春夏秋冬》）的〈選擇〉一詩的片斷，指出詩人的寂寞有時來自獨立宇宙的蒼茫，有時來自高度的自我期許：「一口氣選擇了三位古人／放在橫盤那一端／／而我自己在這頭／無比地寂寞」，有「上有古人」與「古人爭勝」的氣魄。掌杉在論列了許多張健寫寂寞的特色之後結語認為「張健數十年來，不斷持續創作，作品數量豐碩，且風格多變。要全面瞭解、評析張健的詩，其實並不容易。」他又說：「由於他詩作主題的多樣性，使得對寂寞的描寫只是詩作中的一個面向，但仔細觀察，可以發現，張健的寂寞情懷以及面對寂寞的態度，竟是驅使他創作的重要動力之一。」一針見血，指出了張健創作的動力及其作品數量多的重要原因。

　　張健詩作的第三個特色是「穩定節制，技巧上現代化，詩中卻有民族性的表現，詩作形式古典中蘊涵著現代的巧思」。這一點唐捐在一篇〈陟彼高崗，獨奏鐘鼓－試論五、六十年代的張健〉乙文，有獨到的論述。他說：「藍星詩社具有較為濃厚的學院『成份』。這種因素使他們傾向於穩定節制，不讓五花八門的旗幟口號攪亂耳目」他又說：「冷靜文明的現代精神，加上深厚的舊學基礎，使詩人得以建立一種『中庸詩觀』。他再舉《水晶國》中的〈宛然在迴廊〉的首段，說明張健詩作有「使古典的形式蘊含現代巧思的特色」：「斟起你的笑，斟起曙色／斟起你的憶，斟起霞／你在我的影子裡，寫寫光／我在你的影子裡」充份顯現了中國文字的「整齊性與對偶性」，活潑有變化，無呆板停滯之弊。

　　張健的詩作第四個特色就是「從小我的生命精神，到大宇宙的流轉呼應和諧，到一種愛的儀式完成」，林怡翠就以一篇「從小我到大世界，愛的完成」來論斷張健這種「以小搏大，透露著寂寞英雄式的志氣」，肯定張健所作的掙扎努力。

　　張健創作的精神源頭，也就是由於這一份熱烈的愛，使他的作品源源不絕，創作量豐碩。。

三、實至名歸，再創新境

　　寫詩已有數十年的張健，成就自屬有目共睹，早期詩作「由於青年時代重視和富於感性體驗，多寫生命之美與愛。生命的孤寂與無奈，感嘆世事滄桑，人間煙雲，但詩人早慧，對生命的本來面目，有相當了然，因而能顧及全面，中和圓

融。」（見羅書臻〈返歸於感性與本身的生命－張健早期詩作解讀〉），再到最近詩集《完美的交響》，香港文藝家協會長王一桃在一篇〈生活，在詩中交響〉乙文中指出特色：「第一，繼承傳統和切入現實。第二，接近大眾和抒發自我。第三，信手拈來和境界全出。」這樣從早期作品的成就到最新作品的被肯定，張健的努力，應屬實至名歸。

（台時副刊 92 年 12 月 11 日）

樸素寫實，純眞鄉土

—— 吳晟論

一、生平與著作

　　吳晟，本名吳勝雄，一九四四年出生於彰化溪洲鄉圳寮村，屏東農專畜牧科畢業，曾任溪洲國中生物教師，現已退休專事寫作。出版有詩集《泥土》、《吾鄉印象》、《向孩子說》、《飄搖裡》及《吳晟詩選》。散文集《農婦》、《店仔頭》、《一首詩一個故事》及《筆記濁水溪》）等，編有《大家文學選》，曾獲第二屆「中國現代詩獎」。二○○二年二月退休後參加南投縣政府文化局徵選駐縣作家獲得入選，一年中走遍南投縣十三個鄉鎮，完成南投縣風土人情的創作，展現一貫愛護鄉土的情懷純真與高貴。

二、作品的特色

　　吳晟世居溪洲農村，教書之餘下田耕作，作品寫實樸素是其特色，展現純真的鄉土美學。現在就根據吳晟最新出版的《吳晟詩選一九六三～一九九九》這個版本來探討吳晟詩

作的表現。

　　全書共分四輯，第一輯〈飄搖裡〉，寫作時間從一九六三到一九八二，時間涵蓋長達二十年，有摸索期的作品，也有成熟期以後的作品。

　　摸索期的作品和一般年輕人一樣，有愛情，有夢囈，有自憐自艾，這種年少蒼白誰也避免不了，但吳晟還是保持他樸實書寫的特色，不受外界各種主義的影響。他把自己比喻成一棵樹，並且是一株冷冷的絕緣體，不受外力的影響，仍能成蔭，滴下清涼，擎起一片綠天，不信請看原詩〈樹〉：「而我是一株冷冷的絕緣體／植根於此／於浩浩空曠／／嘩嘩繁華過後／總有春的碎屑，灑滿我四周／而我是株冷冷的絕緣體／不趨向那引力／亦成蔭。以新葉／滴下清涼／亦成柱。以愉悅的蓊蔥／擎起一片綠天／／而我是株冷冷的絕緣體／植根於此／縱有營營底笑聲／風一般投來」，是自我要求，也是自我肯定。〈選擇〉乙首，也是自我描述，心志表白的詩作，例如首末兩段：「刻滿霜寒的闊形面孔／不懂得隨季節變換臉色／我不是一具善於取悅誰的玩偶／以為再灑點兒春的殘屑／就能絆住我嗎／我已背起行裝，即將遠行／／……／／我已跨出腳步，即將遠行／別再引你錯亂寫成的名字／企圖搖晃我定定的方向針／你可看見／我早就將它拭去／自我展向遼闊的胸臆」，從這首詩中，更可看出吳晟心中的詩學是「詩言志」，而且也成功的運用了暗示、意象、象徵等詩學手法。

　　第二輯〈吾鄉印象〉寫於一九七二年到一九七七年，可以說是吳晟成為「農民詩人」的力作，從這一輯作品以後，吳晟農民詩人的形象於焉形成，他的「鄉土美學」也在這個

時候建立。他在〈序說〉乙詩中，就描寫了農人只能看天吃飯，人們沒有什麼希望，不能榮華富貴，土地長不出奇蹟，子孫都只能認命：「古早古早的古早以前／吾鄉的人們／開始懂得向上仰望／吾鄉的天空／就是那一副無所謂的模樣／無所謂的陰著或藍著／／古早古早的古早以前／自吾鄉左側綿延而近的山影／就是一大幅／陰鬱的潑墨畫／緊緊的貼在吾鄉人們的臉上／／古早古早的古早以前／世世代代的祖先，就在這片／長不出榮華富貴／長不出奇蹟的土地上／揮灑鹹鹹的汗水／繁衍認命的子孫。」

第三輯〈向孩子說〉寫於一九七七年到一九八三年，此時吳晟既為人師，又為人父，滿腔的愛、理想、看法要向孩子、學生訴說，其中〈負荷〉乙首曾選入國中國文教科書中，後來散文「不驚田水冷霜霜」也曾選入國文課本，吳晟的文名、詩名終獲肯定。〈負荷〉乙首曾被多位詩家評論賞析，紛紛肯定其詩藝。我在《詩的播種者》一書就十分欣賞，推薦他的寫作技巧如對比、意象的成功運用，起、承、轉、合的安排得當，尤其詩中深沉的愛，更是成功的重要因素。

第三輯〈再見吾鄉〉，寫於一九九四年至一九九九年，這段時間以前，吳晟曾停止寫詩長達十幾年，理由是詩有時不能完全表達心中的意念，轉而寫起散文，尤其對世事的抗議結集成《不如相忘》兩本散文集，描寫農村的詩也擴大寫了兩本散文集《農婦》、《店仔頭》，均頗受讀者歡迎。

再度寫詩的吳晟，由於過度關切現實，詩的藝術性難免降低，他在散文〈詩名〉乙篇中就一直對這段時期的作品，詩選冷落了他，他十分在意。但是十分欣賞吳晟的宋田水就

有一段中肯的批評:「由於作者的心情略嫌躁切，以致句子的表達也顯得太過直接而流於平舖直述，使得很多詩句失去應有的文字張力……」這一點我在讀第四輯〈再見吾鄉〉中的許多詩篇，都深有同感，畢竟詩不是論文，也不是口號，普羅文學與反共口號均漸漸為時代所淘汰，詩人若淪為政治工具或御用文人，將來歷史評價，自然不高。

　　四輯作品除了如前述主題書寫外，一直有抗議性詩篇存在中間。抗議性詩作，仍然保持一貫的質樸美學。如第一輯中〈有用的人〉乙首，就是讚賞朋友學成歸國，奉獻自己貢獻家鄉，相反的許多詩作如〈你也走了〉、〈過客〉、〈美國籍〉……等都是抗議滯留異邦不歸的人，吳晟以〈愚直書簡〉為總題，發表這一類的詩作九首，語言平實誠懇，感人肺腑，在當時的政治氛圍、國際情勢中確實深深打動了很多人的內心。

三、未來的方向

　　由於吳晟的詩作，出現在台灣現代詩壇標舉超現實主義、現代主義的時候，人們受困於「看不懂」，而吳晟適時填補了這個空缺，他的作品除了一些太過急躁、平舖直述外，大體上介於艱澀難懂與淺白乏味之間，正是讀者深切盼望的東西。何況吳晟的詩作之所以受讀者喜歡，除了易懂，容易感人之外，許多文學應有的質素他都有了，尤其刻劃農村生活的畫面最為生動。

　　吳晟以農人的心律為節奏，以農人的心情塑造氣氛，珍

惜大地最芬芳的泥土，是他詩作珍貴的地方。

　　吳晟應珍惜得來不易的成就，尋找更有生命力的題材，達到最至善、至美的境界。

（台時副刊 92 年 10 月 21 日）

詩花隨著戰火開放

—— 尹玲論

一、生平與著作

　　尹玲，本名何金蘭，生於越南。國立台灣大學中國文學博士，法國第七大學文學博士，現任淡江中文系、法文系教授，著有詩集《當夜綻放如花》、《一隻白鴿飛過》、《旋轉木馬》等，另外著有學術論文及譯著多種。

　　尹玲由於有特殊的人生際遇，她的出生地越南連年戰亂，親人亡故，家園殘破，生命急劇遭遇諸多不幸，她自己說是一夜間急白了頭髮，所以她的詩作有別於一般女詩人。

　　《詩網絡》第七期王偉明專訪尹玲，尹玲說：「我是從小就同時接受三種不同文化的薰陶，所以受到的影響並不只是法國的，中國和越南的文化對我創作的路向和作品的完成也有深刻的影響。」研究尹玲詩歌的專家會發現，這些多重的文化背景，成就了尹玲特殊的風格。

　　尹玲的詩歌內涵大體上包括了戰爭詩、鄉愁詩、旅遊詩和哲理詩。各種詩作都展現了尹玲獨特的風格。比如以中國古典詩歌的意象來抒寫越戰的生活體驗，也以西方的現代主

義來描寫戰爭，以美的詞語來描述醜的事實，形成極大的藝術張力。也以綿密細緻的情意來描寫她對故園的想念，以深厚的文化修養，敘寫她的旅遊見聞，以飄逸空靈的詩風，來描寫她的浪漫與唯美，以生活的豐富體驗來寫她的哲理詩，對所有的敘述，在語言運用上，也顯見其成熟度，以下我們就尹玲的詩藝，加以深入探究。

二、詩藝探究

尹玲詩作的第一個特色是反戰思想的具體刻劃，一般反戰詩都寫得十分抽象，像尹玲這樣描寫得十分具體，有血有肉的作品實在不多。詩人蓉子就十分欣賞〈彷彿前生〉乙首：「路過故居／卻只能用傻瓜相機的／眼睛捕捉／生長的房子／那曾經是家／／那曾經是家／一座小小堡壘／護城河圍繞／那是／父親的聲音在星空下／許多故事說著／關於叫做祖國的家鄉／關於家鄉的祖父和親人／貧苦　遙遠　陌生／小小的心牽著惦著／／母親也說許多故事／用她的眼睛／喜　悲歡　怨／偶而也用聲音輕柔像／三月的風／唱著歌　她聽的／像她好看的睛睛／／披著星星的光／七個孩子／聽著故事聽著歌／醒著／睡著／夢著／童年是風雨中升高的紙鳶／有點美麗有點悲悽／在堡壘的天空上，快樂而謹慎的飛著／／路過故居／卻是未敢稍留／才二十五年便己／彷彿前生」一再的重覆「路過故居」，居然不是「歸人」而是「過客」，如今景物（房子）依舊，而人物全非，作者不寫戰爭的恐怖畫面，而寫這些已不在的親人，當年如何與自己快樂相處，如

今一切都改變了，「彷彿前生」之感，油然而生，這種痛比親自看到戰爭慘烈還要痛上百倍。蓉子有一段很好的評語：「我們都知道，詩的創作和經驗有不可分割的關係，而生活和現實的處境往往是詩人思想的土壤。尹玲祖籍廣東，生於越南，在成長期正好碰上了一場有美軍參與的南越對抗北越共黨前後長達二十年持久卻失敗的戰爭，如此兵連禍結，生靈塗炭。這種近身的烽火、顛沛、流離、血腥、死亡，由於很早就深印在詩人的感覺經驗裡，於是創作時，便很自然觸及戰爭、流血、異域以及鄉愁等這類的主題，更於作者對人類現實的關注和真實的生存體驗，表現出來後，頗能引起人們的共鳴。」

今後研究女性書寫戰爭詩，尹玲無欸是第一個受重視的女詩人。

尹玲詩作的第二個特色是「抒情詩情真意切」，寫得情感細如髮，溫婉清麗。羈魂在一篇「兩代的母愛－淺談尹玲寫給女兒的幾首詩」中指出：「寫於九十年代中的幾首抒情詩，原來也極有可觀之處，使隱然窺得見人的心態正隨著歲月與閱歷的變遷而轉移。」並舉出尹玲為女兒寫的三首詩〈握〉、〈摘秋〉和〈我對你唱這些歌〉等部份詩句片斷，來說明這些詩與她的戰爭詩顯然不同，是尹玲詩風的一個小小「變奏」，說「這是詩人不甘囿困於固定的框框，而刻意追求突破。」由於詩寫得情真意切，有時難免有什麼說什麼，有些散文化，羈魂評為「直抒胸臆之陳濫」，尹玲是優秀詩人，應對這樣的忠告有所警惕。

尹玲的第三個特色時是「旅遊詩充滿夢想和驚奇，展現高度的文化修養內函」劉紋豪的〈記憶的夢遊者－讀尹玲的

旅遊詩〉乙文指出:「我們恍若可以察覺她對生命美好的追尋或夢想的不停探看。」劉文舉〈風那樣旅行〉乙首的片斷,指出作者旅遊的心態是非常隨意自在的:「你帶著你和你的一切／從出發處出發／不要預設任何驛站／不要接送／沒有終點／／有話就說給自己聽／或者說給身邊的風聽／若是有鳥飛過／就隨牠帶去／不問牠向何處」,這首詩是尹玲旅遊詩的一個起點,詩句中有著對哲理的思考,沒有預設任何目地,全然自由的心境。又舉〈水〉乙首,評論詩中充滿詩句和音樂的靈動:「水聲是韋瓦第細長的手指／撥弄四季／彈弄幾許挑逗的熟悉／音符是我們穿過的／不能細數的橋孔／水上水裡／水是威尼斯溫柔流動的／血液」字裡行間,在在顯示詩人對威尼斯的夢想和驚奇。

三、風格獨特

尹玲由於際遇特殊,題材獨特,個性不凡,造就尹玲獨特的詩歌內涵,由於學貫中西,常能以中國古典詩歌的意象,描寫現代生活的體驗,以法國象徵主義、唯美主義,寫出極美,極浪漫飄逸的詩文,在詩歌的世界裡成就顯然已達相當高度,若能避開羈魂所指:「有時直抒胸臆」之病,應可以達到更完美的詩的旅程。如能將自己不尋常的際遇,以史詩般的長詩呈現,更能展現詩人寫作的功力。

（台時副刊 92 年 12 月 25 日）

在常境中創造奇境

—— 王憲陽論之一

一、生平與著作

　　王憲陽，一九四一年生於台南縣歸仁鄉，台大中文系畢業，曾任教職，目前從商，為「藍星詩社」同仁。著有詩集《走索者》、《千燈》、《愛心集》、《紅塵塵紅》及《千禧詩集》等多部。另編有《新詩金句選》及《「中國哲學家的智慧》。曾主編《海洋詩刊》及《藍星詩頁》。王憲陽熱心栽培詩壇新人，出錢出力為有潛力的青年詩人出版第一本詩集，詩壇傳為美談。

二、作品特色

　　王憲陽從事新詩創作歷時四十餘年，所寫作品有特殊的風貌，清新婉約，纖麗迷人，富有節奏，旋律優美，深受古典詩詞的影響，典麗雋永，詩中有儒家仁者胸懷，佛學禪味。現在就根據他所出版的詩集，分早、中、晚近三期，討論王憲陽詩作的特色。

　　早期的王憲陽，詩作婉約柔美，頗似楊牧的《水之湄》、

鄭愁予的《夢土上》及敻虹的《金蛹》。我們從《走索者》詩集中，可以讀到許多年輕人對愛情的渴望。年輕人多愁善感的心靈；往往為賦新詞強說愁。那時的詩句寫得非常優美，簡直可以用楊牧讚美鄭愁予「形象準確，聲韻華美」來讚美他。這一時期的詩作，有寫愛情的，有寫家鄉的紅瓦厝的，有寫人生觀的如〈走索者〉，有寫年輕人的幻想如〈水手日記〉，大體上有「靈敏的詩思鮮明的節奏，以及精彩的意象」等特色。

中期的作品，以《千燈》、《愛心集》和《紅塵塵紅》為代表，此時仍然承襲了他早期作品的柔美婉約，加上中文系古詩詞的內化，造就了他特殊的風韻，創世紀出版的《中國現代詩選》就曾評他：「比聆聽一曲舒伯特的〈夢幻曲〉還要來得過癮」。王憲陽此期的詩作仍在柔麗多情中進行。此時王憲陽除了超脫的意象，戀情詩的寫作之外，也拓寬了他的寫作題材，如寫〈安平古堡〉、〈鹿耳門〉、〈赤崁樓〉、〈北門〉，從基隆、淡水、一直到鵝鑾鼻，都有詩人熱愛鄉土的足跡：「榕樹滴落陽光與陰影／落在嘉慶年間的古砲上／似砲聲隔著闌干轟耳傳來／傳來月夜的將軍令」(〈安平古堡〉)、「站在狹窄的碑影下／向西無限的眺望／似有林立的戰艦凌空而來「(〈鹿耳門〉)，這些詩句，有古蹟中的歷史事件，除了盎然古意外，也有人世滄桑的感喟。

從鄉下到台北大城，王憲陽也有了對都市的感想：「誰讀得懂乳峰上美學的焦點／看得懂粉腿上的建築學／異國脫衣舞使古老的民間藝術變色／使街景歸化，使黃昏迅速地進入變態的夜晚」(〈北門〉)、「星期一至星期六／每天上午擠著公

共汽車趕著去上班／每天下午候著公共汽車趕著快回家／然後在缺少娛樂的週末晚上睡去／星期日的上午九點鐘醒來／醒在讀早報的床上／像候鳥似的，像時鐘似的」（〈短歌〉），可以說王憲陽的詩作，早已伸入都市人的生活裡，可惜份量不多，沒有引起人們的注意。此時期王憲陽也寫小詩，約二百多首，名為《愛心集》，在《新生報副刊》連載，引起不少迴響。

這些像珍珠般晶瑩剔透的金句，讀後讓人印象深刻，深受感動：「為了給大地納垢，於是有湖，有河，有海，／星羅棋布著」（八九節）、「花朵謝了，再化作護根的泥土，／等待隔年的春天，迎風招展」（九四節）、「母親的手是溫度計，／可是孩子的額上量出體溫／憂喜亦跟著昇降。」（一八九節），這種頗有哲理的小詩，往往能打動讀者內心深處，引起共鳴，向明就在〈評愛心集〉乙文中說：「這一個集子的寫作方式有點取樣於印度詩哲泰戈爾的《漂鳥集》，或早期我國女詩人冰心女士的《春水》，《繁星》兩個集子。然而祇是取其形式上的小巧精鍊，在內容上卻是另立蹊徑。在技巧的表現上有些地方甚且強過上述中外兩詩人。另外《塵紅紅塵》詩集的出版，此時詩人的人生閱歷豐富，寫的詩思想不再跳躍，詩思有脈絡可尋，似乎已為返璞歸真的藝術至高境界預作舖路。

近期作品以二〇〇〇年出版的《千禧詩集》以迄最近在《藍星詩學》發表的詩作為代表，文字已不再雕琢，不再在年輕的夢幻中呢喃，有時簡單幾筆，一件藝術作品渾然天成。這本《千禧詩集》已經很明顯的從療傷的禪悟中跳出來了，集中書寫的向度有了極大的調整，不再是《走索者》、《千燈》

詩集中的少年呢喃，也不再是《紅塵塵紅》詩集中的禪悟。他的筆伸向了歷史，如〈光緒皇帝〉、〈二二八紀念碑〉，伸向了環保，如〈迴向〉、〈登山偶拾〉，伸向世界之旅，如〈上海初旅〉、〈在白令海遙望昔日蘇聯領土〉、〈在維多利亞港聽賣唱 ── 溫哥華旅遊見聞〉，伸向了師友如〈歲月的臉譜－記南師四八級級友會之一〉、〈致三十年未見的級友 ── 記南師四八級級友會之二〉，更有關民生如〈菜價 ── 歲末小調之一〉，筆觸多方向了，內容題材多變了，同時經過一段時間的禪悟之後，終於認定「千百年後，誰能留名」，要爭千秋不要爭一時，而且決心「厭倦燈紅酒綠，努力寫詩」。此時王憲陽雖然放鬆了字詞的濃度，卻也偶有「神來之筆」的佳構，意象與張力均佳。

三、在常境中創造奇境

在《藍星詩學》第十九期讀到王憲陽近兩首短詩，頗為欣賞，我認為那是真的從賣弄技巧的階段走了出來。許多藝術家初期努力經營技巧，到了最後，可以說已經不用技巧了。許多木雕展，雕得栩栩如生者，只是佳作而已，那些優選都顯得樸拙可愛，至於像朱銘的太極，更是簡單幾筆，如同摩西祖母的畫，有重、大、拙的藝術至高境界。許多世界級的知名藝術家作品，往往稚趣可愛就是這個道理；畢卡索說他花了一生的時間向童稚學習。我曾特別為這兩首詩寫了一篇看法，刊在《藍星詩學》第二十期中，讀者可以參考。我認為此時的王憲陽已經能在常境中創造了奇境（沈奇曾以此評

洛夫禪詩），達到了潘麗珠教授在所著「現代詩學」乙書中談到「中國禪的美學思維」具體表現在「具生命力的藝術底蘊」和「靜慮的審美情趣」上，王憲陽已能掌握其中神髓，將來作品成就，自是不可限量。

（台時副刊 93 年 2 月 11 日）

爭千秋不爭一時

—— 王憲陽論之二

一、前言：差一點就開溜的詩人

　　這是一個詩人被冷落的時代，詩人已經從盛唐走了出來，更從「立法者」（雪萊語）的神殿走了下來，詩的讀者銳減，詩人的份量輕微到變成笑話，只有少數人還相濡以沫，互相吹捧，只有團結在一起成為一個小圈圈，才能護住那得來不易的虛名，永遠留住那虛無飄渺的霸權，詩的星空多麼狹小，竟被幾顆星永遠霸佔著，有人可以一輩子「淒然的韻律」唱個不停，有人可以讓「馬蹄達達個不停」，永遠「錯誤」下去，於是白靈在編《新詩 20 家》時序文就大大的不平：「沒有誰是誰的國王」，他說：「不像他們的前輩詩人那麼幸運－能有台灣詩壇上空燦亮得那麼久…戰後世代詩人似乎有著難忍的激情、和稍顯高亢的激憤…」這些高亢不滿的詩人，還繼續留在那裡抗爭，終有一天會「政權輪替」、「改朝換代」，如若不然，許多一出手即不凡的詩人，紛紛像流星，消失在詩的天空，我想沉得住氣對一個當代寫詩的人十分重要，否則像王憲陽一樣的人就會越來越多了，請看他《紅塵塵紅》

詩集的後記：「我已經有十四年沒有出版詩集。在這十四年的
人間紅塵裏，離開教職，投入廣告界，躋身紡織界，似乎是
彈指間，十幾個春夏秋冬溜走了。這期間，無詩的日子居多，
不再像五十年至六十年之間，詩潮洶湧。因為是在紅塵中打
滾，在燈紅、酒綠、酡顏、無歡中驀然驚醒！被追趕的歲月，
竟然五十即渡，而髮白、眼茫、齒搖、耳鳴了。」多少人像
王憲陽一樣，原本是向明所說的：「是一個熠熠發光的名字…
風迷了不少年輕讀者…」以及「余光中曾不止一次的讚揚」
的詩壇健將，何以逐漸淡出江湖？何以「逐漸被人淡忘」（向
明語）？這大概是「人在江湖，身不由己」吧！人在商場，
每天計較「利害」，如何能夠寫詩？還好，王憲陽只是寫得不
多，並沒有完全離開詩壇，從一九九二年出版《紅塵塵紅》
之後，二〇〇〇年又出版《千禧詩集》，我們就從這兩本詩集
來丈量王憲陽詩作的成績，並展望未來王憲陽是否有密集的
安打出現，甚至於有全壘打。

二、凡人的掌聲世界，何必有我？

　　《紅塵塵紅》詩集中第一首詩〈一九五九年序曲〉，寫於
民國四十八年，那時王憲陽剛南師畢業，年輕不到二十歲的
他竟有如此十分現代的佳構，令人稱奇。

　　先看一九五九年序曲前兩段：

　　　　於是，零時的鐘聲不響

　　　　貓顧著影子在捉著迷藏

沒有腳步

皺紋和鬢椿絞殺了無數
年青的，衰老的歲月　　笑容
刮鬍刀，金鑷子被丟落
　　　沉重的響起

　　從第一、二段的文字結構、意象的綿密度，都可以看出
王憲陽的寫作功力，可惜只有一首，是被一位文學教授「批
評新詩晦澀難懂的文章加以引用，因而引起一場新詩論戰」
（後記）結果被嚇到了？或其他的原因？王憲陽沒有提及，
只是這麼和主流詩壇契合的作品，只有一首，顯得薄弱而不
被重視，實在可惜。不過，王憲陽有自己的一套看法，他在
出版《千禧詩集》後記中這麼說：「在新詩創作的路上，頗為
孤寂：有掌聲的，寥寥可數。我寫詩已有四十多年，始終堅
持理念，意象與遣詞用句並重。雖然掌聲零落，一路頗為自
得。千百年後，誰能留名？」好個「頗為自得」以及「千百
年後，誰能留名？」我欣賞他這份自得和自信。古今中外，
死後成名者不在少數，這裡不用贅述。我之所以欣賞他這一
份自信，一部份來自我對大荒在（〈危機時代的詩人《存愁》
代序〉）所說的：「…詩人除了必要的才情之外，不能不要幾
分狷，幾分狂，幾分傲。」我想王憲陽這一份自信，有些來
自他的狂、狷、傲。

　　這樣狂傲的詩人，他會在詩中告訴我們些什麼？

　　「近年來讀過一些佛學書籍。這本詩集中的部分作品，

或多或少映現些許的禪意。紅塵，塵紅，至盼可貴的緣生中，緣生不滅，緣生緣滅…」《紅塵塵紅‧後記》

> 總想在此寂靜的層巒的山上
> 尋出何處不歸？何處可歸
> 每一念起，我已經踏碎亂紅的泥路
> 　　　　　　　　　　　── 遊圓通寺

　　這就是王憲陽遊圓通寺的禪悟，「似有雪片落在我的肩上／我打著冷顫，不能負荷無量劫」（〈遊圓通寺〉第四段前兩行），這就是王憲陽的心；「我心不再有飛絮，我心已不再繫念」（同詩末兩行），如此通透的了悟，詩在這個塵世上是否得到掌聲，豈會再繫念，心豈會再有飛絮？

> 那是一個怎樣的世界？
> 海上無藍，天上無鳥，遠方無船
> 我眼中的藍
> 我心中的鳥
> 我夢中的船
> 被圍在此，使我在此遙望
> 　　　　　　　　　　　── 石門

　　王憲陽「被圍於此，在此遙望」，那是一種怎樣的心境？他反過來抒寫被「圍」的心情，其實他的眼中、心中，甚至夢中，均無藍、無鳥、船，一切是空空的空無，回來被圍，

何來遙望？作者對現實世界的不可強求，體悟到一種空無，何必有藍，何必有鳥，何必有船？也就是掌聲中的凡人世界，何必有我？「真正的詩人，不在懂得歷史如寄，人生如寄的七情六欲的善善惡惡，而在於力爭參悟生生莫釋、綿綿莫狀的宇宙之隱…」（見黎煥頤〈讀當代詩壇〉，南京《楊子詩刊》，二○○一年第二期第五二頁）。詩人不爭，也不想爭。爭什麼均對詩藝無補，寒山子把詩寫在樹上，寫在石頭上，寫在山壁上，而從歐美紅了回來，有自信的詩人，盍興乎來！

其他禪悟的片斷仍多，例如：

> 不見山不見水
> 只見一片大海搖呀搖
> 在回程中，在我的右邊
> 黃昏起來
>
> —— 礁溪（一）

> 為何而白
> 由雪泛？由月映
> 因染風霜而白，尚欠一聲棒喝

> 不知有岸
> 而至無岸，從無燈處
> 茫尋渡口，合誰渡我
>
> —— 一個變調（記三十歲的心願）

> 讓我在此想著
> 如何來？如何去

　　—— 在惠濟寺的陽台上

夜遂落下一層黑幕
東方西方南方北方的圍過來

　　　　　　　　　　—— 黃昏

　　像這樣的禪悟詩句還有很多，我想王憲陽如何安撫自己不平的心靈，的確需要這一份禪悟。這就是為什麼許多優秀詩人像流量般的消失了，而王憲陽仍在自己的詩園中，耕耘一塊小小園地，如果不是禪悟，想當年的詩壇明星般叱咤風雲如何了得，如今如何能如此安靜的書寫而無怨？

　　沈奇在評介大荒《第一張犁》的文章〈銘心入史存此秋心〉乙文中說：「多年來不卑不亢不求聞達甚而不求評介而默守孤寂」，這一段話用在王憲陽身上，何等適切。

三、爭千秋不爭一時

　　再看另一冊詩集《千禧詩集》，這一冊詩集已經很明顯的從療傷的禪悟中跳出來了，集中書寫的向度有了極大的調整，不再是《走索者》、《千燈》詩集中少年的呢喃，也不再是《紅塵塵紅》詩集中的禪悟。而是冷靜下來，認定要爭千秋不要爭一時，而且決心「厭倦燈紅酒綠，努力寫詩」。

　　這是一個多麼令人興奮的宣告，我們除了等待他的新作之外，現在就讓我們求檢驗一下他所交給我們的這一冊千禧成績單。

　　這一冊詩集語言的濃稠度不再那麼緊繃，已經散文化了很多，許多經過現代主義洗禮的詩人，其實都感覺到那種寫法不但讀的人辛苦，寫的人也辛苦，往往「兩句三年得」，除非是騙人的假詩，不過王憲陽雖然放鬆了字詞的濃度，卻也偶而有幾句「神來之筆」的佳構，意象與張力均佳，例如：

> 踏過海岸尋來
> 上海灘在築路
> 城隍廟在促銷
> 盡在我的眼中被江南　煙雨了
>
> 　　　　　　　　── 上海初旅

> 要等多少年頭
> 才有山的壯麗
> 要光合多少陽光
> 才有樹的翠綠
>
> 　　　　　　── 登山偶拾

> 你回雲林
> 即成天涯
> 他回澎湖
> 變成海角
>
> 　　　　　── 致三十年未見的級友（記南師四八級級友會之二）

> 問完所有的臉色
> 問成了黃昏的故鄉
> 再換成馬尼拉灣的落日
>
> 　　　　　　── 一則返鄉的往事

　　語言放鬆，想寫什麼就什麼，寫的人痛快，讀的人容易，但回味的空間少，這也是淺白容易乏味的原因，王憲陽放鬆了語言，仍保留部份的餘韻，讓人可以再三回味反思。其實寫詩最理想的就是淺白有味，有深意，我們常看許多作品不是艱澀難懂，就是淺白無味，如何平衡，有心的詩人一定也要常思考這個問題。王憲陽有一首〈秋‧登長城 —— 八達段〉，就符合易懂而有深意的原則。我們先看第一段多麼有時間、歷史感。

　　　　秦朝過後，漢唐
　　　　永樂過後，清明
　　　　白露過後，霜降
　　　　鴻雁過後，單飛
　　　　夢醒過後，驚悸
　　　　黑髮過後，半白
　　　　秋分這個時節
　　　　才來登臨長城的萬里

好一個「長城的萬里」，再看第二段的空間感與歷史感：

　　　　遠眺東南西北
　　　　城牆擠著峰巒蜿蜒而去
　　　　所謂的塞北，牧馬不再
　　　　所謂的峰火，灰燼已熄

　　所謂的兵荒，干戈長埋
　　所謂的家書，春閨難尋
　　都成為殘簡的歷史
　　在此迎風翻閱著

　　好一個「迎風翻閱」，多麼清明有味，原詩還有三段，為了節省篇幅，讀者就請自行找來閱讀吧！

四、留下詩篇，其他隨緣

　　有這麼好的作品，掌聲稀稀落落，幾本重要的詩選、年度詩選均付之闕如，本來年度詩選還由多人合選，如今更霸了，由一人單挑，理由是「怕人指桑罵槐」，如果人家都不理你，你選你的，放在倉庫，那才更可憐了。王憲陽經過一番禪悟之後，語言放淡了，說人話了，不再學習某些詩人故作高深狀，我想他如能在某一個主題，更用心經營，多寫一些作品，不要東放一槍，西放一炮，集中火力，對準某一個題材書寫，例如有人專門挖掘內心的虛無，有人專門寫都市，有人專門寫農村，有人專門寫島嶼！⋯時代文風如此，那也是沒有辦法的事。如果想要以一首「楓橋夜泊」而留名詩史，那恐怕就要千百年後了。不過這也沒有關係，筆者就有許多朋友自寫自娛，既不投稿也不出版，那可能算更加禪悟深深，深不可測了。憲陽兄既然不再燈紅酒綠，既然要專心寫詩，何妨多寫一些，至於留名千古的事，就放在一旁，由歷史負責吧！如果真有好作品仍然被埋沒，那也只好由他去，如果人生都能

事事公平，也不會有那麼多人信仰宗教，那麼多人需要心理醫生了。憲陽兄經過這四十年來的詩壇觀察，又經過一番禪悟，應該會同意我的話：「寫吧！留下詩篇，其他的，隨緣！」

　　後記：有一次筆者與向明談到許多寫得很好的詩人不寫了，向明頗有所感的說：「他們很努力，但結果令他們很失望。」如果詩壇只留下一批只關心自己的詩名而不關心詩運的人，詩的前途真的堪慮！有心人何妨多深思這個問題。

（藍星詩學 14、15 兩期

2002 年端午號及中秋號）

詩的走索者

── 王憲陽論之三

　　王憲陽是早慧的，早在一九六二年十二月，他出版的《走索者》詩集，就已顯露不凡的寫詩才情。他的詩婉約柔美，頗似楊牧早期的《水之湄》，鄭愁予的《夢土上》，以及敻虹的《金蛹》。我們從《走索者》詩集中，可以讀到許多年輕人的夢幻、情話以及年輕人特有的敏銳、神經質。

　　《走索者》共分四輯，第一輯「雨季─給茱莉的詩」，共有十首，都是情詩，也是年輕人對愛情的渴望。年輕人多愁善感的心靈，往往為賦新詞強說愁，那種心情就如同〈雨季〉：

> 窗上的圖案，嵌著方方的淡墨風景
> 雨季，用酒精燒一壺劣味的米酒
> 酒後，天空的淡墨會更濃，更富山水味
>
> 　　　　　　　　　　　　── 雨季

　　此時作者夢想著些什麼呢？從接下來的詩句，可以得知，他想談一個沒有結果的戀愛：

> 雨季，和一個穿綠裙的女孩子談一下午的蝙蝠
> 談整下午的果園，雨季的回憶就像風車的回轉
> 而我雨季寫著荷色的書箋，也懶貼上郵票
> 閣樓上，夢像蝸牛，那女孩子在山崖踱步
> 她不會挨冷撐雨傘而來，摸滑了古老的銅環
>
> ── 雨季

　　她不會撐傘而來，不會來摸古老的銅環，不正是譜不成的戀嗎？想和她談一下午的什麼都是空想，甚至接下來的「傘」的意象，也都只盼望「傘起一把晴天」，因為「雨中的期待如焚。如渴」，在〈塑像〉乙首中，更是純情少年的表白：

> 不要哭泣，小菁菁
> 那長夏必自每一個窗口消逝
> 我們不推開窗的寂然
> 每一個窗口總要紛紛的飄落
> 楓葉，那年我們的小楓樹
> 也學會了季節性
>
> ── 塑像

　　每一個音節都是那麼響亮，很適合口誦，如果光用目視讀王憲陽的詩，那真是太可惜了。輯中用〈雨季〉的意象、〈風車〉的意象，〈傘〉的意象，〈窗〉的意象……等都有完美的演出。

　　第二輯「紅瓦厝」共有詩十六首，雖然題材已有拓寬，

有寫家鄉的紅瓦厝、井湄，也有對街景的抒情，對塔的感懷，
以及訪彌陀寺的印象，但還是保留第一輯情詩的餘韻：

> 我捻著時間的燈蕊
> 附在薔薇的花瓣上
> 置於在妳漆緋色的窗框
> 窗內的妳，愛著彩裙，口紅
>
> ── 紅瓦厝的日子
>
> 霧濃得那麼冷，濃在櫻桃樹上
> 汲水的少女網著霧的面紗來了
>
> ── 井湄

也有年輕人對時間，對季節的體悟：

> 在三月的夜空
> 　　　星子都在笑著
> 那季節還沒到
> 誰？懂得星子的秘密
>
> ── 在三月的夜空

年輕的王憲陽，居然也能體會「那季節還未到／誰？懂
得星子的秘密」，真是不易。除了對時間季節的感懷外，王憲
陽也寫景來抒內心的情，例如：〈塔〉

> 從寺院凸出，一棵扁柏樹

　　　　　在地平線上
　　　簷鈴搖著七級的
　　　　　　　寂寞
　　　塔的寂寞，在落日的黃昏
　　　菩提樹旁的塔
　　　　　　有淒涼木魚聲

　　這一首詩，蓉子曾在《青少年詩國之旅》一書中加以介紹，文中稱許這首詩「小巧精緻」，寫作手法「由實而虛」，對景物的描述「絕不是單純地在寫景。在寫景的後面一定有更深一層的意義－抒內心的情思。」

　　可見王憲陽的筆觸，已伸出他年少多夢的小閣樓了。

　　從第三輯「走索者」，我們更可以探觸到王憲陽的人生觀：

　　鑼聲響起，我又要走向／青苔的路，神啊
　　賜我有今天恬然的擺渡／有許多明天的笑浪

　　　　　　　　　　　　　　　　　　　　── 走索者

　　全詩以「走索者」的危險，行之不易，來暗示自己的路是「青苔的路」，如果用寫詩的路來印證，也十分吻合。

　　至於第四輯「水手日記」，完全是年少情懷抒寫，那一個年輕人，尤其是四、五十年前的年輕人，誰不想乘破浪，遨遊海上？

　　日出

早晨，船長在舷邊獨步，說一個神話在東方
海上的太陽掛在桅桿上，祖國三月的海口
正午
中午，降下桅檣下的骷髏旗，沒有定定的風向
船長寫一個陰沉的日記，水手搶喝烈性的酒
夜晚
星子滿天，氣象員挪移望遠鏡的高度
找那星座的位移，明天在橫座標的正軸上

　　完全是一種想像，想像水手的生活情形卻不謀而合，而且頗得水手海上生活浪漫瀟灑的神髓：

恐龍的後裔，繼承著所羅門的寶藏
吸著水煙，作一次藍空的巡禮
　　　　　　　　　　　　── 鯨魚
帶有鹹味的詩人，啣著希望的金魚
以藍空為稿紙，寫著難懂的符號
　　　　　　　　　　　　── 海鷗
我將披著滿身的腥味靠岸
帶回一囊海上臊味的故事
　　　　　　　　　　　　── 水手預言
裸體畫片被撫觸得模糊
水手患有恐水症時
船長在甲板上獨步
　　　　　　　　　　　── 船長，在夜裡獨步

　　看了以上的詩句，我們不得不佩服年輕的王憲陽，以靈敏的詩思，灑脫的詩境，鮮明的節奏，清新的意象為我們寫了一冊處女詩集《走索者》。

　　然後一隔就是八年，他才再出版第二冊詩集《千燈》，共分四輯，每輯十首詩，合計四十首！除了沒有序外，也沒有後記，完全一付「讓讀者自己品評」的架式。

　　此冊詩集中，王憲陽展示了他中文系特有的才情，古詩詞的柔美婉約依舊：

　　　一手推開千燈，在惘然的夜晚
　　　真想剪盡無邊的寂寞

　　　你飛渡煙水，微茫而行遠
　　　在渡口，眼睫滿是暝色
　　　　　　　　　　　── 千燈

　　在婉約之外，王憲陽也是多情的，請看他在詩中那一聲聲的呼喚：

　　　盈盈的向你，拓盡平蕪
　　　你將如何覷我，以半天星子稀落我
　　　望你自平蕪中遠去
　　　暝煙就此四起，染了一片細濛
　　　未見你回來，背著夕陽回來

> ── 盈盈的向你
> 　我不會藉著初冷的月色
> 　摸著你的淚眼,降露落盡涼意
> 　　　　── 望你以千眼
> 　自始就不該與你相戀,你我
> 　無法攀越過那堵多風雨的
> 　多青苔的多柳色的高牆
> 　只有在牆陰下,有月還斜過
> 　相對凝恨,在冷秋的時節
> 　　　　── 在千嶂裏

　　《中國現代詩選》(56年創世紀詩社出版)中說:「比聆聽一闋舒伯特的『夢幻曲』還要來得過癮些。」誠然,年輕多情的王憲陽總是在柔麗中進行他的詩作:

> 　那時,千燈搖幌著紛亂的
> 　影子,唯一的絃聲
> 　你自水上
> 　　　離去

　　千燈,影子,絃聲,水上,離去,多麼古意盎然的意象,難怪論者每每讚賞他的節奏,他的音韻,他的典麗的詞語。
　　那麼王憲陽在這些超脫的意象,戀詩的寫作之外,是否也有其他的題材?當然有,例如〈安平古堡〉、〈鹿耳門〉、〈赤崁樓〉、〈北門〉……等第三輯「腳印」,北到基隆、淡水,南

到鵝鑾鼻，都有詩人的足跡。因前面已有提過，此處不再贅述。

　　到了一九九二年，隔了十四年之久，王憲陽才又出版《紅塵塵紅》詩集，可是他的序曲卻是〈一九五九年序曲〉，集中的〈遊圓通寺〉更是一九六四年的作品，〈五十初度〉乙首才是一九九二年的作品，時間縱深達二十八年，照道理這兩首作品寫於《千燈》（民國 59 年）出版之前，應該收在該集中，何以未收入？頗值得研究。從後記中得知〈一九五九年序曲〉曾被一位文學教授點名批評晦澀，這位教授接到恐嚇信，以為是王憲陽寫的，因此向警方告狀，王憲陽因而「驚慌了一陣子」，看來「船長」事件又加了一樁，還好王憲陽只是惹火了一位文學教授，如果是高層，那還得了？詩人寫詩，除了要自費出版外，還有隨時飛來橫禍之慮，難怪許多詩人無法堅持下去。這是題外話。我們再回頭來看這本《紅塵塵紅》詩集。這本詩集和以往的《走索者》、《千燈》不同，每首後面均標示有寫作年月，有助於我們的研究，大概在民國七十年以前寫的，語言仍保持前述兩集的凝鍊，後來寫的詩就比較散文化，比如〈有繭的手〉：

　　一彈指間
　　歲月就這樣地
　　從我有繭的手中漏掉
　　那些青春的偶然
　　已成熟在皺紋上
　　再也不滑過流螢
　　來自晃漾的河上

閃閃爍爍了四十年
風雨來過，春秋來過

　　思想不再跳躍，詩思有脈絡可尋，這樣的寫法，對寫人
生的感悟如〈五十初渡〉，寫〈在香港見內弟〉，寫旅遊詩如
〈長崎平和公園中〉，以及出版於二〇〇〇年的《千禧詩集》，
都明顯較易讓讀者讀懂詩中的指涉。這兩集中，明顯的寫作
題材寬廣了，不再在年輕的夢幻之中呢喃。詩作中有環保詩
如〈迴向〉，關心地球的生態環境，〈登山偶拾〉關心山林水
土保持：

走在山嶺上
山給了它的壯麗
擇善固執的人們
給山什麼
而當蓋起了別墅
卻給山毀容了
　　　　　　── 登山偶語

　　由於開放觀光的關係，作者隨著旅遊所見所聞，也有不
少的旅遊詩如：〈在瀨戶內海的渡輪上〉、〈上海初旅〉、〈在維
多利亞港聽賣唱 ── 溫歌華旅遊見聞〉等等，王憲陽的確拓
寬了他的寫作領域。但是這兩本詩集，卻沒有先前的《走索
者》、《千燈》兩集引人注目，甚至造成轟動，我細研讀之後，
發現這兩冊詩集雖都在水準以上，但沒有突出之作。創世紀

詩社在出版《中國現代詩選》時，就曾指出王憲陽的危機：「是他太注重字語的音樂性，而忽略了詩本身的張力與強度。」該文希望王憲陽大破然後有大立，如今王憲陽已突破了前面的危機，只是尚未大立而已。沈奇就曾評大荒的詩：「三十年詩創作，頗似一倒置的大樹」，也就是說開始寫得很好，後來不甚了了。大荒經此一評，最近出手頗多佳構，更勝於前。如果以此看王憲陽，應該也算「倒置的大樹」，只是何時王憲陽交出亮麗的作品？我們期待著。不只我們，年輕的詩人趙衛民更是期待著，他是王憲陽的學生，曾在六十六年第十三期秋水詩刊寫了一首〈江湖客〉，藉以激勵多年沒有佳作的老師，詩中有句「驀然驚覺，你竟是那顆失光的老人星。」多麼傷人，不過，以王憲陽的才情，在事業有成之後，回過頭來專心寫詩，（他曾在《千禧詩集‧後記》中表示已厭倦燈紅酒綠的日子，將努力的寫詩，「紅塵」不再塵紅了）一定會有亮麗的成績單交出。我們期待著。王兄加油。

（藍星詩學 14、15 兩期
2002 年端午號及中秋號）

以後現代的拼貼手法玩詩

── 孟樊論

一、生平與著作

　　孟樊，本名陳俊榮，台灣嘉義人，最初與新詩結緣是讀了王尚義的《野百合花》，在半抄半造的情況下寫了一首情詩，送給鄰居國小老師的女兒。直到考上台南一中，才開始閱讀覃子豪、余光中、洛夫、瘂弦、鄭愁予……等名家的詩集。

　　真正發表的處女詩作題目：〈答書〉，刊於南一中青年，從這首詩即可看出孟樊的寫作風格：「那一季的信箋叫我流連／躑躅在你的舞衣下／尋覓三月裡仍舊聆聽的音籟／在五線譜上抓住失音的樂府／重點一支七彩的蠟炬／妳躍躍著／而後／妳哀怨的喁喁著／向晚併上一臉清淚／一季的曲調竟跳的如許痴醉／我欲陶然其中／但另一季的信箋又來到／我急的悲泣了」果然是青澀少年的詩篇。

　　到了政大時期，是詩寫得最勤的時候，大三時還以學長身份帶領文藝社的學弟妹一起讀詩、寫詩。並與許多年輕詩人交遊，組織「漢廣詩社」，出版《漢廣詩刊》，搞的有聲有色。

　　之後，入伍服役，唸研究所，慢慢的寫作重心轉移到評

論文章上，漸漸的「評論家孟樊」遂蓋過了「詩人孟樊」。這一點從一九九二年由書林出版公司出版的《S.L 和寶藍色筆記》之後記中一段話可獲得印證：「這是我第一本詩集，很珍惜，只怕是最後一本。」連孟樊自己也有意專心評論文章之寫作。還好，九十一年《年度詩選》中，孟樊預告：「第二本詩集的出版計畫在此刻浮上腦海 —— 以記述我多年來走遍二、三十個國家、地區的旅遊心情為主的《記遊詩》詩集，將配合我拍攝的幻燈片以插圖搭配方式出書。」這個預告，相信為詩讀者所樂聞。

二、詩藝探究

　　孟樊由於用心於學術評論文章，詩寫的不多，《S.L 和寶藍色筆記》共有詩作五十首，尚未結集已發表的也只有三十幾首，總數不到百首的詩，竟花了孟樊二十二年的時間，如果說他寫作速度慢，又不然，他的論文一本一本的出，我想除了對詩十分敬重，不敢粗製濫造外，大概只能說他對詩惜墨如金了。

　　在這麼少的詩篇中，我一再展讀，發現孟樊的詩作頗有可觀，不憚愚陋，在此試論其寫作特色如下：

　　1、虛實美學的相互呈現：孟樊的詩作，往往在虛實互換間，呈現無限雋永耐讀的趣味，試以發表在二○○三年一月二十四日《聯合副刊》的〈從台北出發〉為例加以說明：

　　「從台北出發／賽納河左岸坐在觀音山對面／西班牙台階躺在故宮腳下／中山北路三段是大英博物館／中正紀念堂

有天安門廣場／／我的鄉愁是／台北一塊塊意象的／拼圖／
──從我詩的旅行地圖上／出發」

　　賽納可、觀音山是實體的，但無論如何也不能使賽納河
左岸坐在觀音山的對面，這是虛的，以下三個句子寫法方式
相同，在虛實之間，產生詩的趣味性。在孟樊的許多詩作中，
讀者均可以找到這樣的佈局結構，這種呈現式的思維模式代
替了說明式的思維模式，詩的內涵因而無限擴大，讀者可以
做不同的聯想，程度越高者聯想越多，詩就不會侷限在某些
特定的意義上，詩因此就的十分耐讀。

　　2、在詩中注入知識性和歷史知識：孟樊的詩中，常出現
一些詩人、小說家、音樂家……的名字，這就牽涉到知識性，
比如在〈波士頓巧遇小澤征爾〉一詩中有這樣的句子：「小澤
征爾拉高的那個音」、「滑進史特拉汶斯基的銅管裡」、「那晚
我的秋聲賦／便這樣起頭」，不知「小澤征爾」、「史特拉汶斯
基」、「秋聲賦」將無法領會詩中的意涵，因此詩人在有意無
意間也在提升讀者欣賞的程度。另外〈巴黎十四行〉中「驀
地撞上路易十六流露的傷心的眼神」及〈西湖泛舟〉中的「東
坡居士一吹氣」、「弘一大師晚禱前」等，除了對人物的了解、
歷史知識的充足外，當無法進入孟樊詩中的世界。其他詩中
提到張愛玲、徐志摩、三一學院、梵谷、羅智成、華滋華斯、
蕭邦……甚至列寧均要有某些了解，才能進入孟樊詩中的世
界，這也有提升某些欣賞詩作高度的功效。

　　3、後現代拼帖技巧的趣味性：孟樊雖然不願意別人把他
歸類為「後現代主義者」，但他的某些詩篇，的確有後現代拼
貼的趣味性，例如二〇〇三年十月十九日《聯合副刊》上的

〈雪梨塔上讀詩〉，就把許多知名詩人的名字鑲嵌拼貼在詩中，此詩後來選入向陽主編的二○○二年《台灣詩選》，詩末附上一段頗為中肯的賞析：「孟樊這首〈雪梨塔上讀詩〉，用他自己的話說，使用的是後現代語言詩派的後現代技巧——在隨興、看似無意義與諧擬的語言遊戲中，企圖解決語言固有的意涵，創造新文本，來傳達作者的創作訊息給讀者，由讀者據以參與協商詮讀。本詩全篇引台灣現代詩人詩作名篇，加以鑲嵌，類似於大眾社會的流行歌壇好以歌名串聯，產生新的文本趣味的作法，因此詩中出現的名篇既具有『篇名』符號原本的符徵（象），同時也因彼的錯置串聯脫離原有的符徵，產生新的符指（徵），形成相互指涉的互文趣味。」

　　其他的特色如詩中有巧智、矛盾語法的巧妙運用、詩質濃密、反諷技巧、戲劇性……等，豐富而且多樣。

三、結　語

　　孟樊已完成其博士學位並進入佛光大學人文社會學院服務，並成立現代詩學研究中心，與詩壇精英共同推動詩運，且與藝文界人士交遊，旅遊世界各地，以增加詩作的產量（目前孟樊在北教大服務）。他的旅遊詩俯仰於天地之間，如夢似幻的訴說著所見所聞，名詩人白靈就對孟樊的〈莫高窟隨想曲〉乙首（二○○二年十月二十九日《自由時報》副刊）十分欣賞：「莫高窟是中國歷史上留下的一則『傳奇』。雕刻家、畫家『張大千』、朝拜的百姓、尋寶的、考古兼盜匪的『史坦因』、文人墨客『余秋雨、井上靖』等等，莫不在此傳奇裡徘

迴躊躇，久久無法離去。此詩對之稍加著墨，即宛如是莫高之情蜿蜒其間，出沒其內的人物和窟中的藝術高度，作者也都如數家珍。前六行最為精巧，每段詩的第二行尾都押安韻。讀來宛如木魚敲扣間加了擊磬聲的節奏。」（引自《九十一年詩選》）

　　孟樊此去海闊天空，應可一展所學，為現代詩增加許多美好的詩篇。

　　　　　　　　　　　（台時副刊 93 年 9 月 20 日）

困在自己織就的繭中

── 羅智成論

一、生平與著作

羅智成，湖南安鄉人，一九五五年出生於台北，先後畢業於台大哲學系，威斯康辛大學東亞語文研究所，並進入博士班攻讀。

曾獲時報文學獎新詩推薦獎，出版有「聯合文學版」之《羅智成作品集》共五本，再版《傾斜之書》、《光之書》、《擲地無聲書》、《黑色鑲金》等多部。

二、詩藝探究

少年時代的羅智成是頗為自負的，自稱「鬼雨書院」的唯一代表人，和自稱「薔微學派」的楊澤，互別苗頭且各領風騷。那時的羅智成喜歡幻想、善於思考，所寫詩作，近乎個人的神祕經驗，往往在可解與不可解間，吸引了無數的崇拜者，有人傳抄他的詩作，有人影印他的詩集，只因為買不到，做為一個詩人，那是多麼不可思議而且令人欽羨的事。

　　詩人楊牧十分欣賞羅智成，並以一篇「走向洛陽的路」為羅智成的詩集作序，文中論斷羅智成有「獨特的美感意識，試圖把眼前破碎的現實推向不可逼視的另一個紀元，另外一個國度，把心思和精神壓縮轉化，逸入純粹的世界。」楊牧說羅智成「帶著一種犬儒色彩的英雄氣慨，從一個事件進入另一個事件，週而復始地訴說著，感慨著。」這也是林燿德對羅智成早期三本書的批評：「他藉著中國人所陌生的韻律與形象來顯露自己對於愛慾與靈魂的幻影，正如同俄羅斯頹廢派一般，狂熱地述說自我、傳譯自我、解釋自我……」（「微宇宙中的教皇 ── 初窺羅智成」收錄在林燿德著《一九四九以後……》P113）。

　　從以上兩位的批評，我們就獲知羅智成是一位十分自我的詩人，他一再宣揚自我、解釋自我，他自命為「鬼雨書院」的教主，宣揚他的理念，楊牧形容那時的羅智成「曾經以詩和美術為自己設計了一個小型的宇宙，在那宇宙中，他是全能全知無所不在的主宰，神祕智慧的自滿的哲學之王。」

　　自負自我的詩人一路走來，掌聲不斷，除早期抒情作品極為動人之外，傾向敘事的詩如〈一九七九〉，調節了抒情和敘事技巧，仍然引人注目，到了〈問聃〉一詩出現，他已超越了以往的喃喃自我，考慮到了古代的苦悶和希望，這種對文化思考，對歷史事件的自我詮釋，楊牧說這時期的羅智成「已不再是為神祕而神祕，而是為了超越現實的詮釋，為了禮讚介入的精神，雖然介入令人憂慮、沮喪，甚至難免帶著宿命的悲觀。」此時的羅智成已能隨心所欲，結合內心和外在世界的變化於一首詩中。

　　羅智成就讀師大附中時曾編《附中青年》，此時就已展露了他的寫作才情，但那時他仍然是稚弱的，第一本書《畫冊》模倣了紀德式的寫作方式，直到《傾斜之書》的出版，才算真正展現了羅智成的風格。林燿德評論他：「喜直覺、善隱喻的羅智成正是微宇宙中的教皇，他語語的驚人魅力，籠罩了許多八○年代詩人的視野，近乎純粹的神祕主義，使得他在文字中坦露無攄的陰森個性，以及他牢牢掌握的形式，同時成為他詩思的本質。」

　　從早期的作品一路讀下來，我們發現他是有創造力的，一直企圖航出他詩國之海的新路程，從《西狩獲麟（上卷）》（一九七五）他寫下的自白就可一窺究竟：

　　「誕生我的，是我胸次裡／最大最蕪最遠的一片土壤／星夜林立／萬劫如窗／誕生我的，是極目不見的／我心頭的雪地。」

　　他企圖航行在一片最大最蕪最遠的一片土壤，從他作品的目錄中，我們就可以得知許多新的有創意的訊息。然則我們就可以說他是一個先知先覺的天才詩人了？楊牧從他的詩作〈野兔〉乙首中，看到詩裡浮動著「以前的創作」，發現許多迴轉複沓的現象，作品前後的成績交疊連鎖，以鉅大的加速度向前奔馳。因此他評曰：「羅智成不是那種忽然突破拔起的詩人，是綿綿不斷累積深厚，乃展現出驚人的功力的詩人。」

　　羅智成的詩是很容易誤讀的，他那種矛盾美學，明明追求光，卻歌頌夜，歌頌黑暗，但讀者在誤讀中卻不影響欣賞羅智成詩中的美感經驗，反而更能撞擊善感的年輕心靈，淡江法文系教授蔡淑玲就以一篇〈航向永夜 —— 邊界的探索，

意象的流離〉來導讀《光之書》。她說：「誤讀，並不影響美感經驗。更經常，美感的產生實源於誤讀。只要美感夠強烈，然而 ── 誤讀，必將重讀。」不只《光之書》，許多羅智成的詩作，我都一再重讀，而且每次重讀都產生不同的美感經驗，二十年前讀它，和現在重讀，感受截然不同。

　　「黑夜美學」在羅智成的詩中，佔有極大的份量。他的書封面都是黑色的，甚至書中的許多插圖也都是黑白對比，只有越黑，白才顯得越白，只有黑夜，才顯得光彩的重要。

三、未來方向

　　聯合文學在出版《羅智成作品集》時，羅智成寫了一篇總跋〈致讀者〉，其中有些話令人印象深刻：「多麼奇妙的事，你們怎麼會注意甚至喜歡我的作品呢？整整九年，沒有作品結集出書。連上一次計畫中已經完稿的另四本新舊之作，也在出版社的抽屜中荒蕪……」這些話和他自己一再表示原創力下降，以及評論家孟樊在新詩史研討會上問道：「何以許久未見羅智成作品？」（兩年前在世新大學發表論文時說的）讓人聯想到做為詩人的羅智成心中一定有許多矛盾和困惑。蔡淑玲教授也認為：「台灣這個文壇，但欠他一個相襯的評論。」果真如此，羅智成將來的路怎麼走？

　　「你知道嗎？我認得有些男女學生，因為買不到，而一頁頁複印你破舊的詩集……」、「他們學習你的語法，引用你的詩句。」這是一位北一女的老師告訴羅智成的話，在現代詩普遍不受歡迎的時候，羅智成還有什麼理由不多寫？

　　林燿德也對羅智成的下一部詩集，在十八年前就表示了關心：「他的下一部詩集會是銷融宇宙的空虛，還是返璞歸真的空靈？不論如何，那也將會告訴我們，《傾斜之書》的傾斜之勢，究竟是向上昂揚的爬昇，還是向下滑跌的先聲。」以羅智成的才情，只要能拓展題材，不要再喃喃自語，不要再以以少男少女的崇拜者為榮為樂，應可以寫出擲地有聲的篇章。陳映真最近參加小說獎的評審時就指出「多數作者都只看到自己的肚臍眼而喃喃自語」，小說如此，詩何嘗例外？許多詩人都要深思。

　　　　　　　　　　（台時副刊 93 年 12 月 16 日）

空無與變形

── 鍾順文論

　　鍾順文第一詩集《六點三十六分》出版於一九八一年，羅青曾為之序，並讚譽他情詩寫得「清新動人」，寫景亦具功力，往往能「以情入景，情景交融」。寫實方面沒有落下固定「思想框框」，總能「注入詩人的感情，使現實與想像交融，更深一層表達了人物的靈魂」。

　　另一位替這本詩集寫序的簡簡，他說鍾順文「創作量豐碩，洞察力敏銳，創造意象能力強，詩中常以打趣淡化凝重的氣氛」。對其作品「大抵精鍊強悍，如靈光一擊」表示肯定。

　　一位第一次出詩集的詩人，就如此獲得重視與名家的肯定實非易事，這使得我產生了十分濃厚的研究興趣。展讀手邊搜集到的鍾順文詩集六部，對他的詩藝歸納為下列幾項：

一、對神祕哲思的追求能力

　　以《六點三十六分》為例：

　　「我走過鳥的驚叫／想什麼，甚麼也不想／六點三十六分／我把影子埋入土裡／做什麼，甚麼也不做／六點三十六

分／／我把自己送入影印機／影印機也把我送入資料簿／處理什麼，甚麼也不處理／六點三十六分／我結交命運／命運等著我／求什麼，甚麼也不求／六點三十六分」。

此詩以十四行詩的體例書寫，前兩段各三行，後兩段各四行。每一段都以「六點三十六分」做結，使詩產生「閱讀的中止」，但卻能使整首詩得以貫串。詩中的「鳥的驚叫」、「埋入土裡」、「把自己送入影印機」、「結交命運」均十分跳躍不聯貫，但「甚麼也不想」、「甚麼也不做」、「甚麼也不處理」、「甚麼也不求」又十分一貫，造成這一首詩寫法上的完美。但最重要的不是寫法，詩的重要成就在內涵，這首詩乃在表現一個現代人茫然無助的心情，在這種心情下，作者暗示著一種「神祕哲思」的追求。這首詩表現了一種深沉、如夢似幻的特質，我們常說「現代人不知在想什麼」，作者做了最好的探求。

二、擅長透過物象，對人生做出非凡的體悟

以〈想捉幾隻鳥的天空〉為例：

「路說／看了好幾世紀天空／卻不曾見過天空編織出一只鳥籠／縱使目網密密織／也網不住替代翅膀的白雲／／樹說／具有足夠資本編織鳥籠的我／也不曾想過被關的奧妙／卻有長尾鳥／視我為溫馨的巢／／簷說／一向伸展意識濃厚的我／從無束縛他人的觀念／懂得翱翔的鳥／卻喜歡堵塞我的血脈／／聽了他們的話／天空不敢再說／只好由眾鳥用翅膀替天空編織／一只會說話的／籠子」

由鳥而想到鳥籠、而樹、而到一只會說話的籠子，其中

思想的變化，充滿了對人生非凡的體悟，禪意十足。

三、打趣幽默，遊戲字裡行間

從第一本詩集《六點三十六分》開始，簡簡在序文中就指出鍾順文詩作中「打趣」的特色，之後，鍾氏的作品也不斷有這種「遊戲」之作，為嚴肅的現代詩，打開一條輕鬆新鮮之路，例如〈天問〉乙首：

「風在風之上／在瘋之上的／是哪團／疑雲／／縹緲在雲在雲之上／在暈之上的／是那種天候／／雨在雨之上／在魚之上的／是哪朵／睡蓮／／作夢在枕在枕之上／在陣之上的／是哪種／戰法／／打鼓在皮在皮之上／在疲之上／是哪類／賴種」

十分幽默有趣，像玩世不恭之作。白靈有一段評語：「瘋是一團疑雲，暈是一種天候，魚是一朵睡蓮，八陣圖是一種戰法，疲憊是另一類賴皮，這是鍾順文另類的「天問」。由字引字，想法生想法，必然作「字」自縛，無法解答，但樂趣已得。詩有時可以遊戲，不必過於春秋大意，冠冕堂皇，若擊鐘之天問，但擊之而已，不必多予附會。」（見《九十年詩選》）我則以為這首詩有「後現代」的韻味，在看似遊戲無厘頭中，顯出人生的百無聊賴，茫然不可終日的真意。

四、能掌握當代文壇的主流書寫特色

如表現人生虛幻的〈六點三十六分〉，表現人生荒謬的〈放

一把椅子〉，表現人生虛無的〈空無問答〉，以及表現對環境
不滿的變形〈流雲和天空〉，都能抓住當代主流書寫的要義。
〈現代銅鏡〉乙首即有適應不良的「魔化意象」，如詩中片斷：

「銅鏡裡，驀地／閃出一朵自太古而來的黑色鬱金香／
那似曾相識卻又神祕的倩影／是如何躲紫外線和紅外線的監
視／破天而降／尋覓那不解的舊緣。」〈刺青的時間〉更因「魔
化」而產生「變形」：

「時間以絢麗的晚霞／為天空刺青／／向純潔又寧靜的
天空／時間認為它有些單調嗎？／刺一些閃電進去／刺一些
淚水進去／更不忘刺一些胎記」

天空而可以刺青，作者眼中的世界「變形」得十分厲害。
（以上的「魔化」、「變形」理論參考黃文鉅〈論唐捐詩中的
身體思維〉，載台灣詩學第五號頁 195）。

總之，鍾順文的文學活動是勇健的，他的作品是與時代
相呼應的有血有肉的詩篇。詩人在詩路上已經走得很遠了，
當能更加戮力前進，不斷超越已有的成就，展現更加亮麗的
成績。

（台時副刊 94 年 9 月 7 日）

看似奇崛最有味

── 碧果論

　　現代詩發展到今天，不但影響了小說、散文的許多語法，甚至影響很多藝術作品，包括音樂、雕塑、圖畫。人們開始閱讀碧果作品，可能會以為是……

一、生平與著作

　　碧果，本名姜海洲，一九三二年於河北永清縣，著有詩集《秋‧看這個人》、《碧果自選集》、《碧果人生》、《一個心跳的午後》、《愛的語碼》、《魔術師之手與花》、《說戲》、《一隻變與不變的金絲雀》等多部。編撰《中國大歌劇》、《萬里長城》等。曾任《創世紀》詩雜誌的編委、社務委員、副社長、社長等職。現專事寫作及插畫。

　　碧果在台灣詩壇，一直是一位被批評最多，爭議性很高的人物，只要批評詩不可解，一定提到碧果，只要提到現代詩怪，一定提到碧果，也因為他的詩怪異，讓人一看即留下深刻印象，張默早年就說：「碧果的詩，是非常具有一種創造性的光彩。」詩文創作而沒有創造性，人云亦云，怎能有成

就，所以張默讚美碧果：「由於他雕刻的語言，不僅充滿保羅‧克利的奇想，也充滿米羅稚拙的情趣，更充滿 E‧E‧康敏斯那樣把語言肢解的玄思。」

張漢良早年也指出：「閱讀碧果的困難，主要是文學體制（Convention）的問題。文學體制指的是詩壇「約定俗成」所共同接受的一種文學（詩的）語碼，如果作者使用這些體制傳達訊息「寫作」，瞭解這些體制的讀者便應該能夠接受。」張漢良在碧果受到誤解與冷落後又說：「如果他用俗成的體制寫詩，讀者一定會接受他，他的知名度絕對超過某些『朗誦詩人』與大部份一般詩人。」有些替碧果叫屈的意味，但一個有前瞻性、有使命感的詩人，豈在乎目前短暫的聲譽，所謂「文章千古事，得失寸心知。」爭一世何必爭一時？

沈奇也在他的一篇〈藍調碧果〉談到碧果詩作怪異，說「碧果那樣執著而又溫和地、潛入式地、耐心靜候知遇地、提供詩性體驗的另一種信息！」說碧果的詩：「過度狀態下的這些詩歌文本，負載的不是要表現什麼，而是可能會表現什麼。」任何文學藝術家，越傑出越不為當代所瞭解，詩文更不例外，繪畫也相同，君不見梵谷的畫生前才賣出一幅，死後卻價值連城？不幸的是碧果數十年來始終如一，雖然他在新詩集《一隻變與不變的金絲雀》後記：〈螞蟻也會上樹〉中說：「我一直認真而努力的在寫詩。絕無半點虛假，更不會自欺欺人。並冀望我的作品，能與廣大的讀詩愛詩的朋友，在心靈上，架一座能夠溝通而順暢的橋樑。所以我尋找並嘗試各種形式的創作經驗，與創新語言的操作，其目的在期使語言由固有僵化的約制的格式中解放。」但是這樣的希望，恐

怕要千百年後了，一個寫詩數十年，一直朝著自己的理想邁進，正如沈奇所說的「自守一道，特立獨行」，在短期內恐怕會有「知音難尋」之嘆。

還好，幸而有一位評論家孟樊寫了一篇〈還碧果以真實〉，對碧果數十年來的詩作用心甚深，並歸納出碧果詩作語言有九大特色，也許碧果從此以後，不再被誤解，不再被邊緣化。這九大特色是：「第一，語句的切斷與留白。第二，語言的單調與簡潔的重要性。第三，語字法（grammatical words）的恣意玩弄。第四，量詞的刻意變造。第五，意象奇詭，出入意表。第六，物我合一的擬人化手法。第七，原型意象的反覆出現，第八，戲劇性演出的營造與設計。第九，習於首尾呼應的修辭技法。」孟樊並舉出甚多作品做為例證，有心人可以找來詳加研讀，或許可以進入碧果獨特的創作世界。

二、詩藝探究

對於碧果詩藝的不凡，孟樊的九大特色論斷，應該已還其公道。不過，我在詳讀碧果的所有詩作後，發現還有許多其他名家未提到的特色，不惴愚陋，在此略加論述。

第一，碧果的詩作，其實是一種文字的雕塑作品，它不是不可解，而是看讀詩時當時的感覺。就像許多很有名的雕塑作品，很多人左看右看什麼都不像，但這正是藝術的最佳神韻。如果要像，只要一架照相機，何必繪畫？何必雕塑？這也正是批評家熊國華所說的：「常將自己的主觀意圖隱藏得很深。」這正是碧果詩的趣味所在，讀者彷彿走入迷宮，一

再找不到出路，正在著急之際，豁然開朗，找到出口，其興奮之情可知。許多讀者都說不喜歡讀一次就不想再重讀的作品，碧果的詩正可以讓你多讀幾遍。所以熊國華又說：「細讀碧果的詩，會發現許多閃光的思想和對生活本質的披露，內容的荒誕往往含蘊著詩人的真誠。」說得夠明白夠仔細，不知道為什麼孟樊認為這種說法是「解而未解」。碧果詩作雕塑手法的獨特性，沈奇有段話說得很好：「矛盾的人生，錯位的時空，語言的異變源自精神的異變，對言說方式的質疑與反叛來自對生存方式的質疑與反叛－正是這種雙向交錯的質疑、反叛與異變中，碧果對人生的詩性思考和探尋達到了一個至深的獨特境地。」這就是為什麼我說碧果是在雕塑詩，而不是在寫詩，他的文字已經變成顏色，例如「靜物」乙首中一長串的「黑的」和「白的」；已經變成了一件器物，例如末句「我偏偏是一隻未被閹割了的抽屜」，抽屜一開一合，不正是一黑一白嗎？開時有光是白的，合上時陰暗是黑的，擴展而至人生的各種處境，你就不難想到「閹割」是什麼意思了。在白色恐佈時代，怕連舌頭都會被閹割，所以向明的〈煙囪〉，竟是「無聲的喉嚨。」詩而以文字雕塑而成，碧果應非第一人，但卻是寫得最多的人，就以他被攻擊得最厲害的「被囚之礦的死群的齡之囚」為例，也是以文字雕塑而成。他的用字之奇特孟樊已有論述，不再贅述。但如果你從這首詩去再三推敲，你會感覺到題目已很鮮明的塑造出「娼妓」的形象，詩只是作品的枝葉而已。「娼妓」的人生，已被雕成礦，而且被囚在人間煉獄，這些活死人不是死群是什麼？她活多久就被囚多久，如此一讀，馬上為這些人潸然淚下。至於「我

之一條泥虹的淡水街市之一條泥虹」，應為燈紅酒綠之外景，霓與泥同音，而泥更為污穢，其他讀者應可朝這個方向，去欣賞碧果奇形怪狀的詩的雕塑。

第二，終生為現代詩的造山運動而不悔。早年詩人們瘋狂的追隨超現實主義，開口閉口阿保里耐爾（G.Appolinaive），布魯東（Andr'e Breton），什麼自動寫作手法（automatic writing），意識流的創作（stream of consciousness），並以此自豪，但一經批評，就紛紛轉向，只有碧果，依然故我，其實，他是不願意重返那些被寫爛的詩句，他的每首詩，每句詩，甚至每個字，他都要賦予意想不到的含意，如果用傳統的讀詩方法去讀碧果，將不得其門而入。現代詩發展到今天，不但影響了小說、散文的許多語法，甚至影響很多藝術作品，包括音樂、雕塑、圖畫。人們開始閱讀碧果作品，可能會以為是精神錯亂者的作品，但藝術家本來多少都有些神經質，他的眼睛所見如果和常人一樣，怎能寫出、畫出、雕出、譜出曠世的傑作？

三、結論：誰也無法左右碧果

碧果有一首詩〈關於門，關於我和我的門〉，其中有幾句是這樣寫的：「我將如何走進我自己或／我又將如何走出我。因為／這是誰也無法左右的事／」，這幾句詩，正是碧果之所以無視一切毀譽勇往直前的心聲。沈奇說得好：「一位詩人或作家，在他初始投入創作之時，遭遇是是怎樣一種語境，常常嚴重影響其創作覓向。」既然碧果一開始就不甘於平凡，

且有心把文字加以「拉長、捶扁、磨利」，同時又不在乎別人的看法，何妨繼續他自己的風格，自己的方向？何況碧果也說過：「投身詩的創作，已逾半世紀的時空，但我揣摩再三，還是認為寫詩是非常自我過癮的私我的事。嚴格說來跟誰都沒有干係。至於，我的作品，你看懂也好，看不懂也好。你認為你懂了也好。你不想去懂它也好。這些都不是什麼大不了的事。我寫詩，純粹就是一心在寫詩，就是一心在自我過隱。那有空閒去顧及其他瑣碎。」基於此，詩評家們也不必為碧果的被冷落叫屈，當然更不能說他被「邊緣化」，只要讀詩的人，誰不知道碧果？何況千百年後，他專心一志的「造山運動」，也許超越許多目前的名家也說不定，誰敢預言？誰能預言？

（台時副刊 95 年 2 月 6 日）

由吶喊提昇到雕琢

── 詹澈論

　　詹澈、本名詹朝立，一九五四年生於彰化縣溪州鄉西畔村，童年時因八七水災舉家遷居台東至今。省立屏東農專農藝科畢業，曾任校刊《南風》主編《草根》、《春風》、《詩潮》詩刊同仁。曾獲第二屆洪健全兒童詩獎，第五屆陳秀喜詩獎，一九九七年度詩獎。著有詩集《土地請站起來說話》、《手的歷史》、《海岸燈火》、《海浪和河流的隊伍》、《小蘭嶼和小藍鯨》以及散文與詩合集《這手拿的那手掉了》、《海哭的聲音》等。

　　《土地請站起來說話》，於一九八三年五月三十日由遠流出版，蔣勳寫序。這批詩除了〈匆匆一瞥苦苓林〉乙首刊於《笠》詩刊第一〇一期外，其他均刊於《春風》、《雄獅美術》、《夏潮》、《台灣文藝》、《大地生活》、《進步雜誌》、《八十年代》、《亞洲人》等刊物。此時期作品特色是從實際生活中去發掘寫作題材，追尋家族歷史來彰顯台灣近代史，關切島上人們的現實生活，因此詩中充滿了熱情，為人們打抱不平的真情，但往往因此而流於口號式的吶喊。蔣勳說他的作品有「歷史的視野和格局及人生的點滴哀樂悲歡」之優點，但放在詩壇上來評價詩藝，顯然還不夠成熟，因此余光中說他是

「晚成」的詩人，要等到《西瓜寮詩輯》出版，才受到廣泛的注意。

　　《西瓜寮詩輯》於一九九八年六月十日由元尊文化出版，遠流代理經銷。這一輯寫作時間長達十五年，這十五年中，在西瓜園看西瓜成長，看Ｆ一〇四戰鬥機起降，閱讀拉丁美洲詩人聶魯達的詩作，以及觀看聶魯達的電影「郵差」而獲得啟示，對日據時期台灣文學作品如呂赫若的《牛車》之研讀，斷斷續續寫下一些片斷句子，放了十年，才整理成這詩集的大部份作品。作品發表在《深耕雜誌》、《大地生活》、《暖流》、《文學季刊》、《自立晚報》、《中時‧人間副刊》、《更生日報》、《中外文學》、《聯合副刊》、《聯合文學》、《台灣日報‧副刊》等。由於詩藝有進境，且透過大報強勢媒體的傳播，終於引起詩壇注意。此詩集中《西瓜寮篇》十九首，曾由北京出版的《海峽詩叢》以《海岸燈火》書名出版。並在北京由社科院文學研究所及廈門大學台灣研究所及台聯會等單位聯合舉辦「台灣文學研討會」邀請詹澈參加，其中湖北武漢市中南財經大學台港文學研究所所長古遠清以一篇〈西瓜寮下的詩情 —— 讀台灣詩人詹澈的詩〉肯定詹澈是「農民的代言人」。文中對作者「用抑揚手法，寫對泥沙的深情，對土地的熱愛，行文有波瀾，構思異常新穎」十分推崇。對詹澈的詩作以「深得藝術辯証法三昧」及「最美的詩篇來自於質樸與真摯的情感，來自於那近乎裸美的境界」和「以質樸、沉鬱、情濃取勝」等語來讚美更顯示詹澈詩作的成就，已經寫到了瓜農的骨髓中去了。難怪不久，他就獲得了第五屆陳秀喜詩獎及聯合報一九九七年年度詩人。這樣的獎勵與肯

定，把詹澈推向詩壇的較高處，能見度增加許多。

　　接著乘勝追擊，二〇〇三年四月由二魚出版社出版《海浪和河流的隊伍》，並由余光中寫序。這本詩集大體上都在寫東海岸，寫實景而又要抒情，對文化和社會付出關懷，難度很高。但由於他善於掌握內心的衝突及刻劃外在的焦慮，使得詩作能保持可再三賞讀的特色。例如〈台東赤壁〉乙首開頭三句：「被時間和地方摩的發亮／卑南溪像一把彎月的利刃／切開東海岸山脈的左肩」，屬動態的書寫，如同三國演義的寫法，學者吳功正說：《三國演義》是「把人物置身於瞬息萬變的戰場上做動態描述。」詹澈是把東台灣海岸的美景置於於動態的情況下加以刻劃，且有菱有角。有時又像木雕，刀刀見痕跡，清晰刺目，令人驚心。尤其這種動態的書寫，加上擬人的筆法，使得詩作更見雋永深刻。例如「來不及飛走的岩漿／都伸長脖子固化在海邊／和海浪爭執辯證百萬年／才各自馴服成各種形狀的岩石」。〈三仙台〉乙詩後半段：「你在那裡撿拾海貝和藍寶石／影子被海水淹成藍色／前面撿食海菜的阿美族女人／彎著健美的腰唱好聽的歌／她的影子被海浪壓過／被你的影子壓過／你在哪裡？」彷彿電影蒙太奇的特殊處理手法，末三行更有魔幻書寫的特色，令人叫絕。第二輯眼光望向島外，顯然比較有知識份子的遠見，不會目光如豆。其中一首寫澳門的詩，題目就十分生動有趣〈噢，門〉令人拍案。許多寫詩友交遊的詩如與艾青、商禽、吳晟……等來往都頗有意趣。〈河間人亡於瓜月〉乙首，更是孝親詩的佳構：「您已往生了／筋骨皮毛齒還給大地／血尿汗淚唾涕還給溪流和大海／最後一口氣還給空氣和風」在面對親人死亡

時，能如此體貼的祝願者尚不多見。難怪余光中評此詩：「全詩節奏低沉悠緩，貼耳細訴，足見父子情深。」

　　二○○四年十二月十日由九歌出版詩集《小蘭嶼和小藍鯨》，算是詩界真正肯定了詹澈詩作的成就，由陳映真寫序。這本詩集十分特殊，專寫蘭嶼島的達悟族人，以關懷的心去寫弱小民族，尤其是寫台灣的少數民族，至少我尚未拜讀過，尤其整本書有系統的書寫，尤其不犯輕視、偏見、主觀、想像等謬誤者更少。

　　這本詩集的語言看似樸拙，但能深入讀者的心坎，最可貴的是和第一本詩集《土地請站起來說話》的表現已不可同日而語。不再是抗議的激情，抗議詩雖淺白直接，易入人心，但一時激情之外，能留下回味的空間就少了。

　　他的詩句大多來自於生活的真實體驗，因此寫來有如木刻、版畫，刀刀見力度，見血痕，那跟刻意做文章雕琢的詩不同，更不是西方莫測高深的潛意識書寫，是深刻而不晦澀的詩，這完全歸功於他豐富而具體的生活。例如〈蘆管與火把〉乙詩的片段：「蘆葦也以它的一次死亡／使小島隔年就年輕一次／它被燃燒葉子剩下梗硬的身體／捆結成火把／火把，人類文明史上曾經是革命的象徵／在二十一世紀初，照耀達悟族人／三千年沒有改變的飛魚祭」，詩中冷熱對比，抽象與具象的拉鋸，文本時間與現象時間的對應，都使人不得不靜下心來沉思一番。

　　陳映真在序中盛讚：「這是一本美麗、真摯、滿有深情的詩集。」令人頗有同感，他又說詹澈：「將這些他所熟知的草木蟲魚鳥獸，寫在蘭嶼的大自然的背景中，時而寓寄深刻的

天人哲思，發出強烈的審美情感，使詹澈的詩總體地具有了
迴異於人的詩的審美與獨特形象。」說法懇切而不誇張，直
接指出了詹澈藝術成就的核心。

（台時副刊 95 年 7 月 3 日）

山色空濛雨亦奇

—— 簡政珍論

　　簡政珍並不降格以求，他反而在現實的基礎上，運用自己卓越的想像力，使詩的內涵更加深刻…

　　簡政珍，台灣台北縣人，一九五○年生於金瓜石。美國奧斯汀德州大學英美比較文學博士。現任亞洲大學文理學院院長。曾任中興大學外文系教授、系主任、《創世紀》詩刊主編。著有詩集《季節過後》，《紙上風雲》、《爆竹翻臉》、《歷史昏騷味》、《浮生記事》、《詩國光影》、《意象風景》、《失樂園》等八部。論著有《放逐詩學》、《詩的瞬間狂喜》、《現代詩美學》等多部。主編《當代台灣文學評論大系文學理論卷》及《新世代詩人精選集》等。

　　他的詩作常常不按一般的思考方式呈現，往往不斷的意象跳躍，忽東忽西，忽前忽後，一下子古代，一下子現代，很難抓到他所要表達的主題，因此閱讀上屬於困難的一種。洛夫說要進入簡政珍的詩學堂奧，必先了解他的特殊詩觀，就是他的思考方式，即所謂的「意象思維」。

　　我們在讀簡政珍的詩時，第一個明顯的感覺是他的詩都是描寫現實的，例如〈蚵女〉、〈雛妓〉、〈老兵〉…等，但他

所表現出來的詩句,卻是超現實的,屬於一種形而上的思維,極富於張力的語言,雖然他猛力批判存在的荒謬以及揭露醜陋的現實,但是由於意象思維的凝練,傳達這些訊息時,讀者不容易接收得到。

　　但是簡政珍並不降格以求,他反而在現實的基礎上,運用自己卓越的想像力,使詩的內涵更加深刻,例如他的詩句「我們有如燭火/在痛中飲一生」(〈我們有如燭火〉一、二行),不僅對人生的悲劇性有深切的體悟,更有佛家的終極關懷。

　　以力作《失樂園》為例,在二十四節,三百一十七行的詩中,他以自己的後花園被拆毀,成為建築工地的現實,進而發揮他的想像力,批評當前的社會、政治、文化…中所有的不公不義,並以佛教中禪來暗示精神上的詩樂園仍然存在的…「去尋找黃昏歸處/那裡有一口井/水面平靜時裡的倒影/似乎書寫著/『如一井空,空生一井』,(《失樂園》第二十三節,括弧句語出《楞嚴經》原詩有註解)。原詩雖築根於現實,但語多歧義,仍不易於了解。(以上參閱洛夫:〈序簡政珍詩集《失樂園》〉)。

　　簡政珍在《失樂園》詩集的後續中也說:「詩和現實辯證,語言在重整現實時,也異化現實。」因此他要讀者「不要把詩中所感受的現實,還原成現實的真實事件。」他要讀者去沉浸在他所提供的詩鬱結裡,去感染詩的氣氛。讀者從他借用密爾敦的長詩〈失樂園〉的詩題,去描述他失去的後花園,不但將「失樂園」重新賦予新義,且靈活運用的「諧擬(Parody)」,以多重的互植文本(interexualiity)重疊古今,處處顯示了「符徵」與「符旨」背離,透視「後花園」的實

有到「虛空」，藉由解構現象而自我存疑乃至自我塗消，以〈苦澀的笑聲〉之詩作，反制如此的「後現代」文化現象，發揮了以「邊緣」質疑「中心」的寫作能量。（參閱簡政珍《詩心與詩學》、《當代詩的當代省思》及蔣美華：〈簡政珍〈失樂園〉的後現代意涵與意義〉）

　　剛開始寫詩的簡政珍，其實正面臨七〇年代以淺白寫實反抗六〇年代的虛無晦澀，他認為均不可取，所以他從一開始就以超現實的要領，書寫現實的內容，也就是不直接複製現實，而是經過詩的處理變貌的所謂詩化的現實。誠如林燿德指出的，「簡氏在進行意象編碼之際，也進行著不同思想轉換系統的銜接，使得詩在平淡中見新奇」，例如〈探視〉乙首中的兩句：「伸出土法煉鋼／錘鍊過的雙手」把手和鋼的主客地位倒反過來，本來是煉鋼的手，卻被爆政所錘鍊，詩人使得平凡如「土法煉鋼」的句子，頓時生動了起來。（參見林燿德〈以書寫肯定存有〉）。

　　許悔之也指出簡政珍往往利用生動的語詞救濟貧乏渙散的句子，例如〈景象〉乙首中的：「碧清跨越無涯／鼓翼成舞／舞影投射」，以「跨越」的動態詞語，救濟「碧清」、「無涯」之貧弱敘述，以頂真格的設計，使詩的節奏變成鏗鏘有力。以這樣的手法，才能使簡氏大量的寫實作品，以反芻深思，幽默諷刺，真情流露，現實與心像世界的適當把握，費心經營意象，以成就簡氏作品藝術的高度。（參見許悔之：〈文字與世界的糾葛關係〉）

　　熊國華也指出簡政珍是最能把自己的詩學觀念轉化為詩作的詩人，例如〈時間的報復〉乙首：「你躲在陰暗的斗室以

夏季留在／壁紙上的太陽／取暖」和〈浮生記事〉乙首:「當
陽光偷偷的走進鞋子／一條等候跋涉的路／在盡頭／靜靜展
望未來」,把瞬間擴展為較長的時間,增加感受的容量及意象
張力的強度,乃是把簡氏在《詩的瞬間狂喜》中的理念:「把
即時(或已經)消失的時間空間化,使瞬間而逝的形體轉化
成意象。」化為實際的詩作展現。(參閱熊國華:〈對生命的
感悟和哲思〉)

　　綜觀簡氏的詩集和論文,已見他「展露大師的氣宇」(林
燿德語)。游喚在〈事件的演出〉乙文指出:「政珍是跨越七
十年代的鄉土詩,寫實詩,到八十年代的政治詩之單薄、枯
澀、露骨與膚淺,而把它帶入真正是詩的社會,與詩的政治
境界。」

　　鄭明娳也在〈評失樂園〉乙文中指出:「此詩依然延續著
詩人一貫『苦澀的笑聲』之詩心:詩法諧擬(parody)、語言
飄移(drift),語調吞吐,款曲堂奧。其連環渦漩式的圓形敘
述結構,是以意象推動意象,詩節與詩節之間綿密銜接,前
後呼應,詩意得以生生不息。」

　　以上眾多詩人評論家的讚美,正如同宋螢昇的看法,認
為簡政珍是台灣現代詩壇既特殊且傑出的詩人,在詩中展現
生命的質感以及與現實交感後的哲思。費勇也以長文〈詩與
現實的辨證〉析論簡氏詩作「貼近現實而不黏滯,從平凡中
現出奇崛,洋溢著充沛的生命感」,來肯定他。我認為讀簡政
珍的詩,可以浸淫在他深沉的哲思中,享受他詩中語言所展
現的哲學厚度與深度。

(台時副刊 96 年 1 月 28 日)

就是那樣日夜奔騰的長河

—— 林煥彰論

一、詩畫美感交疊映現

　　早年我祇知道林煥彰詩寫得很好，年紀輕輕就入選《七十年代詩選》，後來也知道他鑽研兒童文學，尤其對童詩之提倡不遺餘力。及至前年他在「文協」辦個人的詩畫展，才見識到他「左手畫畫，右手寫詩」的才情。前年八月更在他的力邀下為他主編的「湄南河副刊」寫「小詩賞析」專欄，有幸讀到整年份的報紙，對他的詩畫美感交疊映現，所造成的欣賞剎那的激動，一直印象深刻。

　　四十年來，已有為數不少的重要詩選對林煥彰的詩作做過評價，例如《七十年代詩選》就說他：「在主題的採拾上，意象的蘊積上，詩境的開拓上，甚至形式與文字的調節，音響與節奏的轉化，在在顯示一種可發展的潛力。」

　　台北「長安出版社」出版、林明德等編著的《中國新詩賞析》，也對林煥彰的生平、寫作歷程、寫作特色做了詳盡的介紹，並賞析了〈清明〉、〈中國‧中國〉兩首詩的技法做了剖析並指出他的詩能「反映時代的意識」，達到自己的詩觀要

求：「以口語的方式來抒發悲苦的心聲」，李豐楙認為：「這類表現得『哀而不傷』的真摯的詩，往往比虛誇的『偉大感』的現代詩要耐讀些。」

　　「幼獅公司」出版、陳義芝著的《不盡長江滾滾來──中國新詩選注》第六章「六十年代名家詩選注」也有專文介紹探討林煥彰的詩，該書除了介紹林煥彰的生平外，也詳細「注釋」、「賞析」了〈沒有名字的碑石〉、〈孤獨的時刻〉（五首），認為他的詩：「自然也透露出他質樸的智慧和人生感悟，真誠的悲憫以及廣達的愛心，是源自性情底層的一點亮光。不從感傷悲情處落筆，故旨深而境新。」尤其在談到五首小詩時以：「小詩雖不必為結構傷腦筋，但若無奇崛之思，不能自最精警處切入，要想以短短一兩句話產生無限的詩意，實在難上加難。」來肯定林煥彰寫小詩的成就。最重要的是，陳義芝在文中指出：「林煥彰出現於台灣詩壇前行代與中生代青黃不接之際，以真摯熱誠戮力於詩創作及詩運推展，地位不容忽視。」

　　山西「北岳文藝出版社」一九九一年十二月出版，陶本一、王宇鴻編的《台灣新詩鑒賞辭典》乙書，林煥彰也佔了一席之地。該書探討了林煥彰的〈貴陽街二段〉、〈午夜〉、〈我只有一張臉〉、〈門〉和〈中國‧中國〉等五首詩，認為：「〈貴陽街二段〉反映了六十年代台北的六條通阻塞和環境汙染」，〈午夜〉乙首則有「含蓄性」、「形式美」及「重排比」等文學技巧的成就。〈我只有一張臉〉則是：「作者親身生活的真實記錄，它反映了詩人經濟的困窘和無力掙脫困境的苦悶心情。」對〈門〉及〈中國‧中國〉兩首也有「構思巧妙」及

「豐富奇特」的想像力之肯定。

　　總之，兩岸已有不少對林氏詩作成就的佳評，限於篇幅無法一一引錄，但這本《詩60》詩畫合集手抄本一出版，勢必讓愛詩人有「無限享受」之感，在詩與畫交相疊映的美感設計下，你將有一豐富的林煥彰詩畫之旅。

二、詩作能直達人心，搔到讀者痛點

　　在《八十年代詩選》裡，林煥彰曾在「詩觀」中如此表示：「我在《葡萄園》萌芽，在《笠》詩刊成長，然後與同輩詩友組織《龍族詩社》…今天，我的風格之形成與詩觀的確定，也可以《葡萄園》提倡明朗，《笠》注重鄉土情感底真摯流露，以及《龍族》追求表現民族意識、關心現實等多種看似不同，而實貫通的精神來加以概括。」因此詩作力求明朗可解，且有鄉土情感和時代特色，鮮明的民族意識和社會性，關心弱勢的群體，關切現實，以日常生活的體悟為詩的礦源。

　　因此廈門大學的朱雙一教授就曾在《亞華》第47期，發表一篇〈生命原是一條走遍原鄉的河流 —— 略論林煥彰的詩創作〉的文章，對這位來自鄉村的詩人，「詩筆充滿了對鄉土的細密記憶和真摯感情」，「詩作具有鄉土色彩和時代感，還具有鮮明的生活色澤和社會性」、「抒發愛情或表達人生的感悟和哲思」、「詩創作藝術上的明顯特點，是較注重意境的營構和詩行、段落的對稱、排比、反覆等形式安排，較不注重詞藻的修飾和意象的經營」等特色論述，可以說頗符合林煥彰的詩觀。

　　由於這種詩觀，林煥彰有許多詩作乃採用「單刀直入法」，這是古羅馬詩人兼評論家賀拉斯（Quintus Horatius Flaccus,公元前 65 年～公元前 8 年）評荷馬的作品時，曾談到單刀直入法（inmedia res）；所謂「單刀直入法」，指作品不兜圈子，一開始就把讀者帶進事件或情節核心，明快而直接，容易立即引起讀者感動。

　　艾略特〈論但丁〉：「白描式的文字不用曲筆，不抄祕道，是坦蕩蕩的中鋒，與莎士比亞的作品大異其趣。」可見白描或曲筆，均可以成為文學大家，因為但丁與莎士比亞和哥德並稱西歐文學史上的三個世界級的天才。以上有關西洋文學評論均見九歌版黃國彬譯《神曲》的〈譯本前言〉，我之所以引用上述兩個觀點，乃因林氏在文學用語方面有白描、單刀直入的素樸特色，為證明該特色和再三曲折的特色相比並不遜色之故。

　　因此我們更可以在林煥彰自己撰寫的兩篇文章〈經驗、愛和真誠 —— 我怎樣寫作〉和〈詩在現代世界中所扮演的角色與地位〉找到進入他詩的創作世界之鑰。例如他說：「一談到寫作，我就特別重視『經驗』，因為有了豐富的生活體驗，我才能在『想通了』以後寫下一篇篇的詩章。…作為一個寫作者，如果沒有一顆比別人更靈敏的愛心，那他所有的生活體驗都將等於零。…我不停的寫作，無非就是想要寫出我對整個人間的關懷。」他更進一步指出要為受壓迫、困苦、頹喪、無助、絕望的人們：「為他們寫詩，替他們講話，給他們慰藉，給他們信心，給他們勇氣，給他們聲援…」他更提到所有作品都是為內容表現上的需要而決定「：我的寫作，是

順其自然，不加強求，有什麼樣的感受，有什麼樣的內容，
就寫出什麼樣的作品。」

　　他的詩作都是有感而發，真情流露，部份作品即使有一
些轉折，也都能曲盡其妙，白是其特色，直指人心，搔到讀
者的癢處、擊到讀者的痛處更是其詩藝的成就。

三、文學活動，光燦異常

　　林煥彰的文學成就可以分兩部份來敘述：第一部份當然
是他的文學創作，第二部份就是文學活動了。這一小節就來
專論他的文學活動。主要的有：（一）與詩友創辦《龍族詩刊》，
（二）創辦《布穀鳥兒童詩學季刊》，（三）創辦《兒童文學
家》季刊，（四）主編泰國、印尼《世界日報》的「湄南河副
刊」及「梭羅河副刊」，大力提倡泰華、印華的新詩創作，尤
其是六行的「刊頭詩」。

　　有關《龍族詩刊》的成就，詩壇已有定論，《中華現代文
學大系》余光中在「總序」及張默的「詩卷序」中，均肯定
他們的詩觀和詩作「為前後的變化造形留影」；他們明確的主
張，明顯在於「真正唱出屬於中國的獨特聲音」。

　　而《布穀鳥》是台灣少數兒童詩刊中，最有影響力的一
種，同仁甚至發展到二百多位，台灣地區各縣市均有教師熱
烈參與，海外地區也有許多據點，對兒童詩的成長繁榮，功
不可沒。而兒童文學家係由他獨力創刊；收入微薄的林煥彰
對兒裡文學的付出，真是令人佩服。他又倡議成立「中華民
國兒童文學學會」，並擔任第一屆總幹事及第五屆理事長。

　　至於對泰華、印華文學的提倡更可以說全力付出,經常帶領作家學者到曼谷、雅加達與華文作家座談。尤其提倡六行的「刊頭詩」,每天一首,已行之有年,所以詩作已超過千首,我戲稱假以時日,可以成為「湄南詩派」了!

　　廣州的兒童文學家班馬,在《亞洲華文作家雜誌》第 38 期寫了一篇現代詩與兒童詩之間的藝術連結試論林煥彰七十年代的創作轉換及其涵意,對林煥彰在現代詩與兒童詩之間的創作轉換有獨到而深入的論述。文中探討了林煥彰在七十年代、八十年代以後積極參與兒童詩的寫作和兒童文學活動,但新詩創作仍在進行,並不斷出版新詩集,可以說創作轉換仍在發生之中。而林煥彰之所以能在新詩和兒童詩的創作轉換進行無礙,實得利於他的下列因素:

　　第一,他寫詩的風格清新自然,語言淺白,極適合寫兒童詩。他用口語化的語言所寫的有童趣的詩,早年就受到周夢蝶、鄭愁予等詩人的欣賞鼓勵。

　　第二,早年的詩作就有兒童詩的意味,轉而寫兒童詩,就十分得心應手。

　　第三,他的人生經歷以及他的樸實內在本質,正是寫作兒童文學的最有力的本錢。這種艱苦的人生經歷,從底層、平民的磨礪中激起了巨大的一種「悲憫」、一種「關愛」的精神意向,然後直通兒童文學。

　　第四,林煥彰的詩作中充滿對家庭的關愛,對弱勢團體的關切,這種人格的傾向,容易轉化為對兒童的關愛。

　　第五,「對『異化』世界的抗議,從而追尋一種原生性自然化的的狀態,並因此使作家的作品簡化成某種寓言形態或

某種童話模式，因而賦予作品些許兒童化氣息」，班馬上面的論點，正是林煥彰寫兒童詩的重要因素。他在文末註明「本文有關資料，還得益於台灣兒童文學界所出版的史料和評論。」可見他整篇論文內涵、架構係根據「台灣兒童文學界」的共識，本節有關林煥彰「現代詩」與「兒童詩」創作的轉換乃根據此文而成，應該算有所本了。

　　因此林煥彰在文學活動方面，有了兒童的部份，尤其是兒童詩，所以成就更顯燦爛輝煌。

四、冷靜主知的辨證，現實主義的美學

　　林煥彰雖然內心充滿澎湃的熱情，但其詩作的表現卻是「冷靜主知」的，有關「冷靜主知」的詩文頗多，但我發現呂興昌發表於二○○二年二月的《越浪前行的一代葉石濤及其同時代作家文學國際學術研討會論文集》有關台灣前輩詩人詹冰詩作的論述，最適合拿來論林煥彰詩作的參考，以下本節對林煥彰詩作「冷靜主知」之論述，乃採用呂興昌論詹冰之觀點，引號部份為呂興昌的原用語。

　　林煥彰詩作雖然均為有感而發，但都經過再三轉折，絕不「自然流露」，他把心中感動的素材，加以「解體與分析」，如同詹冰「將情緒當做客體加以諦視辨思」。呂興昌認為詹冰的詩觀乃得利於其對藥品的認知而轉移到詩作術語「抽出、提煉、濃縮、結晶」，正好用來說明林煥彰的作品，絕非「在心為志，發言為詩」，而是「抽出、提煉、濃縮」的「結晶」。

　　至於題材內容方面，林煥彰的詩作可以說是現實主義的

作品，雖然他經過現代主義的洗禮。蕭蕭在他的《台灣新詩美學》一書的第四章〈現實主義美學〉部份，花了一百三十四頁，約七萬字以上的篇幅來論述「台灣現實主義詩人」，竟然隻字未提林煥彰的作品，令人遺憾。

　　我們前面一長串的論述，不論從他的詩觀或別人的評論都可以知道林煥彰是現實主義者，他的詩真正做到了蕭蕭對現實主義者類型的論述：「真的挖掘，這是現實主義者的宗教，生活就是一切，生活的原貌就是文學不必修飾的美，活在此刻，活在眼前，活在當下，跟時代同脈搏，跟語言共呼吸，跟土地、人民相與視息。」

　　他寫〈給馬先生在馬尼拉乘馬車有感兼懷為人做牛做馬的同胞〉，乃是因為看到瘦弱的馬被主人虐待產生無比的同情。見到童丐殘障的可憐模樣，就以兒童乞丐的口吻描述從小被人抱走，以致於受虐成殘的經過而寫成〈童丐的話〉。下面抄錄一首〈痛苦也要相互依存題連寶猜陶藝作品「一家人」〉的部份詩句，就知道他是現實主義的人道關懷者：

　　本是一塊混濁的瀾泥，為何要捏成
　　一對夫妻，兩個嬰孩？
　　一個人受苦就夠了，又為何還要
　　一堆無辜，一起受苦？

　　由觀陶而想到現實人生中的貧困家庭，已經養不活自己了還要生一堆孩子，朱雙一在前揭文中論斷：「顯然和七〇年代鄉土文學思潮的密接生活、關懷勞苦民眾的人道主義現實

主義精神一脈相承。」

　　從林煥彰的詩中，我們也的確看到了他的詩作，如同蕭蕭的論述：「現實主義是目的論，也是方法論，其目的在具體呈現現實，積極批判現實，企圖改造現實；其方法則是以細膩鋪陳反映生活的真實，以塑造典型顯映本質的真實。目的與方法，合而為一。」

五、結語：詩作中的思想美

　　大陸詩學家李元洛在他的《詩美學》第二章〈論詩的思想美〉乙文中說：「在詩歌作品中，美的思想，像夜空中指示方向的北斗，撫慰人心的月光，像黎明時令人振奮的早晨和光芒四射的朝陽。沒有美的思想的詩作，猶如天空中沒有北斗和月亮，沒有霞光和太陽，天地間只剩下一片灰暗或者漆黑。詩的思想美是詩的靈魂，是詩美最重要的美學內涵之一，也是詩美學絕不可輕忽的問題。」可見思想美在詩中的重要性。

　　林煥彰的作品之所以耐讀、有味，正因為具有詩的思想美的緣故。以下本文乃根據李元洛「詩的思想美」的論述來做為基礎論點。李白所謂「蓬萊文章建安骨」，是以「建安風骨」為基礎所建立的詩歌，強調反映現實，抒寫詩人的胸懷抱負，基本特徵是「文情並茂，文質合一」，這也是林煥彰詩作的根本美學基礎。

　　一個詩人之所以優秀偉大，乃建立在他的生命力度上面，這種生命力度也就是清代詩論家葉燮所倡導的「才識、

膽力」。他在〈原詩〉中說:「志高則其言潔,志大則其辭弘,志遠則其旨永,如是者,其詩必傳,正不必斤斤爭工拙於一字一句之間。」

葉燮所說的志的「高」、「大」、「遠」,正是林煥彰在詩中完成的詩美成就。詩品就是人品,不論詩的潮流如何變化,主義如何由現代而後現代,人格即文格,這是千古不變的道理。

沈奇在論朵思〈生命之痛的詩性超越〉乙文中有一段話深獲我心,時常拿來做為鑒賞詩作的標準,他說:「在藝術上的不斷超越必有一個不斷打開和拓展了的精神空間作支撐,精神空間不再打開或逐漸萎縮了,其藝術生命也必然萎頓和鎖閉。而精神空間的打間和拓展,又取決於詩人生命意識的強弱和生命激情的漲落,說白了,亦即是否不斷有生命的『痛感』迫你言說。」

以沈奇這段話來審視林煥彰詩作中那種生命意識的強弱以及生命激情的噴張,更可以抓到其詩作美的核心。

詩作美學的核心就是「不屈不撓的偉大靈魂」,拜倫曾在〈普羅米修斯〉一詩中如此讚頌普羅米修斯。許多世界級的詩人和作家,都十分看重詩中的思想,那是詩美學的真正核心,讀者不妨從林氏的詩作去印證此論點。

(《詩 60》手抄本附錄)

國文天地 252 期

反諷挖苦　新穎潑辣

── 陳克華論

　　陳克華，一九六一年出生於台灣省花蓮市人，祖籍山東省汶上縣。台北醫學大學醫學系畢業，美國哈佛醫學院博士後研究，現為榮總眼科醫師。

　　一九七九年，以十八歲初入文壇，詩作即被聯副採用。接著經常獲得文學獎，第一、三、四、五、六屆全國學生文學獎、聯合報文學獎詩獎、第一屆陽光詩獎、金鼎獎、文薈獎、台灣文學獎等大獎。

　　出版有詩集《騎鯨少年》、《我撿到一顆頭顱》、《星球記事》、《我在生命轉彎的地方》、《與孤獨的無盡遊戲》、《因為死亡而經營的繁複詩篇》、《欠砍頭詩》、《美麗深邃的亞細亞》、《花與淚的河流》、《善男子》等多部。散文集有《愛人》、《哈佛、雷特》等，著作甚豐。

　　出身醫生家庭，功課一直名列前茅，順利考上醫科，一出手寫詩，聯副即以「新人月」鄭重宣告他即將是詩壇慧星，以後又連年得獎，對他的光芒四射，許多人都抱以極高度的研究興趣。

　　他的第一本詩集《騎鯨少年》一共出了三次，可見他十

分重視這本處女作。但不論那一種版本，所收錄的都是自剝性的短詩，有強烈的超現實色彩。詩作往往表現出年輕人的性壓抑，如〈晨詩〉乙首，對自我的愛戀如〈盟誓〉，以及對愛情的懷疑如〈斷髮〉乙首。這樣的作品表現傾向，對一個年輕人來說，本來十分正常，但直到九歌出版他的《善男子》詩集，他在序文中坦言自己「出櫃」，對評論家再度研究這些作品，將會有不同的面向和研究角度。

陳克華曾在《騎鯨少年》蘭亭版序文中說他寫詩是「閉門造車」，是「在自己的肚臍眼兒上作文章」，說「自己的生活是封閉的，人是自私的」，在這樣自己戲稱是「清純玉女」的時期作品，短詩的成就自不能與長詩的成就相比，這些作品往往只是某一時刻的思想或潛意識的一股心緒流動。

羅智成為小知堂版《騎鯨少年》序詩〈溫柔的冒險與冒犯〉末段中說：「在這些深情純粹的／獨白對白與旁白中／我看見他在少年時代的／思想盛境／困惑與愛／也看見我自己一直／給不出去的／真誠與坦率」，指出了陳克華這一時期詩中的清新而且雋永抒情的風格。陳克華寫出了「我是年輕的／我是一種感覺」（〈青春〉）。

因為年輕的陳克華一開始寫詩，就讓人感受到他不凡的才氣，所以他第一次由蘭亭出版他的《騎鯨少年》詩集，我就在《台灣時報副刊》（1984 年 5 月 9 日），發表〈評介「騎鯨少年」〉乙文，肯定他在詩藝方面有下列四點成就：第一、把小說技巧融入詩作中。第二、詩中有甜美、抒情的調子，很耐讀，很吸引人。第三、擅長捕捉特殊的詩材。第四、題材多面性，關切層面寬廣。之後，由於擔任醫師的關係，接

觸到病人，直接面對人最大的挑戰，死亡問題，以及醫療體係中的某些惡性文化，詩作開始產生質變。

　　此時的詩作彷彿他自己的戲言「是脫星肉彈」，詩作中反諷、挖苦之味頗濃，且語言十分新穎潑辣。例如〈夢遺的地圖〉中第四段末四行：「當死亡複製著更多死亡／當快樂消滅了另外一群快樂／當快感模擬著另一次快感／當龜頭敲打著乳頭」，多麼耐人尋味。尤其〈婚禮贈言〉中，毫不避諱的使用如此句子：「你合法使用我的屄的權力」、「你的陰莖和精液」、「你的腳趾和體毛」、「你的性病和菜花」等等，完全顛覆傳統詩的美學。〈閉上你的陰唇〉乙首，語言更是尖銳更前衛「頹廢的屌和神經錯亂的屄」、「什麼垃圾皆可以倒進的你的乳溝」、「你是頭頂生瘡腳底流膿的大地之母」、「你來，我見，我被奵」等均令人嘆為觀止，形成新詩另一種「敗德」的「醜陋美學」。然而，每天這樣大魚大肉，吃久了也會膩，因此轉而進入他所自稱的「削髮為尼」的時期，開始大寫起《新詩心經》，期望佛學的薰陶，開出「五蘊皆空」的詩集。此時他不再寫人體器官，詩不再那麼盛氣凌人，轉而冷然面對人世，例如〈無眼界〉中的詩句：「關掉我的雙眼／用鼻息感知色彩」、「關掉鼻息／用嘴唇吮嚐氣味」，那樣冷冷的對世界不再熱心。

　　他希望有一種力量，能讓他頓悟，因此〈霧裡鐘聲〉有這樣的詩句：「我翹首鐘聲之中霧愈迷漫／我聆聽霧裡鐘聲愈加嫋繞不絕」，在霧中迷航，只有鐘聲能讓它悟透。

　　此時，人生已進到另一種境界，他在〈你竟膽敢高唱生命美好〉乙詩中，表示「生命化作音聲，你準備好喉嚨與心

情／試圖唱出你領略的美好」。這樣的體悟是神性的，和人本來的魔性，產生了極大的衝突，所以〈在你的體表的佈雷區域〉乙詩中，他要很細心、小心的通過：「你身體，佈滿地雷區域／我的指尖如何迂迴通過」。

我們如此仔細的閱讀陳克華的作品，歷經了他的清純、肉慾到五蘊皆空，都是探討他的短詩。然而他的力作卻是他的長詩，如〈星球紀事〉、〈愛情。神話記錄〉、〈水〉、〈建築〉、〈病室詩抄〉、〈室內設計〉及〈列女傳〉等，往往一寫就是數百行，他自稱「可以只花一個下午」就完成，連他自己都「為那強大不可解的創作驅力深感迷惑」。

〈星球紀事〉寫一個文明滅亡之後，餘生者的故事，表達了作者對「西方工業化」後心靈的徬徨和虛空，對世界上許多先進國家，盲目的發展工業，發展科技，甚至危害人類，可能會使人類滅絕的悲觀心境，但又無可奈何的無力感。

不論是寫沙漠中大幻滅的〈水〉，或是延續〈星球紀事〉的〈末日記〉，陳克華的長詩，最能顯現他寫作才能，不論結構或者是表現內容，都讓人一新耳目。尤其他在塑造主要基調的氣氛上，十分清楚，例如〈星球紀事〉中的主要基調是對世界文明盲目的發展表現悲觀，以及對人類集體傾向自我毀滅，表示無力感，都讓人能深刻的體會到，因此陳克華的長詩最能肯定他的寫作才能。一直以來陳克華是不是同志身份？是不是同志作家？始終引起人們高度的興趣。他已表明自己「出櫃」了，而且表明自己的詩異性戀看起來也會心有感動，那麼，是不是同志？是不是同志作家就不再那麼令人好奇了。

　　多才多藝的陳克華，經常展現無限的可能，不久前他就灌錄了自己的「唱片」，挑戰自己的音樂潛能。他也到各地旅行，並把旅行所拍的照片，做了攝影展。最近他表示最想出的書是「繪本」，看來他的美術能力，又有另一番發揮了。

　　陳克華在詩中，展現了無比的才情，讓人驚嘆，他在許多地方發現生命的快樂和悲傷，並以詩表現了出來。因此白靈主編的《新詩 20 家》就有如此一段佳評：「他細心耐心地解剖著人們不忍卒睹的各類肉體器官，並以阿拉和上帝之名呼喚著它們神聖的名號，宛如高唱著真理的門徒那樣聖潔和盛重，這才使得人們從遮掩的指縫間撤去羞澀虛偽的面具，重新認識這些本該純潔如赤子的符碼。」

　　陳克華的創作力仍在巔峰，時常可以看到他的新作，仍然展現他征服各種主題的旺盛企圖心。最近出版的《我旅途中的男人。們》，記錄旅途中對各色男人的觀察，文字技巧制約，意象色彩豐富，除「男人」外，他也看「庶民生活」，看各地的「傳統市場」，我們仍期盼讀到他的各式新作，引領我們前進各種美學之中。

　　　　　　　　　　　（台時副刊 97 年 4 月 14 日）

搥痛世界直達人心

── 陳黎論

　　陳黎，本名陳膺文，一九五四年生，台灣花蓮人，台灣師大英語系畢業，曾任教花崗國中，現任教於東華大學。著作甚豐，從一九七三年到一九九三年，共出版《廟前》、《動物搖籃曲》、《暴雨》、《家庭之旅》及《小宇宙》等五冊詩集，上列五冊詩集於一九九八年由書林出版公司出版為《陳黎詩集：1973-1993》。

　　一九九五年《島嶼邊緣》詩集由皇冠出版，一九九九年詩集《貓對鏡》由九歌出版，二〇〇一再由九歌出版《陳黎詩選一九七四～二〇〇〇》。二〇〇五年詩集《苦惱與自由的平均律》由九歌出版。二〇〇六年，陳黎將新寫的《小宇宙》一百首加上已出版的舊《小宇宙》一百首交二魚出版社出版，並把舊《小宇宙》第 19 頁第一句「綠色的高速公路」刪去「綠色的」三個字。

　　其他裡詩集、明信片詩集、散文集、音樂評介集、譯著及編選詩集等甚多，文學活動十分勇健。曾獲國家文藝獎，吳三連文藝獎、敘事詩首獎、新詩首獎，聯合報文學獎新詩首獎，梁實秋文學獎翻譯獎等，並獲選台灣當代十大詩人。

　　他的第一冊詩集《廟前》，是反映社會現實的詩，共分四卷 ──「水鄉」、「西遊記」、「古今英雄傳」、「廟前」。主題大都在渴望大自然、反諷城市生活及關懷勞苦眾生等，屬於社會寫實派。部分詩作，直接表達，未加修飾，卻仍能感人，例如〈阿土〉乙首：「阿土阿土，早早出門／一個便當吃兩頓／日來田中，晚來床上／日頭月亮伊睡過／／阿土阿土，辛辛苦苦／一年到頭忙播種／稻仔不長，囝仔亂衝／一年兩穫氣倒阿土」直接有力，如同杜甫的「朱門酒肉臭，路有凍死骨」，力能搥痛這個世界，能夠直達人們的心坎。

　　第二本詩集《動物搖籃曲》，仍然是關照現實的題材，但寫作方法上有了變化，不再慷慨激昂，轉而用暗示、象徵的手法，讓讀者因自己的感悟而獲得閱讀的快慰。在〈一個被連續地震所驚嚇的城市〉乙首中，他把幾組不對稱的東西配在一起，造成荒謬的效果：「黑板掉落糞坑」、「文人放下鋤頭」、「農人放下眼鏡」……這些與現實脫離的情節，使讀者感到新奇有味，留下深刻的印象。同樣的〈在我們最貧窮的縣區一月二十八日圓醮所見〉乙首，更透過錯亂的情況，來看這荒謬的世界：「兩億元新台幣，／四千隻大豬公，／四十六座牌樓，／二十三座醮壇，素食齋戒三日夜，／獻刃宰殺雞鴨魚。／／五萬多遠來親友，／十一名本地乞丐。」構成了一個詩反諷的「最貧窮的縣區」，到底是物質貧窮，還是心靈、文化貧窮？

　　第三本詩集《暴雨》，作者將以往對世界美好的幻想，落實到對土地、人們的關懷上，同時對生命、時間、歷史、文化進入更深層的思索。〈青鳥〉乙詩中，他就預言他的詩要為

千萬人歌唱:「我要讓心中一百隻、一千隻歌唱的鳥快活地／為你歌唱／為一千人,為一萬人／啊我要讓心中一百隻、一千隻歌唱的鳥快活地／為千萬人歌唱」。於是他唱出了時代對思想的監控如〈秘雕〉,他唱出了人類受苦的形貌,如〈大風歌〉,他寫到由愛大中國的幻滅,而回到愛台灣的追求歸屬感的心路歷程如〈戀歌〉。尤其〈蔥〉乙首,更令人讀後哭笑不得,心痛難忍。

第四本詩集《家庭之旅》作者的詩藝,已經進到用最平實的語言,抒寫最深刻動人的內容。以〈家庭之旅〉七首為例,作者透過家庭中成員的愁苦,探討生命的某些意涵。例如〈樓梯〉中的片段,書寫一個家庭的悲歡:「樓梯是窮人的夢／／我們夢想一棟跟別人一樣的樓房,安定穩固的樓梯／上樓。上樓。上樓／看到全世界的風景」,寫窮人之夢,多麼貼切。〈碗〉中的片段,正訴說著一個家族的悲苦,不,一個民族的悲苦:「它們在黑暗裡靜靜地躺著／陶的碗,瓷的碗／碗公,盤子,蝶子／我隨手拿起一張,打開燈／放在桌上:又是一張缺角的碗／吃飯的時候割過我的舌頭／喝湯的時候燙過我的嘴唇／七歲那年,我第一次打破你／跟著一地的藥水和／滿屋子的咳嗽／母親說:苦,苦才會快好」以一個家庭的苦去代表所有家庭的悲苦,而直指出:「苦才會快好」,然而,苦夠了人們,真的快好了嗎?

第五本《小宇宙》,出版八年後再加上一百首,共得二百首現代俳句,由二魚出版公司出版。最初的一百首,莊裕安說是沿用了巴爾托克的一百五十三頁 Mikrokosmos 的標題,但並沒有如巴氏一樣,預設教育目的。二百首俳句都是以三

行的形式書寫，三行可以留下較大的想像空間，形式詩多義性，由不同的讀者，解釋出不同的滋味。三行詩的限制，仍然限制不了陳黎靈活的思考創意，例如第五十一首：「雲霧小孩的九九乘法表，山乘山等於樹，山乘樹等於／我，山乘我等於虛無」機智、詼諧，妙極。有時簡單而妙，如第五十二首：「天空用海漱口，／吐出白白的／雲朵，夜用星漱口，／吐出你家門前的螢火蟲。」有些則要動一動腦筋，例如第五十三首：「回力球般急旋入夢，反彈／復反彈的／深夜的狗吠。」為什麼是「深夜的狗吠」？我看人言言殊吧？

　　第六本詩集《島嶼邊緣》是一本以後現代方法，展示對本土之愛的一本書。詩人身居花蓮，說是島嶼邊緣，未嘗不可，以台灣島來講，東台灣確實開發較慢。不過，不論從客觀環境或主觀心境，這種邊緣心態，正是他寫出與眾不同詩篇的原因。由於對後現代理論的認同，他對邊緣的肯定是正面的，更往邊緣開拓，因而充滿自信與歡欣。他的後現代詩篇深入事物的深處、極小處，不但兼及自己的私密，也與公共議題正面相關。他以詩來印證自己的生活、際遇，所感所思。從〈不捲舌運動〉乙首中的饒口令：「石氏嗜詩，嗜食死屍，使十侍」入詩及〈島嶼飛行〉的羅列大量山脈名字：「馬比杉山　卡那崗山　其寧堡山……」大大的顛覆以往的詩學理論。廖咸浩認為陳黎：「非常具體的證明了，唯有設身《島嶼邊緣》，我們才能看清生命。」真的，我們感覺詩人對島嶼的感情是豐富而深入且認真的。

　　第七本詩集《貓對鏡》，這一本詩集，更展現了詩人對拆詞換字、借字詞產生聯想、詞性轉換以及雙關語的運用更臻

成熟。同時展現了詩人想像力和靈視力以及慈悲心。整本詩集透過貓的眼睛看世界，已不是原來的世界。英國哲學家吉爾伯特‧萊爾（GilbertRyle）在〈構想與看見〉乙文及胡賽爾（Edmund Husserl）的「訴諸事物本身」，都可以找到「現象學」在詩人詩作轉換視角的立論基礎。從〈對話－給大江光〉乙首，除了可以看到詩人巧妙的拆字如利用杜甫詩句「月湧大江流」及運用對比、對立的意象增加詩的鮮明度外，更可以感受到詩人慈悲的心靈，整首詩透露著詩人對大江光無法改變的缺陷，寄以極大的同情，對大江光克服缺陷，成為大音樂家，所表達的讚賞，在詩中不斷的隱隱流出。

第八本詩集《苦惱與自由的平均律》，仍然繼續寫作者對世界及對生活的感受。他運用語字，甚至圖象符號，表達他的生之困惑。從〈連載小說：黃巢殺人八百萬〉乙首，全篇只有殺殺殺一路殺到底，並且沒完沒了加上「待續」兩字，令人毛骨悚然。這種只可有一，不能有二的作品，還有〈消防隊長夢中的埃及風景照〉等數首，讀者對詩人玩詩的功力，不得不佩服。對喜歡後現代作品的讀者，對陳黎和夏宇兩位拆解文字，驅遣語言的功力，印象深刻。本書後面附錄「陳黎書目」洋洋灑灑，有四十四本之多，加上王德威編的《陳黎作品評論集：在想像與現實上走索》，是可供愛讀陳黎詩作的人士參考研究之用。

總之，陳黎的詩作之所以引人注目，首在他的創意，莊裕安說他：「那種玩弄諧音與意象，寓世故於天真，都讓人永誌腦海。」他是一位能駕馭詩的詩人，舉目所見，無不可以入詩，傅士珍說他：「舉凡孩提時替母親跑腿上市場的記憶

（〈蔥〉），校園裡學童的灑掃庭除、缺牙學舌（〈在學童對面〉）……乃至電話插撥，電腦輸入，廣告用詞，宣傳標語，無一不能入詩……。」可以說是真正的現代詩人。《島嶼邊緣》詩集中，〈戰爭交響曲〉乙首，一整面斷手斷腳的兵，令人對戰爭的印象，十分鮮刻。奚密認為他是「堪稱世紀末台灣最迷人的吟遊詩人」。他用心追求，嚴謹自律，探索詩美學，不論古今中外，皆努力以赴，賴芳伶稱讚他：「展現穿梭抽象具象時空的能力。」

　　〈木魚書〉中說：「……我所有的只是杜撰……」令我思索良久，何以陳黎能杜撰得如此真切，如此命中人生？

　　　　　　　　（台時副刊 96 年 12 月 12-13 兩天）

寫活生命容顏歲月悲喜

── 蘇紹連論

　　蘇紹連，筆名米羅・卡索，以前更用過蘇少憐為筆名。一九四九年十二月八日生，台灣台中人。台中師院語文教育系畢業，曾任沙鹿國小教師，現已退休。《後浪》、《詩人季刊》和《龍族》詩刊創辦人。著有詩集《茫茫集》、《驚心散文詩》、《隱形或者變形》、《雙胞胎月亮》、《台灣鄉鎮小孩》、《童話遊行》、《草木有情》等。曾獲《創世紀》二十周年詩創作獎、時報文學獎敘述詩獎、新詩評審獎及首獎、國軍新文藝金像獎詩銅像獎及年度詩獎等多項。現為《台灣詩學》季刊同仁，《吹鼓吹詩刊》主編。

　　蘇紹連於一九六九年寫了第一首詩〈茫顧〉，請小說家洪醒夫帶到台北交給周夢蝶尋求指導，周氏一看大喜，立刻推薦給當時各詩社聯合組成的「詩宗社」，發表在第一號叢書《雪之臉》上，他不凡的表現立刻引來詩壇的注意和喝采。於是他的超現實主義方法，散文詩的形式，戲劇性的人物變形設計以及悲劇性的生命情調風靡了詩的讀者。

　　出版於一九七六年的《茫茫集》可以說是一本重要的詩集，談台灣現代詩發展的人，一定要提到它。蘇紹連在這本

詩集中展現了將現實超現實化，將古典素材現代化的能力。尤其第四輯裡的古詩重寫，不但不是這些古詩的延伸，而是再創造。例如他把柳宗元的〈江雪〉改寫成：「江血／孤老／獨吊／而／死。」即藉由「江雪」轉變成「江血」，「獨釣」變成「獨吊」，令人驚異。「詩從柳宗元自然謐靜的構圖卻實現血跡和孤絕的現代意識。」（參閱簡政珍〈蘇紹連論〉）。

　　在《茫茫集》尚未出版之前，他就獲得了《創世紀》二十週年詩獎的肯定：「運用多變的意象和戲劇性的張力，為現代人繪出一顆受傷的靈魂。」一九九〇年《驚心散文集》由爾雅出版時，洛夫也在序中肯定他：「在這些詩中企圖表現的既不是動人的溫情，也不是空靈的境界，或高妙的詩思，而是生命中冷酷的負面經驗，以及常人忽略的事物真性。」詩評家張漢良也在《現代詩導讀》中稱讚他：「是台灣青年詩人中最傑出的一位。」早夭的詩人評論家林燿德也在〈黑色自白書〉乙文中稱讚他：「他沉抑的悲劇意識和陰沉的觀物態度，在創作生涯裡，一直飾演著一本黑色自白書的角色，總是道出了悚涑中的悚悚。」

　　因此，我們對這樣一位傑出成就的詩人，有一探其詩藝的高度興趣。

　　第一，富於變化和創新意識：古繼堂在《台灣青年詩人論》乙書中說他在六〇年代末和七〇年代初起步寫詩時，深受現代派文藝思潮的影響，《茫茫集》有一種自我否定，四顧茫茫的意味。一九七一年時與林煥彰、辛牧、喬林、施善繼、蕭蕭等共組「龍族詩社」，主張「舞自己的龍，敲自己的鼓」，頗有由西方回歸東方之意，〈三代〉及〈中國的圍巾〉即為明

顯的作品。後來的《童話遊行》、《台灣鄉鎮的小孩》等，則是童詩或極淺近的詩，我曾在《詩人季刊》發表：〈一把很好的雕刀〉乙文中說他應注意語言不要太散文化。簡政珍也認為這樣雖擺脫了以前某些文字遊戲之嫌，但詩的濃郁氣氛卻也稀釋了。看來變化和創新是否仍須保持當年詩中的韻味，仍然值得深思。

　　第二，不斷磨練變化寫作技巧：蘇紹連一開始寫詩，即以暗喻的技巧，呈現自我心境的觀照。他特別善於運用各種語言的歧義，來烘托自我的掙扎和矛盾。在訓練過一段時間之後，他開始擴大視野，向外面的世界探索，例如〈門〉、〈中國的圍巾〉、〈三代〉等。寫作的表現形式也頗有變化，例如〈比翼鳥〉即頗有可觀。〈妻種荷〉也令人對其一下子四言格律體，一下子兩截分段詩，常中有變，變中有常之作法，印象深刻。（參閱林燿德〈黑色自白書〉）。到了《隱形或者變形》一書出版，我們又讀到了各種事物的變奏，蘇紹連把眼睛所看見的，加上事後的回想，加以變奏，產生出新的事物，建構出新的人際關係。陳義芝在序文〈詩的形象，世界的萌芽〉乙文中，大加讚賞其寫作技巧：「蘇紹連以淒艷絕色的意象、溫柔慈悲的心，寫活了生命的容顏，歲月的悲喜。」

　　第三，觀物角度的特殊：我們再三研讀蘇紹連的詩作，發現他的寫作技巧傑出，富於變化和創新，完全植根於他觀物角度的特殊，他看到了非常人所能看到的表面。因此李癸雲以「黑色的《爾雅》」來稱呼蘇紹連一貫冷硬、驚悚的詩作。」蕭蕭也認為蘇紹連的詩是「物的驚悚本質之挖掘」。蕭蕭認為蘇紹連所描寫的物都是平凡之物，可是他卻能以十分驚悚的

要領表現出來，令讀者印象深刻。他的兩本散文詩《驚心散文詩》、《隱形或者變形》，不論是寫器物或寫動物，以至於寫人體器官、天象氣候，蘇紹連都以特殊的角度看這些事物，然後以非凡的方法，讓這些看似平常的東西，展現非尋常的樣貌，震撼讀者之心。同樣寫「淚」，羅門卻看出了蘇紹連不同於陳子昂的「前不見古人，後不見來者，念天地之悠悠，獨愴然而涕下」之淚，也不同於里爾克在「時間之書」中的淚，他說蘇紹連「站在現代的生存層面上，一方面重視前人的感知，一方面加進現代人的感知。」由此可證，蘇紹連觀物的角度，為其詩作特殊的重要因素。

　　第四，自己一套獨特的人生哲學：蘇紹連之所以能以特殊的角度觀物，完全是有一套獨特的人生哲學。例如他認為人生的本質荒謬，他就藉由〈修女〉、〈嬉皮們〉、〈隱形者〉、〈夢遊患者〉等詩，去表達他對人存在的荒謬之看法。比如他以〈七尺布〉去歌頌母愛又表達人生痛苦的荒謬，人活著的自相矛盾之痛。再說〈地上霜〉乙首則表達時空、自我的離合，自我個體的分崩離析，令心驚心動魄。他認為人生是悲苦的，所以他就以散文詩的形式表現人生悲劇的本質。他所用的方法如〈水桶〉乙詩，即人物的自我變形，泡在水桶中的身體和垂在桶外的手，一個是陰冷灰青，一個是紅腫燃燒，對比令人驚悚。《隱形或者變形》詩集，更是把自己和物互相轉位，互相隱身，甚至互相變形，蘇紹連自己從小就夢想隱形、變形，因此他的寫作方法，表現方法，完全植根於他的人生哲學。（參閱蕭蕭〈蘇紹連的生命主軸與藝術工程〉)。

　　第五，形式的堅持：雖然古繼堂、林燿德等都認為蘇紹

連數十年來作品富於變化和創新，主題由點擴充為面，形式也有某些實驗，由多元轉向單純，結構也由單調解放為複雜，語言也由稠密趨向淺白，意識由內省轉向現實的批判，但其表現上仍以散文詩形式居多。台灣現代詩壇一談到到散文詩，馬上就會聯想到商禽、渡也和蘇紹連。蕭蕭認為以蘇紹連的創作量最豐，不僅堅持散文詩的外在形式，甚至於連散文詩的戲劇結構也十分堅持，可以說是蘇紹連式的散文詩。

　　從一九六九年寫詩至今已近四十年，蘇紹連除了參與詩社、出版詩刊、推動詩運外，作品就是他有目共睹的成績單，陳義芝以「天才詩人」來稱讚蘇紹連，我卻看到他孜孜不倦，騎著瘦驢尋詩，彷彿踽踽而行的李賀。

　　　　　　　　　　　　（台時副刊 96 年 9 月 18 日）

現代的胚體古典的清釉

── 鄭愁予論

一、為什麼鄭愁予迷人盛況歷久不衰？

鄭愁予的詩一直為多數人所喜歡，他的詩集打破了「詩是票房毒藥」的流言，十分暢銷。以《鄭愁予詩集 1951～1968》為例，到 2003 年 8 月止，初版就印了 64 刷，第二版至今多少刷，尚無統計數字。以志文出版社的新潮叢書 17《鄭愁予詩選集》為例，據非正式的評估，也在百萬冊以上，令人讚嘆、欣羨。

許多比他年輕的詩人，作品中常可看到模倣鄭愁予筆法的痕跡，甚至楊牧在葉珊的時代，語言風格亦深受鄭愁予的影響。他那抒情得出神的筆法，夢幻般的魅力，以及迷人的意象，不知風靡了多少人。出版有詩集《夢土上》、《窗外的女奴》、《衣缽》、《燕人行》、《雪的可能》、《刺繡的歌謠》、《寂寞的人坐著看花》等多種。洪範書店又將上述詩集合刊成《鄭愁予詩集 I（1951～1968）》及《鄭愁予詩集 II（1969～1986）》兩部，影響更是深遠。

筆者多年來一直有一個疑問：鄭愁予到底成功在哪裡？

為什麼他的作品幾十年來對詩界的影響一直不衰？許多評論者都紛紛評他的詩作，甚至研究他的詩而獲得正式的碩博士學位，理由在哪裡？這就是我寫作本文的動機。

二、少年初識愁滋味

　　鄭愁予本名鄭文韜，河北人，1933 年生在一個軍人的家庭。祖父曾是清朝官吏，二伯做過慈禧太后的御林軍，父親進了舊制的軍校，成為職業軍人，參加了國民革命。

　　他並不是在故鄉出生的，而是在山東的濟南市。出生後不久就到了北平，後來又到了南方，隨著父親不斷的遷徙，在襁褓中就旅行了不少地方。

　　抗戰末期，他伯父、叔父以及他們會合了住在鄉下，那時他才 12 歲，已經開始看書了。他有個二堂兄是位愛國青年，手抄了許多詩、散文、小說，幾乎包括了二十年代稍有名氣的作家作品，他多少都抄一些，因此他也在此時奠定了良好的新文學基礎。

　　初中二年級時開始寫詩，他的一些親戚們都已經念大學了。北大國文系的學生在夏天組織一個讀書會，他因此讀到更多的詩集。在學校裡，出壁報、寫詩，是鄭愁予走入詩生活的開始。

　　抗戰吃緊時，他們離開北平，撤退到了漢口。漢口有一份《武漢時報》，上面有文藝副刊。他寫了幾首詩投去，竟蒙編輯重視，排印在刊頭，且用墨線打了框。一些有名的詩人反而排在後面，編輯胡白刃還寫信邀他去面談，這對一個初

出道的十五、六歲年輕詩人，真是莫大的鼓勵。

三、樹立自己獨特的風格

民國三十八年，鄭愁予到了台灣，住在新竹，在新竹中學念高三。當時台灣文藝刊物水準不高，因此他沒有興趣寫，只偶爾在同學的紀念冊上題詩。直到民國四十三年，他發現了一個文藝刊物《野風》，終於發表了他在台灣寫的第一首詩〈老水手〉。野風既給稿費，數目又不少，使他十分興奮，因此陸續在野風發表詩作，在野風中成長。

當時詩壇前輩紀弦、鍾鼎文、覃子豪等人對他十分賞識。紀弦更拉他參加「現代派」，成為當時現代派的主力，與詩人方思、李莎、林冷、葉泥、商禽等人時常聚會唱和，他的寫作技巧也越來越成熟，詩的視野也越來越廣闊。

鄭愁予在野風發表詩作到現代派成立，及至於《夢土上》的出版，他的作品都一直保存著一貫的風格。這與當時紀弦所強調的「現代派六大信條」相去甚遠，但他仍能保持自己的特色，不受主流詩壇的影響，正是其成功的主要關鍵。詩評家沈奇曾以〈美麗的錯位〉，來肯定他是一位「早慧的詩人」。

即使後來《陽光小集》詩刊第十號推出〈誰是大詩人〉，對鄭愁予有如下的評語，而不影響他我行我素的風格：「抒情浪漫，貼切可親，自然樸實與技巧成熟的作品都很動人，聲韻最美，流傳也最廣，開創了現代詩的情詩境界，是台灣最佳抒情詩人，其作品以情感，適合青少年做夢，但不夠冷靜

審視，後期作品尤其浮泛、空洞，可見其近年來功力銳減。」評語部分肯定，但後面幾乎全盤否定，尤其同時指出：「在使命感、現代感、思想性方面，得分偏低，現實性得分更出奇的低。」如果詩人照這些批評去寫，他就不是今日的鄭愁予了。

四、他的詩作有什麼特色？

鄭愁予詩作有什麼特色？我認為如下：

第一，詩中充滿繪畫性和音樂性；他寫山和海，彷彿山與海的壯闊就在眼前。他的詩中，經常出現「藍色」、「白色」、「青色」等美學。他自己有自己的浪漫主義和超現實主義，他就常在單一和多重顏色之間遊走，在詩中使浪漫和超現實幻化，使他的詩產生一種特別迷人的風采。尤其是音樂性，他的節奏非常特殊，有人試圖把他的詩翻成外文，但常碰到無法重現原韻的窘境。他的音樂性又和一般句尾押韻不同，常在字裡行間出現一種十分獨特的節奏，例如「那等在季節裡的容顏如蓮花開落」、「這次我離開你，是風，是雨，是夜晚；」「我要摘下久懸的桅燈／摘下航程裡日後的信號」、「是誰傳下這詩人的行業／黃昏裡掛著一盞燈」，舉不勝舉。向明說：「詩，如果是智慧的語言，鄭愁予的詩就是最好的證據，充滿了繪畫性與音樂性，鄭愁予的詩和瘂弦的詩，是當前現代詩壇最為人喜愛，就因為他們的詩都具有這種美。」

第二，詩中有古詩詞的韻味：鄭愁予詩中，常有古詩詞轉換的痕跡，又不十分明顯，也就是保有古詩詞迷人的地方。

例如：「東風不來，三月的柳絮不飛／你底心如小小的寂寞的城」、「一條寂寞的路便展向兩頭了／念此際你已回到濱河的家居」、「百年前英雄繫馬的地方／百年前壯士磨劍的地方／這兒我黯然地卸了鞍」，可以說十分中國味。所以楊牧說：「鄭愁予是最中國的中國詩人。」管管也說：「現代詩人中，從古詩的神韻中走出，愁予表現了生命的完美，其語言、生活習慣、精神、風貌，能將古詩與現代協調而趨向完善，有中國古詩的味道，但能植根於現代生活，不是抱殘守缺之流。」許多新詩用「生疏惡劣的文字表現現代感」把讀者嚇跑，詩人應感謝鄭愁予起碼能拉回讀者，怎可批評其不夠現代？沒有冷靜主知？

第三，飄逸灑脫的詩境；這一點也是愁予迷死人的特色。鄭愁予喜歡遊歷名山大川，喜看遊俠列傳，因此在詩中常顯現出其浪蕩不拘的天性。當然有時多少也承襲自徐志摩詩中的瀟灑。

例如：「我從海上來，帶回航海的二十二顆星。／你問我航海的事，我仰天笑了⋯⋯」我仰天笑了，一副灑脫，不拘小節的詩人身影，彷彿如在目前。彷彿徐志摩寫〈再別康橋〉一樣，同等灑脫迷人。楊牧說：「這是中國有新詩以來難得一見的金玉佳構。」誠不虛言。

五、結　語

鄭愁予的作品當然還有其他特色，尤其是沈奇指出的：「鄭愁予選擇了一條邊緣性的，可謂『第三條道路』的詩路

進程。一方面，他守住自己率性本真的浪漫情懷，去繁縟而留絢麗，去自負而留明澈，去浮華而留清純，且加入有控制的現代知性的思之詩；另一方面，他自覺地淘洗、剝離和熔鑄古典詩美積澱中有生命力的部分，經由自己的生命心象和語感體悟重新鍛造，進行了優雅而有成效的挽回。由此生成的『愁予風』，已成為現代詩歌，感應古典輝煌的代表形式：現代的胚體，古典的清釉，既寫出了現時代中國人（至少是作為文化放逐群的中國人）的現代感，又將這種現代感寫得如此中國化和東方意味。」可以說已全面指出鄭愁予詩作中迷人成功的重要因素。楊牧說「鄭愁予的三卷詩集，份量遠勝過許多詩人的總合」，我們不希望這是「定論」，我們希望迷死人的」鄭愁予，還會再寫幾首，甚至幾本迷死人的詩集，我們衷心盼望著。

（世界日報湄南河副刊 95 年 4 月 24 日）

山色有無中

—— 愚溪論

一、幸福的聆聽者

　　愚溪，一個修行者，以完美的宇宙福音，試圖以詩歌之美呈現，加上自己的思辨智慧，形成獨特的詩作風格。以下我擬就愚溪發表在《創世紀》詩雜誌的兩首長卷，一探愚溪的書寫內涵及書寫策略。第一首是《創世紀》139 期的〈被記憶所遺忘的舊時器 —— 17‧23 七夜待大事〉，第二首是《創世紀》140 及 141 合刊特大號的〈西南之感應，緣起於 2001 白露〉。這兩篇作品，詩人是幸福的聆聽者，他聆聽到了來自宇宙非常深奧的福音以及平凡眾生間非常凡塵的福音，這兩種福音，透過愚溪的詩筆，傳達給讀者，於是我們和作者都是幸福的聆聽者。

　　愚溪詩歌的「深奧」和「凡塵」內涵，可以從辛鬱訪問愚溪的問與答中可以窺到部分軌跡：

　　問題 1：談談您如何與詩結緣。

　　問題 2：在您的詩中，有一種特殊的情感，傳達出與一般新詩不同的意味，您是如何處理的？

這兩個問題，愚溪的回答，就有這兩方面的內涵：

（一）屬於宇宙奧秘的：「有時，觀看寧靜的東海太平洋水天，海印三昧如鏡；有時看那北極星在夜空中點燃一盞盞永不熄滅、離垢不染的種子燈焰；有時在大暑九天，白日的光明遍照下，徘徊波光綠水所渲染蒼鬱的藍……是一種對宇宙萬物生之奧秘神聖莊嚴的紀錄；我認為就像無底鉢 ── 一只空不空的容器，如夢似真，卻從未被污染最原初的處女記憶體出生，如是凡所有普及于一切大自然的 ── 一味，一枝草一點露；山嵐輕霧，天然妙湛。」

（二）屬「凡塵」的音聲：如「我常年居於海畔、山邊，接受山風與海風的薰習，我喜歡古農村的生活步調，古農村的情感節奏，古農村諸般事與物的韻律。我經常懷念兒時在雨中耕作的母親，喜歡童年鄉間割稻收成的野宴，我經常憶念兒時故鄉的棉花田……」（引自《創世紀》139 期頁 63）。

這兩方面的福音聆聽，我將把它們定位為「人性的書寫」及「神性的書寫」，以便進一步探討愚溪在接受訪問時所說的：「化成一種另類的『將此心奉塵剎』，也是宇宙萬物一切大愛、真實情感的出口。」然後才能真正進入愚溪獨特的詩的世界。

二、有關人性的主題書寫

從兩首長卷中，我們不難找到許多十分人間的人性書寫，由於這種人間的素材，人人均可時時得見，非常熟悉，如果不是詩藝的嫻熟掌控，要想表現突出，十分困難：

九十一歲的老父在想念伊的二兒子
返本還源
追憶換來空相憶
一道靈符封印無畏城
天女散華落　蕊蕊鮮紅如火
沿溪澗奔流……

（被記憶所遺忘的舊時器 ── 17・23 七夜待大事）

　　愚溪以老父想念二兒子引出人間的親子關懷，透過靈符、無畏城、天女散華、溪澗奔流……等意象，並不直言人間親情關愛，而以這些意象暗示，閱讀時即因聯想而產生的多種意涵，使詩有了十分豐美的故事性。他的人間性十分現代，甚至年輕人的用語「一直還在 stand by」以及「手指按下 e-mail ── 永遠接收的等候鍵」，都進入詩中。有時為了和生活沒有距離，一般人熟知的事物也進入詩中：

原鄉子民選擇含水量 14.5 度的蓬萊米
做荷葉飯，香又Q
晚歸的遊子採朵新謝的曇花
滾水氽燙後再冰鎮
待明日遊途勞累時解渴
畫家愛畫自畫像
攝影家愛自我寫真
小說家愛說自己的故事

小女孩愛傾聽別人的心聲

（被記憶所遺忘的舊時器 ── 17．23 七夜待大事）

　　許多神性的述說如果不加上人間的書寫去充實，讀來將會有莫測高深不知所云之感，詩將如受水災氾濫的陸地，被神性的符碼所淹沒。

　　另如第二首長卷〈西南之感應，緣起於 2001 白露─處暑駐足處女黃經 165°〉亦有許多人間性的書寫如：

人煙稠密阡陌交通　靈雞司晨
老樵翁夜來煮茶

　　引出了地點、人物、事件，從凡塵中去孕育出超凡入聖的真理。於是乃有：

三千年前一凹老沽塘
新開蓮花數萬朵
不知　是誰反掌風月鏡頸
旅人獨行空山小徑
忽碰觸寂靜空明

　　於是，愚溪的心中有蓮花數萬朵，讀者的心中也有了蓮花數萬朵，作者和讀者都忽然碰觸到了寂靜空明，頓悟於焉產生。

三、有關神性的主題書寫

要瞭解愚溪詩作的神性書寫內涵，我們還是先回到辛鬱訪問愚溪的問答：

問題 8：您佛學方面有極高的修為，您如何運用此一修為導入詩創作，並使之普遍化？

答：佛學浩瀚，還以性靈為中心，詩歌為妙趣，總以『性天真』最初的格式化為基礎母語。在這個渾沌的時代，更應該展露新覺解文化的生命力，讓世人感受到一種不是因為什麼哲理，或什麼型式的主義，而是由人性中自然流露出來的真愛，去滋潤乾涸枯寂的現代人的心靈語言的導引。如美麗的東西像流水，誰也留不住，這裡，每年深秋霜降，有滿地紅葉鋪成世界最美的山路……

（引自《創世紀》139 期頁 69 頁）

名詩人張默和辛鬱兩位與愚溪最有接觸，深深瞭解愚溪對佛學的深湛造詣，乃由辛鬱出面訪問，由一問一答間，我們不難體會愚溪詩藝在佛學體悟方面的功力，例如：

> 深谷小徑，落葉敲響秋聲
>
> 清淨的雲空忽現無明的泛紅
>
> 西風揚起驚爆的塵沙
>
> 十方剎海被彌天的幻網席捲入五蘊魔宮
>
> 朵朵不安的念，跌入識海隨浪花起舞
>
> （西南之感應，緣起於 2001 白露 —— 處暑駐足處女黃經 165°）

　　愚溪將佛學的內蘊，透過深谷小徑、落葉秋聲、清淨的雲空、無明的泛紅、驚爆的塵沙、十方剎海、五蘊魔宮、識海的浪花等意象，作完美如實的表達，並不直言佛曰如何如何，佛理又是如何如何，透過這些暗示，閱讀心靈自然產生聯想與佛理契合。

　　再舉同一首詩的片斷，是這首詩最迷人之處，如同詩人與讀者都在同一星空下湖邊眨睛睛：

　　　　星空下有座藍弓湖，變化密移
　　　　日出先照半月池塘愛眨眼睛
　　　　水墨一閃一亮色染漫畫
　　　　含淚相送黃昏
　　　　漫山的紅葉連晚霞
　　　　筆鋒一點一滴打亮星空，不再鄉愁
　　　　夕暉接走落日遠離天際
　　　　一場盛宴八萬四千人參加

　　眨眼睛即是領會體悟的暗示，心理學上人離開母體，即有鄉愁，懷念母親子宮的鄉愁與遊子懷念故鄉的鄉愁均出於同一心理，但在漫天的紅葉連晚霞中，心中的星空被詩人的筆鋒一筆一筆一點一滴打亮，一種全然的自我，心中如同夕暉接走落日遠離天際，一大群人參加這個盛宴，參加這種體會妙悟。這種宛如黑暗中透露點點燈光的靈悟，可以說歸功於詩人深湛的佛學造詣。其他還有在同一詩的某些詩句：

　　落謝的影子含情種
　　新生的果實怯別母體
　　風之谷拳收十方風暴
　　雨之神釋放傾盆大雨

　　這種對大自然的體悟，詩人辛鬱與愚溪的問答中又可瞭解一些：

　　問題 9：請談談「和南寺」吧。我曾留宿一夜，聽名家的古琴獨奏，享受海浪海風和奏的寧謐，真是妙極。您常往「和南寺」，講經、寫詩、運思，感受必然更多更妙也更深切，能否說說，讓眾人分享！

　　答：竟日看山看水、聽風聲、聞海潮……與廣闊無邊煙波浩瀚的太平洋為伴，當初 — 是為了給自己找一處專心讀書創作的地方，並一探東方哲學的思想領域。在那段心無旁騖的讀書歲月裡，在語默動靜皆是禪的生活啟發中，點點滴滴，愈深入其間便愈發驚歎覺者浩瀚無垠的智慧海，乃是提升生命、內化為高度尊貴的美麗莊嚴，心中深受感動！就如在小說《天行露》裡，將山寺納風亭畔的欖仁樹寫成〈湛葉日記〉：

　　「濱海，一脈青青山巒。
　　它，是群山樹叢中小小一片葉子，小小新發的欖仁樹嫩芽。……」

以及詩集《愚頑樂》中的〈湛葉別記〉：

「納風亭畔兩棵欖仁樹中　正好看日出
一張老藤椅倒映月光 23 年
呼喚往昔記憶回今
我聽到伊心底的秋意
夢想　手提一只空空的竹籃走過千峰
相遇　已在月森林裡流轉了幾千年
一對紅嘴黑鵯在樹間露了縱跡
雙飛雙入 300 分鐘玩遊 100 遍
閒裡逍遙在老藤椅上看築巢
一整天　是誰忘了時間
讓事件一遍遍重複的演
每次都是那麼新鮮……」

　　還有小說《蕊香漩澓》中，「造福勝境」、「和南時瀑」，以及神秘「水之源頭」：溪流的源頭，是一方不起眼的池水，岩池的頂端，矗立著直挺峭拔的石壁，石壁上沁透著薄薄的山泉，無聲無息地匯入池水中。好不容易披荊斬棘來到了溪水的本源，看到的卻是不怎麼起眼的水之源頭，應行布感到有點失望。雖尋不著想像中的和南時瀑，但他仍深深喜歡上這靜謐透涼的水源頭，往後總愛獨自來到這裡，汲水煮茶。……

　　今夜的大海，就像那日美麗的薩婆若海；不同的，只是月兒如鉤。忽然，一道細而亮的光，照臨到瀑布上，把應行

布從無限邈遠的國度，拉回現實世界。……

　　　　　　　──《蕊香漩渡》29·「和南時瀑」

　　隨緣應機地，偶現於裏許的故事場景，皆是在和南寺觸目皆真的故事。

　　（引自《創世紀》139 期頁 69-70）

　　從這一段問答間，我們就知道愚溪在看山看水，聽風聲海潮聲中，將他內在無限高深的佛理修為，化為他的創作，包括小說和詩歌。有些屬人間性的固然人人如親目所見，但有些神性的則彷彿不易了悟，彷彿不存在，有些意象裏更似莫測高深，不可思議的情景，一再出現，愚溪憑藉他強大的記憶力和想像力，把記憶和想像交融，成為一位導覽者，熱切的訴說，有時由於太熱切，竟忘了詩的含蓄性，但是這反而給讀者一個切入的窗口，並非完全失策，概大量的鋪陳，正好可以接近群眾，反而增加詩作的傳播效果。不論是「人間性」或是「神性」，在詩作中往往透露著一種私密性，和現實仍有些距離，告白的方式，反而成為接近讀者的很好方法，表現手法上淺白，道理卻深奧，是愚溪兩項書寫內涵的重要成就，讀者把這兩首長卷詩作再仔細研究就會覺得此言不虛。

四、愚溪詩作的書寫策略

　　愚溪詩歌的外表形式彷彿十分淺白的口語，但內涵卻是概括了神性及人性的書寫，如何調適這兩種內涵而不變成散文的鋪陳，在在需要書寫策略及寫作技巧。現象美學家羅曼·英加登（Roman Ingarden 1893～1970）就把文學作品分為五

個層次：1.語言現象　2.語意單元建構　3.表現客體層　4.意境圖示層　5.形上性質層（《對文學的藝術作品的認識》台北商鼎文化出版・陳燕谷等譯）。並且說：「各個部分既統一又獨立，同時位於兩個難度之間」。我們要進入愚溪的詩歌世界，必須先瞭解文本的語言現象和語意建構，然後才研究他所使用的意象即表現的客體，然後明白他有什麼樣的意境圖式，從這些詩人所呈現的語意層次線索，進而深入形上性質層，把概念性極強的東西具體化。詩歌本來就不是論文更不是呼口號，也不是規過勸善的文章，沒有具體意象的呈現，光是一堆概念化的敘說，詩歌將流於淺白乏味，沒有回味的空間，印象不深刻。以下我擬就愚溪的書寫策略做數點論述：

　　第一，愚溪的兩卷長詩，均以一點一滴去構成整個面，以許多則小故事去構成如長河小說的書寫。例如〈被記憶所遺忘的舊時器 ── 17・23 七夜待大事〉乙首，就可分成十四首小詩，概分如下「十方剎海一卷葉…到遍處共生的根瘤菌安定空氣中的氮」為一則，第十一行到第二十六行為一則，第二十七行到第四十二行為一則，第四十三行到第五十五行為一則，第五十六行到第七十行為一則，第七十一行到第八十二行為一則，第八十三行到第九十五行為一則，第九十六行到第一百一十行為一則，第一百一十一行到第一百二十七行為一則，第一百二十八行到第一百三十五行為一則，第一百三十六行到第一百五十行為一則，第一百五十一行到第一百六十一行為一則，第一百六十二行到第一百六十九行為一則，第一百七十行到第一百八十五行為一則，一共有十四則小詩或小故事。這種由點而面的寫作手法，後現代稱為「拼

貼」，其實宇宙萬物都由這種細微的分子結合而成，學者專家取了一個名字「拼貼」既有學術性又便於記憶。讀者不妨將愚溪發表在創世紀第 139 期的這首詩拿出來加以檢視，畫分出以上各節，則首首均為獨立成篇的詩章。另一首在 140 及 141 合期的詩〈西南之感應，緣起於 2001 白露—處暑駐足處女黃經 165°〉就不再細分，讀者自行劃分看看，你就可以發現其中奧妙。我在欣賞愚溪的詩樂〈白馬入蘆花〉時就已感到那種分段波浪起伏，時而完成，又時而開始的快感，讀者不妨拿來試聽便知。

　　第二，愚溪詩作以意識流的手法，將過去的記憶和現在的處境以及未來的憧憬共構成一首詩章。創作者常常以自身的經驗入詩，而且人的意識流動十分不規則，有時看到眼前，忽而又回想到過去，也可能立刻瞻望未來。以〈西南之感應，緣起於 2001 白露〉乙首為例：屬於記憶的，隨手拈來就有「昔日橋接的通路聚散兩端的人情／劇場串連夜天，天黑人散」、「暮色滄溟…在濤峰裡浪游的討海人／不知何時能歸航？」詩人出身彰化海邊，下午廣場上演各種謝神戲，人們來自四面八方，直到天黑各自回家，鄰居討海人，出海時不知何時方能歸航？（或因風浪而一去不回），愚溪書寫這些記憶，其他例句尚多，讀者請自行挑出。寫現今的鄉下人在院子裡樹下泡茶：「人煙稠密阡陌交通　靈雞司晨／老樵翁夜來煮茶／有壺咕咕啼至天明」及自己旅行各地的心情：「旅人獨行空山小徑／忽碰觸寂靜空明」，這些都是當下所見所聞所感。至於心思企盼未來也有：「乘希望之翼浮遊空濛的有情世界／朱紅的霜秋印泥遍拓金色大地」，以及「願　山之巔那棵天中意樹／能再

出生無盡寶藏」。這樣現在、過去、未來的意識流動,詩人把它捕捉下來成為一首長卷,讀來思潮隨之起伏波動,感受良多。

五、結語:詩樂飄飄處處聞

辛鬱在訪問愚溪的專文中,問到愚溪如何與詩結緣,如何在詩語言上下功夫而使語言自成一格,如何使詩作具音樂性和節奏感而易於譜曲,如何與許多位知名音樂家相知相惜,又如何使多部詩作發展為音樂劇,進而榮獲金曲獎…由於篇幅關係不再引述申論,請讀者自行參考《創世紀》139期。你將可以進入愚溪詩作的奇妙世界,若能進一步聆進其詩樂,你將會有「仙樂飄飄處處聞」之感。

愚溪成長在彰化海邊,自學成功,勤於創作,至今已有詩樂二十多部,小說及其他文類多部,可以說是創作等身。此次探討其兩首長卷,由他從聆聽福音開始,談到他有關人性神性的書寫,再談及他的書寫策略技巧要領,深深為詩壇慶幸,有愚溪的加入,詩壇和他的詩樂一樣,充滿聲光色彩,為沉寂的詩壇注入一股動能十足的力量。

玫瑰鮮紅出鐵窗

—— 林建隆論

一、生平與著作

　　林建隆，一九五六年生，台灣基隆人。美國密西根州立大學英美文學博士，現任東吳大學英文系副教授，笠詩社同仁。出版詩集《林建隆詩集》、《菅芒花的春天詩歌集》、《林建隆俳句集》、《生活俳句》、《鐵窗的眼睛》、《動物新世紀》，並參與學院詩人群年度詩選撰稿行列。曾主編《東吳大學百年紀念詩集》等。小說《流氓教授》改編成連續劇，相當受歡迎。

二、詩作特色

　　林建隆的詩都是由親自體驗的生活所淬鍊出來的作品，文字雖然淺顯，意象卻十分生動，內涵無比深刻，以《鐵窗的眼睛》詩集為例，他找到了「鐵窗」的意象，在窗內觀看鐵窗上像棋盤格子裡的星星，遂產生「人生如棋」，卻不見下棋的日月，囚室狹小困頓之情，溢於言表。這部份的詩獲得許多名家的讚賞。

由於他寫鐵窗的詩篇，冷靜耐讀，隱含生命的真實體悟，所以向陽就有佳評：「寫監獄文學，格於枷鎖纏心，每易流於悲哀仇愁，建隆兄卻能於囹圄之中『編織未來的羽衣』，將外在的禁梏化為心靈的活水，這是相當不容易的。」的確，在那種悲憤、不滿之中，沒有怨天尤人的概念化、口號詩出現，的確有不凡才情和詩藝，所以蕭蕭也讚美說：「林建隆的《鐵窗的眼睛》，不是聲嘶力竭的憤怒抗議，也不是故作寬容的慈眉善目；對錯的爭辯不是作詩的本意，也不是詩作的本質，直探鐵窗存在、心靈創傷的普遍象徵，才是林建隆俳句的意圖與內涵，詩的價值之所在。」正因為林建隆在詩藝的表現上可圈可點，才獲得如此肯定與佳評。

《玫瑰日記》是林建隆以火、刺、紅色等意象，花了兩年時間刻畫而成的書。書中各種玫瑰的稀奇變形，產生了一座十分奇特的花園，園中有詩人以各種奇思妙想寫出來的愛情和人生，以各種不同角度、高度和速度觀察到玫瑰的象徵意義和人生體悟。這本詩集短則三、四行，最長也不過十二行，讀來卻能擊中心靈的痛處。

例如輯一〈烈火記〉一開篇，詩人就以如此震撼的句子迎接你：「一覺醒來／玫瑰不再打顫／花架上吹的是／紅色的風」，一片火紅的玫瑰，正熱烈燃燒的紅迎向你，你能不受震撼？再翻開下一頁：「單莖的玫瑰／粉紅的花蕊四、五根刺／三、兩滴血／釀成今夜／一把熊熊的火炬不滅」，象徵詩人心中有刺，心靈淌血，還燃燒著一把熊熊的烈火，這是暗示什麼？想像空間奇大無比。

像這樣的詩篇，隨便一翻便有一首，每首都像一顆精準

的子彈，直接命中讀者的心窩。其中亦不乏潛意識和超現實的書寫，使詩更耐讀，而且深刻。例如第五十四首：「夢見凱琳娜／飛離她的枝頭／小小花瓣張開／彩蝶的雙翼／醉臥花心的那條蟲／化成雙翼的身體／凱琳娜悄悄飛出花朵／偷偷侵入鄰家的花園／醒來時我發現她／也是剛醒來的模樣／我問她夢裡的情節／她說：『和你的完全一樣』」讀來有戲劇性的張力，也有意外的回味，想像空間很大。「凱琳娜是誰？「是張開雙翼的彩蝶嗎？」「醉臥花心的那條蟲」也化成彩蝶嗎？有什麼樣的象徵和暗示？「凱琳娜飛出花朵為什麼侵入鄰家的花園？」「為什麼夢裡的情節兩人完全一樣？」「為什麼醒來時發現她也是剛醒來的模樣？」每一個不同的讀者都會有他自己的體會，這正是詩中的魅力所在，整本詩集常有這樣的意外驚喜：「玫瑰枝頭／從不棲鳥的／卻常聽見鳥鳴聲。」「表現出一種來自現實而又超於現實，既不可盡解而又圓融可以感悟的詩境」。（引自盧斯飛《洛夫余光中詩歌欣賞》廣西教育出版社）。

　　林建隆〈玫瑰日記〉裡找到了玫瑰紅色的意象，予以燃燒熱的書寫；在〈藍水印〉中，又找到了海的藍色意象，予以生命冷酷的書寫，這種熱烈燃燒的生命與冷酷的漠然對比，十足產生無比神奇的震撼力。這種對人生極冷或極熱的感悟，正是林建隆詩藝魅力的核心。

三、賭徒成為詩人

　　林建隆是一個賭徒，「從小在麻將中學中文，在牌九裡懂

算術，從梭哈上認識英文 AJQK」。他以生命豪賭而進入監獄，因而以詩傳達他豪賭的體悟，用文字刻劃生命的本質和痛苦的靈魂。

有人可能以為〈玫瑰日記〉是愛情的豪賭，我卻以為是精神生命信仰的豪賭。「把滾燙的血餵食刺／循環之後便成火／火只能再縱一次」，「全都凋零了／才在瓷瓶上發現／釉滴的玫瑰」、「其實我身上的每一根刺／都是未經取出的彈頭」、「別怕！／從妳的刺／滲出的不是妳／而是我的血」，詩人心中有一個崇高遠大的理想，願意去為信仰流血，流成血紅的玫瑰，玫瑰只是豪賭的象徵。《藍水印》乙書，仍然是豪賭，大海中的波、浪、濤、岩、岸、旗魚也只是象徵。「果然一把十六尺長鏢飛來／正中她的紅心」、「我看著退潮把你捲走／我的心像潮間的岩石／禁不住乾濕交替，冷熱漲縮／終於還是碎裂開來」。我彷彿看見鏢魚手站在甲板船頭和生命的風浪博鬥。

林建隆是詩人，他本身的生命就是一首詩，文字的詩歌只是他人生的註腳，他是不會滿足於此的，他會用生命去寫一首詩，一首像玫瑰一樣鮮紅的詩。

（台時副刊 94 年 3 月 14 日）

新鮮的歌者

── 隱地論

一、生平和著作

　　本名柯青華的隱地，浙江永嘉人，一九三七年生於上海，七歲時父母將之送往崑山千燈鎮小園莊顧家寄養。十歲時，始由父親接引來台，住在寧波西街，先後搬了近二十次家，但始終未離開台北，根據他的散文集《漲潮日》及《我的宗教我的廟》兩本書的記載，他的成長期過得十分暗淡，父親不善理財，父母關係欠佳，常常搬家，且有挨餓經驗，甚至搬進防空洞，可以說「歷經親人飄零不安、遷徙不安的生活，有形與無形的火煉」（林峻楓專訪隱地 ── 〈發光的文學園丁〉原載九十年九月十九日《青年日報・副刊》），這樣的歷練，造就了一位傑出的文學作家。截至目前為止，隱地的小說、散文、評論以及詩歌創作接近三十冊，引起廣泛的討論和喜愛。其中尤以詩歌創作，更是佳評如潮，普獲許多詩壇名家的肯定。八十九年度詩選編輯委員會更頒給他「年度詩獎」。讚辭曰：「拓墾詩之苗圃，辛勤耕耘現代詩，為落實詩人夢想、遍植讀者詩境的模範園丁；深入詩國泥土，兼得旋

轉詩筆,崛起為九〇年代重要詩人。奮勇不懈,再造文學生命,成績斐然可觀。」這樣一位和不幸奮戰的文學鬥士,引起了我研究興趣。

　　根據他的自述,隱地的寫詩是有一些機緣的:「一九九三年八月中旬的一個晚上,蚊子把我叮醒,翻來覆去睡不著乾脆起床寫詩。」(〈我的宗教我的廟〉頁一〇二),這一寫,竟樂此不疲,一連出了四本詩集,分別是《法式裸睡》、《一天裡的戲碼》、《生命曠野》及《詩歌舖》,總數超過兩百首。眾所周知,隱地是出版負責人,平日雜務「煩」「忙」,竟能在九年多的時間,創作出這麼多數量的詩,令人稱奇。他自稱「寫詩,是我對俗務纏身的反抗。」(隱地詩集《詩歌舖》扉頁)我在反覆讀過他的四本詩集之後,擬綜合許多名家的看法,來探討這一位五十六歲才出發的「青年詩人」的詩歌傳奇。

二、名家對隱地的批評

　　根據隱地自述「寫詩的故事」記載,他的第一首詩是〈法式裸睡〉,寫好後放在抽屜不敢投寄,拿給張默看,張默只委婉表示「你可以寫得更好」,向明看到了卻表示「寫得滿有趣」,寄給楊澤,終於登在「人間副刊」上。這件事使我想到隱地曾一再表示「詩是票房毒藥」、「詩是寫給廣大讀者看的」、「詩人和讀者一起跑更溫暖」(見〈現代詩與古典樂〉原載《台灣詩學》第七期),他深知詩不受歡迎的原因,所以一出手就朝「幽默、風趣」的方向書寫,果然,兩大報均予刊

登，其它各報及詩刊也頻頻出現隱地新作，見報率之高無人能及，台灣寫詩的人眾多，不知能否給詩人一些啟示？

　　我在展讀隱地的詩集，認為他的作品大概都是取材自週遭的生活瑣事，台灣當代人所發生的事、物，報紙的事件，樣樣都是讀者熟悉的，名詩人洛夫就評說：「他的詩有當代性，卻無現代詩的艱澀難懂；有後現代詩的那麼一點嬉皮笑臉的顛覆性，卻又通達情理，毫不作怪；有都市詩的那些無聊題材和無奈心境，卻無一般都市詩的浮誇和陳腔濫調。」並認定「他確實是一位從平庸的生活中提煉純淨詩情的詩人」。（見洛夫〈詩是隱地活得真實的理由《生命的曠野‧代序》〉）

　　陳義芝也在序《法式裸睡》詩集〈隱地的現代文人畫〉乙文，道出了他的看法：「隱地的詩既著重人情生活投射，則『象』與『意』的表理、主從關係，就不那麼絕對了。因為歲月已長，故登臨俯瞰的角度自大；因為閱歷已豐，故人間之潛像、潛力儲積必富；因為生活無憂，故較青年時更充具藝術創作所需的神閒氣定。」頗能道出隱地詩作的特色。詩人羅英在讀了《法式裸睡》後，也寫了一篇〈人啊人〉，探討了〈躺〉、〈孤單〉、〈卡咖卡〉等詩，認為「躺」詩；「悠然超然的意境，有著與採菊東籬下相似的感覺。〈孤單〉乙首：「寫的是生活小事件，但充分表現了無助和無奈的感覺。」〈卡啡卡〉乙詩則「營造成詩人與讀者都難忘的美好情景。」頗能讀出隱地詩作的況味。

　　西安詩人沈奇也論了隱地詩作的特色：「隱地的詩思只來自於他自身，而非某一有成就詩人的仿製或某一詩歌觀念的

投影。……他率真鮮活的詩性情態。不落俗套，不入潮流，不設防，至情至性，本身演出。……純淨平實的語態，……明朗、清晰、直接、不作大師狀，只是平凡人之平凡而平實的詩性言說，輕鬆靈動而又不乏智慧和情趣。」並歸納為「平淡、客觀、敘述」三大特色，可以說是一位極為用心體會隱地作品的詩評家。

　　另外瘂弦評隱地的詩「達到相當高度」，向明也認為：「隱地的詩受人喜愛，主要是他於眾多已經出現的詩中提供了一種嶄新的選擇，更是詩在普遍認為難懂的譴責聲中，他是唯一能讓人享受到讀詩樂趣的詩人。他能於尋常事物中道出一般人習而不察的真理。天真和出人意表的趣味是他詩的最大特色。」吳當也在導讀《生命曠野》中說：「『生命，曠野』有一顆既喜悅又沉重的心，在詩的風中，翻飛，那是生命最美的舞姿，最動人的歌！」更有許多知名的小說家、文評家或寫信或傳真給隱地，表達他們的讚賞。例如白先勇的信：「看你的詩，看得很愉快，因為你把人生的無奈輕鬆的表現出來，很羨慕你愈活境界愈高，人生的參悟，的確需要時間的。」陳少聰也在信中說：「在你的詩裡我讀出了生命的豐美與曠達……」李黎的信更被隱地視為珍寶：「……滄桑而不著老，閱世而不世故，恬淡而不平淡，從容地也不是全無火氣……」龍應台更直接說：「你的詩值得人家寫評了。我想，在表達中年之後老年之前人對人生的看法—介於豁達與無奈之間—大概是最好的媒介。……」像這樣多名家紛紛對一個寫詩才九年的詩人說出他們由衷的讚美，雖然不一定絕後，應該也算空前了。

三、隱地寫詩技巧試論

　　隱地的詩之所以如此受人喜歡，我看最主要的因素是新鮮，扶桑就以「新鮮的歌者」稱呼隱地（見〈下午茶時分，約會詩女神 —— 讀《法式裸睡》〉，原載《幼獅文藝》五〇四期）為什麼？一般人對詩的印象是「澀晦、難懂、作怪⋯⋯」等等，不一而足，詩獎經常選出一些讓人讀得「痛苦莫名」的詩，而隱地的詩，經常有「極短篇」或「漫畫」的功能，抓住一個引爆點，讓人體會得到他的巧思，因而「會心的微笑」起來，我們對他的調侃，他的幽默，印象深刻，尤其他常以「逆向思考」的方式，表現在詩中，他的詩用語非常樸實、自然，令人覺得十分親切，不會讓人莫測高深，我常在他的詩中讀到一種「真」，由於這種真，讓讀詩的人感到十分新鮮，這種真有別以前人們對詩的印象—矯情、做作。因此我認為隱地第一項寫作技巧是新鮮，不走別人走過的老路，這一點正是洛夫在前述文章中提到的「迴異於以現代詩為主流的當代詩壇。」

　　第二項重要的寫作技巧是在詩中常有戲劇性的情節與戲劇性的張力，這一點可能和他是已成名的小說家有關，他將平時寫小說的經驗運用到寫詩裡來，駕輕就熟。同時他因出版詩集、詩選，深知讀者不喜歡新詩的理由，當然不會再走進同一個死胡同。

　　第三是在詩中適度加上哲理，以隱地年近六十的人生歷練，而且寫過三本十分暢銷的「人性三書」，他當然深知讀者

喜歡文章中有一些人生的哲理，但他也明白如果寫法不突破，還是在「三書」中轉，必定寫不出好詩，只在詩中表現出淡淡的哲理，例如「一天裡的戲碼」中的片斷「有時候／一天豐富多彩如一生／有時候／一生貧瘠單薄如一天」，看似平凡卻含有道盡生命況味的妙悟。

第四是抓住時代脈動的寫作技巧，任何作品只要跟時代脫節，讀來就會不痛不癢，當然不會引起讀者喜歡。隱地關心時代，常在詩中直指當代許多怪現象，他寫得很痛心，讀者讀得會心，深有同感。這樣的詩，那裡會不受喜歡？

第五適度給讀者輕鬆悠然，在工商社會，緊張繁忙的時代，偶而讀一首隱地這樣的小詩〈靜物說話〉：「我看著牆上一幅畫／畫說　你掛上來／讓我到外面　四處走走」，多麼有趣，絕不會正經八百：「你嫌我做得不好，你自己來做看看」那種乏味的表述，如果副刊每天登一首這樣的小詩，上班之前讀他一首，相信那一天的心情一定十分愉悅，工作效率一定十分高昂。

有關隱地寫詩的技巧，可以寫成一本專書，因篇幅所限，只舉牢牢大者，其他就請讀者自行研究欣賞體會了。

四、結語：隱地的傳奇

隱地寫詩是一個傳奇，因為許多詩人寫不好詩才改寫小說、散文因而成名，而隱地是成名的小說、散文作家，卻因緣巧合寫起詩來，而且一寫中的，佳評如潮。詩壇出現隱地更是一個傳奇，在詩壇氣如游絲的時候，隱地適時出現，是

否意味著新詩的另一個紀元行將開始？我們盼望著隱地的傳奇，能真正帶來「新詩的盛唐」，果如此，那麼那一隻咬醒隱地的蚊子更是傳奇中的傳奇了。

（台時副刊 91 年 8 月 7 日）

兼融古典與現代

── 張貴松論

一、生平及著作

　　張貴松，筆名子青。一九六五年生，台灣高雄縣人，國立中興大學中文系畢業，國立高雄師大國研所結業，現任台南市聖功女中教師。曾獲國軍文藝金像獎，著有詩集〈站在時間的年輪上〉，另有詩集《記憶的煙塵》、散文集《懷念的雲彩》即將出版。

　　張貴松對詩情有獨鐘;「從來也沒有想過會與新詩如此地貼近，一旦愛上了它從此欲罷不能了！是什麼因素讓我對它情有獨鐘呢？我想可能的理由是它擁有古典的抒情美、與時俱進的現實性，並且也因為它是感覺的智慧與生命靈動的一種表現，所以讓我深深地著迷，也讓諸多於感性與理智之間徘徊的人，因其動人的詩愫而陶醉不已。」從這一段話，再印證張貴松的詩作，果然讀到一些既古典又現代的詩作，在他的詩作中讀到的智慧和生命的靈動。現在就根據這兩條線索來探討張貴松詩作的特色。

二、古典素樸的詩情

出生中文系的張貴松，讀多了古典的詩詞，寫出來的詩不論在語言上或詩境的塑造上均顯現出非常的古典，讀者往往以為是在讀古詩詞，不知今夕何夕。

例如〈人間三月天〉乙首的片斷；「喝醉的杜鵑在風中飛舞帶著詩人的心飛越／沒有長城的疆域／蹣跚如貴妃的嬌嗔」又是杜鵑、又是長城、又是貴妃，讀者彷彿回到漢唐。又如〈桂香四季情〉第三首〈秋禮〉乙節部份詩句：「趁著西風起舞的時刻／散作美麗的秋意／嵌進我久待的心情／如雨中的山僧」，在古典的詩意中，讀者除了易懂之外，由於閱讀習慣，比較容易喜歡這樣的詩句。

張貴松寫詩之路在開始的方向選擇上是正確的，他沒有一般西化人士一開始走了很多冤枉路，值得為他道賀。

三、從古典走向現代

既為現代人當然不可能一直躲在傳統的亭台樓閣，不可能老是在古人的夢中打轉，張貴松的詩作在即將出版的〈記憶的煙塵〉中有許多屬於現代人的詩作。

在題材方面，屬於現代人的 CD、唱片、賓士車子、樂透均已進入張貴松的詩中，甚至九二一大地震也進入張貴松的詩中；而且利用字詞的拆解來暗示大地在地震中的崩解；「屋　毀橋／倒命斷」「呻　號流／吟呼　淚」等字詞被拆開

了，如同地震把屋毀了，橋斷了，真是令人觸目驚心，這種現代詩的表現方式，應該不是張貴松所獨創，因為圖像詩或立體詩早就有人實驗過了，只是張貴松用得恰到好處，令人激賞。

四、展現靈動

張貴松寫詩從古典傳統入手，然後進入現代的潮流中，並未忘記古典，只表現現代，而是在古典與現代中展現了詩的靈動。

例如〈寫給寂寞〉二十一行中的片斷詩句：「把寂寞叫得更冷的是秋天晚來的急風／讓歲月傷心欲絕的是你從不連結的夢」，又是晚來急風，又是歲月傷心，又是不連結的夢，和「夢裡不知身是客」、「欄杆拍遍」一樣有古典優美的情懷。接著而來的是現代化的詩句：「誰回頭摘下光速的平方將相對論處決／造謠的冰雪被炮烙口剩下裸體的宇宙／基因帶著原罪讓痛苦抖下樣板的青春」又是光速、又是相對論、又是基因顯然都是十分現代的用詞。這樣在古典與現代交融中，終於以末三句的靈動詩思作結：「那一道急急如律令的秋風鎮住情感線／從天長地久到緣起緣滅已無雷電風雨／慘敗的記憶裡只能留下失落後的自己」豈是一個寂寞了得，而詩也在意猶未盡間結束。

詩寫到了古典與現代的情景交融的地步，張貴松詩作的可讀性與價值不言而喻。

五、意象鮮活使用

高明的詩人，無不以成功使用意象而聞名，洛夫、余光中、瘂弦、鄭愁予等均無例外。成功的意象，可以使一首詩鮮活生動，避去不少的敘述語言，讓讀者留下深刻的印象。

張貴松的詩作，當然也有許多成功的意象使用，例如〈讀北島〉乙首：「第一次讀你／像山嶽讓我仰望／發現自己的渺小／第二次讀你如大海把我潛藏的心／在黑暗中篩洗光明／第三次讀你是剛柔並濟的手語／將我不確定的思想／找到可以歸宿方格／今晨醒來再讀你／你在封底向我微笑／不讓我帶走半個字的背影／／我恍然大悟／本來你就不必存在我的心裡／或許莊周可以說明」，之中的「山嶽、大海、方格」等都是很鮮活的意象，「你在封底向我微笑」更有意思，讀詩而讀到恍惚的境界，作者在封底的照片竟然會對讀者微笑，詩意特濃，末句「莊周」用典也十分含蓄。但在「像山嶽讓我仰望」已表示對方之崇高，接下來的「發現自己的渺小」似乎可刪。張貴松部份詩作，都有這個缺憾，意思表達得太完整了。不過有時為了大小對比反差，留下來亦無妨也。

六、未來的方向

張貴松詩作的語言稍嫌保守，應在得獎之後開始用心思考這個問題，如何讓語言更加創新是當務之急。成大教授楊文雄在替他的詩集寫序時也有一段期勉的話，張貴松應用心

揣摩，走出一條更清新有味的詩路來。

　　楊教授說：「詩是生命的搽抹，生活的紀錄，夢想的實踐。貴松兄始終保有一顆敏銳易感的心，揮霍生活彩筆，澆灌心中之塊壘。雖僅成詩百多首，卻都是他近十年生命和生活智慧的結晶。上自杜甫，下至徐志摩、余光中、北島等近代詩人都是他心儀的對象，一種生命的堅持和懷想，牢牢盤踞內心之深處。而其詩作中，有生命和自然的對話、生存與死亡的鬥爭，到『春天在世界的盡頭顫抖』（一句短詩）在在都帶出人生的悲憫與共感，讓我們讚嘆……今後除了繼續深入外在世界和心靈世界的探索，更能琢磨詩藝─詩的語言與意象的創新，必能走出一條詩的坦途來。」張貴松如前所述已有正確的方向，又能兼容古典和現代，詩思十分靈動可喜，在得優秀詩人獎之後，更應細心體會楊教授的勉勵話語，再創詩的高峰。

　　　　　　　　　　（台時副刊 92 年 11 月 26 日）

最迷人的天空

—— 綠蒂論之一

　　擅長單純的抒寫，卻能顯示豐富的內涵。擅於創造迷人的意象，塑造如夢似幻的詩境。我們來看綠蒂的〈亞里斯多德廣場晨思〉，這首詩是描述率領台灣詩人，遠赴希臘參加第二十屆世界詩人大會，在亞里斯多德廣場，面對古希腦的文明、建築、海洋所感賦出來的詩作。

亞里斯多德廣場晨思

　　在最白的房屋　看最藍的海
　　在最雅典的希臘　讀最荷馬的史詩
　　跋涉長旅的心靈
　　穿越時空的詩情
　　追尋的不是拜倫的夢幻之島
　　而是在一夜之間突然消逝無蹤的溫潤
　　如同迷惑的亞特蘭提斯

　　褪色的月懸綴天際
　　走進清晨的是掛著白十字旗的船

　　掠過海面的是海鷗優雅的飛翔
　　亞里斯多德雕像上的鴿子
　　星空下的巴特農神殿
　　已佇立成一樣的沈思

　　我一個人的陌生
　　坐醒了整個廣場的曙色
　　早班公車撞及黎明的聲音
　　驚起足旁鴿群的展翼
　　鐘聲輕緩，回歸於永恆的神話
　　獨留孤寂迴盪不息
　　在逐漸翠綠甦醒的愛琴海

　　這首詩保留綠蒂多年來作品的特色，例如對比技巧「最白的房屋　最藍的海」，仍然是單純的抒寫廣場的場景：房屋、海、白十字旗的船、海鷗的飛翔、雕像上的鴿子、巴特農神殿…抒寫單純的心思：長旅的心靈、穿越時空的詩情、孤寂迴盪不息…等等，但是整首詩卻表現出了無比豐富的內涵。至於詩在可解不可解之間，這首詩也呈現了一貫的特色，似乎告訴你些什麼，又似乎什麼都沒說。再說綠蒂特有的句構，如詞性的變化使用：最雅典的希臘，最荷馬的史詩，名詞做形容詞用，更是他慣用的絕技。再說到創造迷人的意象，夢幻的詩境，這首詩實在是一首很好的典型綠蒂詩派的作品，如果形成詩派話。這首詩除了有以上的特色之外，更加融入了綠蒂的歷史關懷和人生感悟，使他在廣場上的晨思，

具有無限豐富的內涵。

　　再看〈在微風的古城向晚 ── 艾菲索古城記遊〉。這首詩已充份展現詩人登高懷古的寫作才情，詩中的古城，詩人的感懷令人刻骨銘心，再三吟詠，發人深省。

在微風的古城向晚
── 艾菲索斯古城記遊

風化了三千二百年的岩石
依然堅持地頂起
王朝盛世的圓拱大門
走入亞歷山大輝煌的記憶
走在光滑的大理石板路面
陽光是榮耀的金黃披肩
石柱的陰影
是我另一種旁觀的選擇

所有遊客的年齡　在此年輕
所有訪者的思想　在此現代
微笑正以世界語言
混淆著各色人種的習性
讓古城思索辨識未來
風佇立在圖書館的遺址
翻閱著歷史的舊冊
眉批古文明的智慧
維納斯雕像傾圮的石柱

　　支撐著最後宏偉的古典

　　夕陽坐在二萬五千席的圓形露天劇場
　　等不到蘇丹的演說
　　等不到羅馬的歌劇
　　只有導遊的解說
　　和照相機快門的燈光

　　歸鴉烏啼參差起落　　回首處
　　缺首殘臂的勝利女神
　　與石梁斷柱錯落在荒湮蔓草間
　　獨留我我怯情的迷思低迴
　　在微風的古城向晚

　　讀這一首詩，首先要了解艾菲索斯古城到底在那裡，在歷史上有什麼意義，詩人到此一遊，睹物抒情，才能知道詩人到底在感嘆些什麼。

　　原來艾菲索斯古城位於現今的土耳其，愛奧尼亞人在西元前十一世紀建立的都市，後來在歷史上消失，直到十九世紀後半才被發掘出來，詩人到此一遊，面對古人的圓拱形大門、大理石路面、石柱、圖書館、雕像、劇場、殘缺的勝利女神…等等古代的建築、文物，難免無限感慨，我們在讀這一首詩時，仍然可以發現前面提到的綠蒂詩作的五大特色，在此不再重覆。在此我們擬跟隨綠蒂的腳步，也一起來遊歷古城。

　　第一段，詩人引我們到了三千二百年前的古城，此時因為年代久遠，看到的岩石都已風化了，但是王朝盛世時的圓形拱門依然矗立在那裡，接下來兩句對比詩句，卻有撫今追昔之感，一方面是遠古的記憶，屬於亞歷山大輝煌的記憶，一方面是今日大理石板的光滑路面，昔日的光輝，難道已被踩在腳下？他的光輝燦爛那裡去了？只有陽光仍然是他的榮耀金黃披肩，在他的光輝下，石柱的陰影竟然是詩人一種旁觀的選擇，他選擇陰影，是不是在輝煌的背後，隱藏了不少人生的悲嘆？這個陰影在任何輝煌的歷史上，都一直存在著，許多可歌可泣的故事，也就發生在中間，詩人以一句短短的詩句，點出了人類無限的感慨。讀者的想像力，此時在詩人的引導下，將發揮到了極點。

　　第二段回到現實，這時的遊客，不論什麼年齡，造訪者不論是較古板或較現代，在此遊歷，都年輕了起來，現代化了起來。彼此雖然言語不通，但微笑是世界語言，是友善的表示，各色人種的習性，在此也分不清楚了，沒有種族的隔閡，未來是一個什麼樣的世界？地球村？不再分彼此，連古城都思索了起來，這是詩人對未來感的發揮，人類是否要像古城時代，要有亞歷山大帝，未來是否要有領袖、國家，連古城都思索了起來，其實那是詩人的思索，也暗示人類應有的思索。

　　第三段，借物抒感，風吹在圖書館的遺址，翻閱歷史的舊冊，其實風怎會翻書？只是道出詩人的懷古幽情而已，詩人想到古文明的智慧，維納斯雕像的石柱雖已傾圮，但仍然展現她的藝術光輝，這種最後宏偉的古典美，仍然支撐在那

裡，詩人道出了人類應好好愛護文化遺產，這些都是祖先留下來的寶貝啊！如果沒了，遊客來了看些什麼？詩人說出了他的意見。

第四段描寫可以容納二萬五千個人的圓形露天劇場，沒有蘇丹的演說，也等不到羅馬的歌劇，只有導遊在解說，只有遊客拍照的閃光，這些景象，連夕陽都孤伶伶的坐在劇場上，作者發出了感嘆。遊客到此一遊，什麼文化古蹟都沒用心看，只顧著拍照，寫盡了人們淺薄的形象，也道出詩人對遊客的批評。

末段寫詩人在古城的遊歷，只見歸鴉烏啼參差起落，只見勝利女神的缺首殘臂，石梁斷柱錯落在荒湮蔓草間，此時也只好情怯迷思低迴了，在這微風向晚的古城，詩人的感嘆何其深啊！

（台時副刊 92 年 1 月 30 日）

詩作的思想美

—— 綠蒂論之二

　　詩品出於人品，不論時代如何發展，詩風怎樣變化，這是千古不易的美學原理。

　　戰國時期的《尚書・堯典》中說「詩言志」，屈原就是繼承了這個言志的傳統：「惜誦以致愍兮，發憤以抒情」(《惜誦》司馬遷在《屈原賈生列傳》中說：「屈平疾王聽之不聰也，讒諂之蔽明也，邪曲之害公也，方正之不容也，故憂愁憂思而作《離騷》。」這裡的「憂愁幽思」，是指屈原創作的動作的動機和基礎，當然是指思想。)

　　建安詩歌代表人物之一的曹丕就曾說：「文以意為主，以氣為輔，以詞為衛。」(見宋人魏慶之《詩人玉屑》，李白豔稱「蓬萊文章建安骨」，以「建安風骨」為標誌的建安詩歌，強調反映現實，抒寫自己的理想和抱負，所以情文並茂、文質合一就成了它的基本特徵。

　　因此思想在詩歌藝術的重要性可見一斑，大凡優秀的詩人，詩作中沒有不具備展現其思想的素質的，例如屈原的《離騷》，集中地表現了屈原的美政理想，杜甫的詩作，那種對理想和自由的嚮往，對國事的關懷，對人民的同情，對黑暗腐

朽的現實政治的否定，達到了思想的高度和深度。其他偉大優秀詩人如陸游、拜倫……等古今中外詩人的詩中展現哲思，不勝枚舉。（參閱李元洛《詩美學》第二章〈如星如月的光芒〉）。

我之所以摘錄李元洛書中的部份重要內容，旨在探討綠蒂詩作的思想美。每一個詩人都有他自己的思想，有憂心時代動亂、社會貧富對立，有強烈愛國主義精神，對當權者荒淫誤國痛加針砭者，各擅勝場，以下我擬就綠蒂新詩集《夏日山城》中所展現的思想深度，加以探討：

第一、出塵飄逸的思想；從綠蒂詩作中常讀到他寄情山水，遊於方外，與世無爭，出塵飄逸的哲思，例如〈東海傳說〉乙首末三行：「東海千年的螺紋化石／蝕刻那夜風中的偶遇／更遞為亙古美麗的傳說」浪跡東海畔，偶遇千年螺紋化石，心中一陣狂喜，竟然「更遞為亙古美麗的傳說」，展現詩人寄情山水、萬物的出塵胸懷。

〈告別少女峰〉乙首，更展示詩人與天地一體的心：「在仰望的稜線下／陶醉遺忘了所有讚美的語彙／就不只是一座山或一位少女／屹立的白皚／凝動了永恆的純潔／我染的華髮或書寫的生命／都短暫為守候的過程」面對高山大海，詩人對逝去的歲月，以及對自己生命的書寫，都在守候的剎那消逝，那種無怨無悔，令人動容。

陸游在《讀杜詩》中說：「……看渠胸次隘宇宙，惜然千萬不一施。……後世但作詩人看，使我撫几空嗟咨。」可以借來批評綠蒂的詩。

第二、佛陀救世的奉獻思想：世亂如麻，詩人藉〈掌燈

者—造福觀音〉來抒寫自己對世界和平的願望:「你的一線光
／照亮東海無邊的黑暗／你的一滴水／解渡大地萬物的飢渴
／爭戰休兵／瘟疫止息／所有的祈願都將應驗／在你緩緩舒
展的慈眉」，造福觀音，普渡眾生，使爭戰休兵，瘟疫止息，
這是詩人的心願，也是普世眾人的心願。詩人更不計自己的
成敗，為文壇付出極大心力。例如裁製一襲夏衫乙首。第二
段:「回歸山城／只為擁抱山林濤聲／擁抱心靈的裁縫師／為
我剪風裁雲／為我縫上鳥聲花影／量身訂作一襲舒適的儒雅
／是非成敗／只為證明歷憂難的存在／盛放滿山的野百合／
排擠了眾花的顏色，只為／令我記憶甲申年春天不同的華
美」。詩品出於人品，不論時代如何發展，詩風怎樣變化，這
是千古不易的美學原理。熟悉綠蒂生活的人便知，他不計人
生的是非成敗，為詩、文學藝術奉獻的心意，從詩中點點滴
滴的透露出來，那麼自然，那麼不居功，不注意時，一下子
就忽略了。每一個人都能奉獻一己的能力，不論大小，對世
界都有貢獻，這種胸懷令人景仰。

　　第三、關心時代的苦難;詩人不論對九二一大地震，十
月廿六南海大海嘯，都曾展現出無比的憐憫之心，「煞死」疾
病為例，詩人就寫下了他的關懷詩作:「仲夏，有人架起
Separation 的網站／不用真實接觸就能傳染感覺的／隔離網
站／貼滿著 2003 春天的惡耗記事／有那些因隔離／而下台
而上台的官員／而感動　而抱憾的眼淚／而死亡　而恢復的
超級感染源」「在多年後，撞入那個古蹟／只看到最後定格的
合成書寫／身著防護衣口罩 N95／比著 V 字手勢的白衣天使
們／圖樣　因層層的隔離／誰也讀不出／是噙淚的恐懼／還

是勇敢的對抗／但隔離／確曾是生命絕對所需的情節／一直
殘留在那個荒廢的網站／從未關閉」有同情，有預言，對世
事的關心，溢於言表，絕非「為藝術而藝術」的所謂「象牙
塔裡的詩人」，他的目光，心胸是放在整個人類的悲苦上的。

　　「一首完美的詩，應該是感情找到了思想，思想找到了
文字……始於喜悅，終於智慧。」（美國，佛洛特語）在法國，
雨果也說：「詩句難道不是詩嗎？你這樣問。僅僅是詩句不是
詩。詩存在於思想中，思想來自心靈。詩句無非是美麗身體
上的漂亮外衣。」思想在詩作中的重要性，還有許多中外名
家提及，限於篇幅，不再贅引。

　　李元洛在《詩美學》乙書中〈論詩的思想美〉一開頭便
說：「在詩歌作品中，美的思想，像夜空中指示方向的北斗，
撫慰人心的月光，像黎明時令人振奮的早晨和光芒四射的朝
陽。」

　　又說：「沒有美的思想的詩作，猶如天空中沒有北斗和月
亮，沒有霞光和太陽，天地間只剩一片灰暗或者漆黑。」

　　更進一步又說：「詩的思想美，是詩的靈魂，是詩美最重
要的美學內涵之一，也是詩美學不可輕忽的課題。」（引自李
元洛《詩美學》頁四十九）

　　本文探討綠蒂詩作中的思想美，立論基礎參考李元洛《詩
美學》，讀者可以參考。綠蒂詩中由於有上述三種主要的思想
美，其作品價值應會引起詩評家的關注和正確的解讀。

　　　　　　　　　　　（台時副刊 95 年 11 月 19 日）

清新令人驚艷

—— 林德俊論之一

　　讀林德俊由九歌出版的詩集《成人童詩》，頗有驚艷的感覺。細細研究他的出身，是政大社會學碩士，曾編過《乾坤詩刊》、《詩路 2001 年網路選》、《保險箱裡的星星是 —— 新世紀青年詩人十家》，得過優秀青年詩人獎、乾坤詩獎首獎等，與一般文學青年沒太大差別，何以詩作面目清新，獨立於眾多青年詩群之外？

　　原來跟他的詩觀有關，他自稱：「誤食一顆重量級的安眠藥之後，在夢中醒來成為詩人，追求一種簡單而深刻、平易而不凡的詩風，立志做一個呆板城市的塗鴉混混、秩序世界的不良少年。」

　　這樣的詩觀，使他的詩作有著一種極特殊的面貌，由畢卡索畫出來的人物畫就是特殊的變形，成人的外貌、童稚的心思。創作出來的東西是要反抗既有的傳統美學，再創造出新的美學思維，這在藝術的理論上就是創新，不會面貌模糊，有鮮明獨特的面貌。所謂「江山代有才人出，各領風騷數百年」，有這樣的思維加上才情，才能達到樣的境界。

　　然而，想完全擺脫傳統的影響，卻也不是件容易的事，

例如寫作手法，就難免因襲，以〈擦子〉的表現方法來看，就十分傳統是正宗的「擬人法」。

> 擦子
> 一塊軟橡皮
> 任憑揉、捏、壓、扭
>
> 都不說話
>
> 只是執意搓摩
> 修整一幅花花綠綠的世界
> 趕在自己消失之前
>
> （引自〈成人童詩〉P126）

把擦子和人在社會上的特性結合，擬人化的表示擦子如人，磨損自己，修理世界。其實傳統手法運用成功，尤其加以現代化，作品更有可觀。

但是如果一味信服傳統手法，對新的美學方法完全排斥，就容易對新表現手法覺得「不知所云」。例如〈密室冰原〉乙首，就是運用胡塞爾的「現象學」所完成的詩。眼睛所見是冰箱,但閉目回想卻是「一隻巨大的北極熊」和孩童時代所騎著玩的「雪橇,狗」。回到詩人自己的主張這首詩有成人的眼光,也有孩童的心思。

寫詩的人何止成千上萬，但能擠入詩人門檻者卻是少數,這是什麼原因？那就是才華,也就是對詩有無藝術感覺,

也就是詩人是對審美主體必須有「感動」，才能進入那無窮的
美的奧祕。

　　例如〈在城市的身體中旅行〉乙首，有成千上萬的人在
城市中或走路或搭公車、捷運，但復一日，每天所見略同，
不久就麻木了，這樣的人不但寫不出詩，散文、小說也沒有
辦法完成。這首詩係詩人根據自己在生活中所見所思而完成
的作品，非常寫實，一點都不像象牙塔中的顧影自憐或窩在
牛角尖自彈自唱。許多生活細節都像車箱「一節一節的日子
串起」，許多人生，都如車箱中的玻璃窗「一格一格的窗景串
起」，你我都坐捷運、公車，你也看到了，為何只有林德俊寫
出詩來？許多建築工地要砍老樹，許多人呼喊「刀下留樹」，
為何只有林德俊寫出「聽見大廈和老樹辯論」？你是不是成
千上萬在電車上閉目養神的星星，只等到車門驟然開啟，才
突然回過神來？多麼貼切的刻畫出城市中的生活一景。這就
是作者有感受，把生活中的美提升，使審美客體中的生活美
和審美主體中的心靈美結合的成果。

　　寫詩的人，必須清楚的認識自己的氣質和思維類型，才
能較科學而非一廂情願地選擇自己所從事的工作。由〈老街〉
一首的第一段，很清楚可以知道作者是有創新才能的詩人，
但第二段「坐下來聽老樹下的阿公說故事」以及其他如「搭
乘時間的捷運」、「看五顏六色的人生賣力生長」、「一把摺扇
輕輕搖晃」都是十分古老的畫面，任何人都可以寫出的詩句，
就不是一個有不凡才情的詩人，所應該寫出的。因此，詩人
寫完詩，必須再以讀者的立場，對自己的作品加以批判，才
不會寫出和自己才情不相稱的作品。

　　像〈某個夏日的某種到達〉，就頗能表現作者寫詩的才情，他雖只有點出幾個外貌或現狀，但你可以深深陶醉在詩人所給出的詩句中，彷彿光也在撥弄你的心弦，彷彿你也在不停的趕路，希望「讓我們相愛一天」，彷彿你的歲月裡那些足印，也都在記憶中開了花，啊！這樣平凡的下午，你我都有過，只有詩人輕輕淺淺的唱出。這種表現在清代的詩人袁枚來說叫作「性靈」，歌德則說是「精靈」，這種素質有人稱之為天才，法國的思想家狄德羅就說：「有天才的人心靈更為浩瀚，對萬物的存在全有感受。」我不敢對年輕的德俊讚許他有天才，但他的詩人質素則是很完全的，「看法新穎，對存在現象有特別敏銳的感受」，是我讀他的詩作初步的印象。

　　然而，我還是要讚美一下德俊的想像力，想像力之重要凡從事藝術創作之作者均知之甚詳，他是形象思維的核心，藝術家有了這層身分認證，才可以稱為詩人藝術家。詩人所發現的生活之美，卻要以想像力的方式表現出來。尤其是一般人所習見、習以為常的事物，更可以看出詩人想像的功力，例如〈親愛的市民請配合垃圾分類回收〉，我每天都聽到經過的垃圾車廣播著，而林德俊卻能從垃圾中提煉出黃金：「一捆過期的日子」、「該丟不該丟的疑惑」，竟然不只是丟過期的紙張、雜物。尤其〈舊衣回收〉乙首則是「匡啷匡啷的音樂」，寫實又擴大呈現了回收「鐵罐、鋁罐、玻璃瓶」的實況，尤其垃圾車大都黃昏來，作者竟寫出這些音樂「追著黃昏的尾巴」，尤其末段更出色：「重金屬地／和星星一同升起」，大慨是因想像力特強，而產生的創造力特別鮮活吧！

　　像這樣的題材，若不小心，很可能重複〈老街〉的第二

段，老生常談。這樣的缺失，許多詩人常不自覺出現，重複別人，缺少發展和變化，使創作產生凝固化和規範化的毛病，讀來十分乏味。一個想像力強的詩人，絕對會在平凡中找出不平凡，絕不會使思維僵化或凝固，想法會是多方向的思考，儘量找出言人所未言者。

從輯三「微小的大夢」序詩中來看：「我們的夢都太大了／以致最終難以實現／這次不那麼貪心／我選擇把那些過度腫脹的心願／縮得很小很小／得用放大鏡才看得到」，的確，作者並不澎風，他有自知之明，成人要寫童詩，恐怕不容易實現，也不要太貪心，一點小小的夢就好。我們來看他的童詩是否真正的童詩，或者是成人詩？成人要寫童詩，要模擬孩子的心思，多麼不容易呀！

以〈兒童節事件〉為例，果然是童詩，而且是成人的童詩，因為有了童心：「在車輛的油箱倒入果醬」，是好奇而已，期盼的結果可不一定如作者成人的心思：「街上就漫著彩色煙霧／空氣就變得／甜甜地」，童稚之心，可能還無法有那麼高的期望，頂多頑皮些，讓你的車子不動了。

另外〈那天，夢登陸府城〉則是完全是成人詩篇，頂多末段勉強出現「還記得流連砲台上的童年嗎？」砲台上的童年只有童年二字是童年的表象，而真正的自己已經不再是那樣的童年了。至於要給小孩子讀，也缺少童稚的用語、想像、心思，可見作者早有自知之明，雖要寫成人童詩卻是「微小大夢」，小得「要用放大鏡才看得到」頗有自知之明。

不過，整體上本書讀起來還是比一般詩感覺新鮮、愉快，沒有用「重大的思想」，壓得讀者喘不過氣來。它真的如德俊

在〈後記〉所說的:「童是一種視角,一種口吻,一種觸覺。那不僅僅是簡單與稚氣,而是一種『真』,一種絕對的直接。」說得很好,本書的確達成率很高,在讀多了「虛假」、「故作高深狀」的詩之後,突然眼睛一亮,林德俊就真的英俊瀟灑的站在面前了,他直接的給我們美,給我們真。寫詩需要先天的才華,但也要後天的培養充實,德俊已具先天條件,再假以時日,更能讓人刮目相看,寫出更擲地有聲的詩篇。本文立論基礎參考李元洛著《詩美學》第一章〈詩人的美學素質〉,特此聲明並致謝意。

（文學人革新版第 5 期 2009 年 5 月）

打開所有詩的視窗

── 林德俊論之二

　　二○○九年我初讀林德俊由九歌出版的詩集《成人童詩》，頗為驚艷，於是在《文學人》五月號發表了一篇〈令人驚艷的清新詩篇〉，肯定林德俊的創意，使他的詩，特立於同儕之上。

　　接著不到一年功夫，又讀到他的新詩集《樂善好詩》，也十分欣賞他的思考能走在時代的尖端，領先還在按格填字的詩人一大段路程。正在想為之介紹時，他的《遊戲把詩搞大了》又緊接著出版，一連下來，像所有玩詩的點子，都被他用光了，這下怎麼得了，更後面的詩人怎麼辦？

　　其實也不用耽心，「江山代有才人出，各領風騷數百年」，如果不能另創新境，總在前人的後面亦步亦趨，怎麼可能成為一流的詩人，成為領先時代的藝術家？

　　從《樂善好詩》中，我們觀察到，林德俊把日常用品，人們身邊最常見、常用的東西，提鍊成詩，詩集中發票、車票、身份證、學生證、明信片、衛生紙、象棋……從這些東西中去尋詩，詩就無所不在。向陽特別讚賞：「詩人重新打造新的詩學，試圖翻轉我們對現代詩典律的依賴，破解已經在台灣現代詩史中被常識化的規則、神話以及定見。」

　　這樣從平凡的物件中去發現詩，尋找與詩相關的連結，

說容易很容易，說困難，其實也很困難，對一個沒有創意的人，太平常的東西，無法使他展開新思維，更不要說創造新美學了。只有具有創造才能的人，才能夠從以往的思想軌跡中，跳脫出來，大力顛覆從前的詩想，這樣才能擺脫過去的詩學，創造新的詩思。如果不如此，那麼唐詩一路寫下來，就沒有宋詞、元曲，更不會有新詩了。

以往的詩，除了偶而有具體詩（圖像詩）、迴文詩外，很少做大變動，大都以文字寫成，像林德俊這樣通過電腦以圖像和讀者溝通，突破了以往單一由文字引起讀者共鳴的方式，把讀者引進來互動，形成行動詩的遊戲，關注到一般大眾的生活，對詩的普及化，是一種有效的實驗，一個可行的方向。

這樣詩就不再那麼莫測高深，高不可攀，而是可以成為設計婚禮、藝廊、演講會場、市集……等等的廣告業的拿手絕活，詩和大眾生活在一起，等於把詩的窗口，向大眾全部開啟，詩即生活，生活即詩，誰曰不宜？

因此《遊戲把詩搞大了》，更進一步刺激前面的詩人們，不要在象牙塔裡面孤獨吟哦了，要走出來，和大眾握手，尤其要和小朋友握手，他們是未來詩的生力軍，他們可以在網路上寫詩，不必到處找錢印詩刊，可以少砍很多森林，對環保將會有極大貢獻。只要你有創意，喜歡顛覆，你也可以和林德俊一樣，不，和小熊老師一樣（林德俊就是小熊老師），可以和所有初學「玩詩者」（不論年齡），一起在詩的草原上奔跑、追逐。蕭蕭說：「沒有創意的詩，只是文字的廢渣，不堪咀嚼。」可見想法領先群眾多麼重要，有創意就是領先的詩人，走在前端的藝術家。

詩寫貧窮年代

—— 林錫嘉論

一、前言 —— 為早年台灣的貧窮歲月造像

　　林錫嘉以十年的時間，寫成《竹頭集》的詩作五十首，對竹仔做的器物，用心觀察體會，為台灣早年貧窮的歲月，留下詩的見證。詩人林煥彰就在序文〈竹仔情〉乙文中說：「從小，在農村長大，幾乎看到每個村落，都有竹仔做成的籬笆，或種成竹圍，保護著住家……竹仔在亞熱帶台灣，也容易栽種，四季長青，用途極廣，可以做成各式各樣的器物；幼竹可以吃，老竹可以做成各式各樣的用具，還可以用來蓋房子、造橋、做扁擔，它對農人的照顧特別多，不分貴賤，家家戶戶都能使用它。……近些年來，台灣整個文壇皆以政治為導向，大多數省籍作家紛紛以強調「本土」意識為時尚，熱中與政治掛鉤，而沾沾自喜；但錫嘉的〈竹頭集〉，卻不受竹梢上的政治風尚所左右，抒寫的真正的鄉土，從人的本性出發，涵蓋著最最值得珍惜的鄉土之情和親情之情。……這份鄉情和親情……足以喚起我們在這塊土地上五十多年來共同走過的深沉的記憶……」林文已經明白指《竹頭集》的時代意義

和文學價值。

　　林錫嘉也在後記中說:「……再一次慢慢的讀完自己寫了這麼些年的竹仔詩,才發現詩裡竟有這麼多歲月的深情。當我再次諦聽那個時代的聲音,再次凝視那個時代的面貌,我的心終於抵擋不住連峰而來的激動,深深跌入童年的深淵。母親守著的肉粽攤,父親肩上的肩擔,頭上的竹笠,我手中搓動的竹蜻蜓……至今仍是我內心深處的一種痛楚。」

　　我在細讀《竹頭集》之後,內心深受撞擊,我相信那不只是作者個人的痛,而是台灣社會貧窮歲月裡每一個人內心深處的痛。作者以詩筆,慢慢為那個時代造像,在當代可以喚醒人們的記憶,在未來可以為子孫留下這一代人生活實況的見證。

二、林錫嘉是散文家,也是詩人

　　民國七十五年在陽明山與散文家林錫嘉結識,他曾贈我一本《親情詩集》,我也在七十六年十二月七日的副刊專欄「讀星樓談詩」中介紹了這一本詩集,並為讀者選析了集中佳構〈母親〉,之後的漫長十四年,林錫嘉一直以散文飲譽文壇,很少拜讀到他的詩作,想不到前些日子在文友訪問大陸的旅遊中,又碰巧相遇,並承他以新詩集《竹頭集》相贈,終於恍然大悟:「啊!林錫嘉還在默默的寫詩,並且有良好的成績!」

　　文壇上有人寫小說,後來也寫詩,並且成績不錯,例如隱地、黃春明,有人寫詩,並且也寫散文,兩樣成績都十分

輝煌，例如楊牧、余光中……而林錫嘉以散文聞名，編有九歌版年度散文選多冊，可是和文友在一起，他還是津津樂道新詩，多年來我一直不解其中道理，直到拜讀《竹頭集》中林煥彰的序文，才明瞭個中原因，林的序文中說：「……一開始，錫嘉和我都喜歡寫詩；聽過紀弦先生的課，他是我們精神上的導師。我們在紀弦老師的心目中、口中是『二林』；記得錫嘉和我，我們曾分坐在他兩邊，正正經經的拍過一張滿得意的相片；想來，都已三十年了，跟我們的詩齡、詩緣、師生緣有極為密切的關係，這張照片，該也可以算是台灣新詩史的一部份了……」我終於明白，林錫嘉最先愛上的是新詩，卻由於因緣際會成為散文家。早年張拓蕪也以沉甸為筆名，後來卻成為海內外聞名的十大散文家之一，寫詩或者寫散文，甚至是小說、評論、雜文，只要寫得好，仍然可以成就一家之言。

三、竹頭集中的詩作特色

細讀《竹頭集》，發現林錫嘉的詩作很好懂，沒有什麼繁複的意象，也沒有太多的歧義，十分單純明朗，我想起了王安石讚美張籍的話：「看似平常最奇崛，成如容易卻艱辛」，林錫嘉的詩作，就在那看似平常，卻讓人讀後留下十分深刻的印象。這裡為了便於證明特抄錄序詩〈竹想〉的第四段：「竹笠下／雙肩的堡壘／在歲月的踐踏下看他逐漸頹傾下來／竹葉枯乾捲縮／在這情薄的世界」以寫實的筆法，為帶斗笠的貧苦年代的農民造像多麼生動，而字裡行間又展示了多少那

個時代的農民的悲苦。

再讀〈竹頭想杯〉的第三段:「而終年/祈求的雙手/一雙接過一雙/他們熱切的承擔/竹頭想杯/因而變成圓滑」,只有詩人有澎湃的情感,才能捕捉到這種人們「祈求的雙手」,如果以林懷民的「雲門舞集」的舞者來展示,不用多說,觀眾自然而然的為那種場景所震攝住。

瘂弦在評張默的詩作時曾說:「讀張默的詩,如飲中世紀陶皿中的清水,瑩澈、冷澈、冷冽而又沁人心脾。」我在讀林錫嘉的《竹頭集》,也有相同的感覺。試看〈竹籤〉的第二段:「即使是古老/在削成片片的竹籤中/仍看見/人們的虔誠」,再看〈竹吹〉乙首的末段:「寂寞時/我撫竹吹/竟而在依偎中/同時聽到母親的叫喚」,那種清明的詩思,那種沁人心脾的語言,不是中世紀陶皿的清水是什麼?

四、結語 ── 可以成為一家之言

林錫嘉花了十年的時間,去觀察竹仔,包括竹子做成的東西,如竹籤、竹吹、竹尺、竹筷……到祖母的火籠、竹籬笆,甚至於竹韻等觀察入微,刻劃栩栩如生,十分生動,為早期台灣貧窮的歲月,留下記錄的詩篇。準此以往,若再專題寫作,例如老牛、牛車……到水車、老農、農婦……應該可自成一家之言,詩人,再接再厲加油吧!

（台時副刊 91 年 5 月 10 日）

野渡無人舟自橫

── 張默論

摘　要

　　本文從已發表的眾多論文中，歸納出張默在詩創作、創辦詩刊、編詩選、推動現代詩方面的重要貢獻。文章分：一、引言。二、在編選方面的重要貢獻。三、詩作的成就探討。四、綜論張默的所有詩國之行的成就。五、結語五部份。

　　關鍵詞：張默、超實現主義、新詩、現代詩、詩選、評論。

一、引　言

　　一九三一年出生於安徽省無為縣的張默，本名張德中，一生從事辦詩刊、編詩選、推動詩運、創作新詩，成果豐碩，素有「詩壇的火車頭」、「詩壇的總管」之美稱。我曾在一篇論文中，盛讚他勤練各種創作技巧，是一位「努力的老師傅」[1]。

　　本篇論文第一部份就是探討研究張默在「編輯」方面的

1　落蒂：(詩壇的老師傅 ── 從《張默・世紀詩選》為詩人做歷史定位，收入《兩棵詩樹》(台北：爾雅出版社)

貢獻。李瑞騰曾說:「編輯也是一種知識行為,它不同於著書立說,但輯而編之、論之,旨在匯聚他人的知識、智慧和經驗,從薪傳的角度來看,實不可等閒視之。」[2]把張默編詩刊、詩選等的重要事蹟,做一番研究。

　　第二部份則著重於張默詩作的成就探討,截至目前為止,最新的「張默著作、編選書目」詩集就有十六部,詩評集六部,散文集兩部,編選集二十五部,洋洋灑灑列了四頁之多。[3]

　　第三部份則是詩壇評家的評價,這一點十分重要,有人寫詩一輩子,一篇評也沒有,彷彿不存在一樣。而評價張默的文章除了散佈各報章、雜誌外、收集成冊的就有蕭蕭主編,文史哲出版的《詩痴的刻痕》及朱壽桐、傅天虹主編的《張默詩歌的創新意識》,沒有收入這兩書而羅列附錄書目的更不計其數。

　　像張默這樣,一生幾乎就等於台灣新詩史的詩人,一篇小論文何能道其萬一?掛一漏萬,在所難免,還請海內外方家,多所指正。

二、在編選方面的重要貢獻

　　張默在一九五四於左營創辦《創世紀》詩刊,後來洛夫與瘂弦先後加盟,一路或搖搖幌幌,或轟轟烈烈,走過了五

---

2 李瑞騰:〈張默編詩略述 ── 以小詩為例〉,收入《張默詩歌的創新意識》
　（朱壽桐、傅天虹主編,北京,中國文史出版社）
3 參見朱壽桐‧傅天虹編《張默詩歌的創新意識》（北京‧中國文史出版社）

十多個年頭，就快一甲子了。

這五十多年中，除了短暫幾年有年輕詩人幫忙外，大都由他一手包辦，「舉凡編輯，跑印刷廠，校對，發行，以及籌措經費，都由他一手包辦，卻從不利用編者職權作自我宣揚，他永遠站在幕後默默地奉獻自己。」[4]

辦詩刊是張默最執迷的工作之一，《創世紀》一創刊，他幾乎是廢寢忘食，細讀每一位詩人的作品，除發掘新人外，也間接培養了自己對詩的鑑賞力。他曾經在南部辦過一個小詩刊《水星詩刊》，就發掘了不少後來成為中堅代詩人的渡也、汪啟疆、陳寧貴、季野等。可見他對詩的鑑賞力非一般人可及。證之後來《創世紀》在「新人專欄」中所推薦的新人，都能有不錯的表現，可見他發掘新人有獨到的眼光。

另外，在詩刊的方向，尤其是詩學的研究推展，《創世紀》也表現了一定的成就，他們引進西方的「超現實主義」，選擇接納其中的優點，避免它在歷史上及美學上的缺失，他們強調的是「創世紀」同仁有「超現實主義的精神，而不是固執於某種主義。」瘂弦就曾分析：「洛夫偏重語言的密度，張默偏重氣氛的經營，我（指洛夫自己）則偏重感覺的延伸。」[5]

因此張默的詩並不是「超現實主義」的產物，他十分現實，非常容易理解，早年稍晦澀的作品，也只是以較含蓄的手法，探討生命，感覺比較細膩，研究事物，較重視內裡，

---

4 洛夫：〈無調的歌者——張默其人其詩〉，收入《詩痴的刻痕》（蕭蕭編，台北，文史哲出版社）

5 瘂弦：〈為永恆服役——張默的詩與人〉，收入《詩痴的刻痕》（蕭蕭編，台北，文史哲出版社）

現在讀來其實非常古典，非常中國。

　　有關詩學方面，「創世紀」也曾請許多學者、評家為文推動，社員本身也有不少理論高手，如李紅、張漢良、葉維廉、簡政珍等。最近幾年我也被邀寫詩的賞析，以吸引年輕的學子讀詩，直到一六二期才改由白靈、李翠瑛等接手，可見張默如何日日夜夜都在想著怎樣推廣新詩。

　　除了理論外，最具體的就是編選集。理論有「詩論選」不少，甚至編洛夫個人的研究專集，如：《大河的雄辯》乙書。詩選集更多，最重要有《六十年代詩選》、《七十年代詩選》、《百家詩選》、《台灣女詩人詩選》、《新詩三百首》等，幾乎都成為當代詩學的重要教科書。

　　另外「年度詩選」也在他的擘劃下，力邀張漢良、向明、李瑞騰、向陽、蕭蕭等人組成六人編輯小組，一編就是十年，然後再改組另外找人接編，到目前已出版了三十年，影響十分深遠。

　　張默在編選小詩選方面，也十分有成就，幾乎成了小詩運動的推廣者。他所編的《小詩選讀》及《小詩・床頭書》，幾乎是小詩選的代表書，很多詩學老師，都用它做為教本，既方便，又可信，不必再費神去搜羅。

　　張默編選集，十分用心，以小詩選為例，他前面一篇前序〈晶瑩剔透話小詩〉為題，文長兩萬多字，李瑞騰就認為：「已經做到《文心雕龍》建構文類四大綱領：原始以表末，釋名以章義，選文以定篇，敷理以舉統《序志》，二六條詳實

的『注解』，更可見出他的資料能力。」[6]

　　還有一件別人認為最枯燥乏味的工作，那就是「編目」的工作，張默也樂此不疲。已經編有《台灣現代詩編目》、《當代台灣作家編目》、《創世紀四十年總目》及《台灣現代詩集編目》，他一條條比對，一條條搜集，編成了再改，改了之後再編，資料堆積如山，有時累了，只在資料堆中撥開一小角，略事休息。如果把他編編目之時的初稿，也加以展覽，一定十分可觀。

　　搜集資料也是張默的嗜好之一，舉凡重要節日特刊、專題特刊都在收集之列。最近文協六十年出版一巨冊史料，中間列印了許多過往的期刊，讓人一看，彷彿時光倒流，立刻回到從前，很有可看性。可是，要保存這些東西，多麼不易呀！

　　洛夫曾論張默的詩活動：「作為一個詩運的推動者，張默傾其一生作忘我的投入，同時他似乎有著他一動，整個詩壇也跟著動的魔力。」[7]

　　瘂弦也論張默：「詩人張默不僅是優秀的創作者，也是詩運的推動者，詩刊的創辦人、文學刊物的編輯人和文學新人的培養者。」[8]實為中肯之論。

三、詩作的成就探討

　　張默很早就寫詩，早期和前輩詩人覃子豪一樣，都寫海

---

6 同注釋2。
7 同注釋4。
8 同注釋5。

洋詩，都充滿了熱情。張默是安徽人，安徽不靠海，一到台灣，初見大海，那種驚訝、讚嘆以及浪漫的想像，都以詩直切似的表現了出來。

這種浪漫的情懷，使他在創辦《創世紀》之初，加入了東方詩詞的風格和意境的思考，終於提出「新民族詩型的運動」，證之後來的鄉土文學論戰時，文壇紛紛要求由西化者回歸民族傳統思考，彷彿有先見之明。

不過評者往往對《創世紀》復刊號第十一期之後，刊登的詩作，普遍受到現代主義、超現實主義精神的感染，語言中有所謂「自動語言」及「聯想的切斷」有所批評，後來張默和洛夫、瘂弦都一再在文章中表示他們是「制約的超現實主義」，已經修正了法國超現實主義的偏頗。除了瘂弦已經多年不寫詩之外，洛夫和張默都已經回歸東方的民族風格裡，西方詩學，只有加強他們詩作更有可讀性之外，表現技巧的多樣性則更有可觀，這一點和完全西化自是不可同日而語。

「詩宗社」的成立，正是「現代詩歸宗」最具體的行動表現，張默也是主要成員之一，他力主向傳統文化回歸，說明了他的詩觀以及詩法的成熟，證之後來他的作品，對大自然、人生有了更深切的體悟，對人生的逆、順、得、失有了哲學的釋然，和他的詩觀走向回歸東方的、傳統的中國，有很深遠的關係。

回來從第一本詩集《紫的邊陲》談起，這一本書是張默詩作的第一胎，只印五百本，沒有目錄，題目出到角上，你讀的時候，只能在內面讀，不能在外面讀，也就是只能走入詩人的內心，不能看到詩人的外表，很有創意，現代詩就是

要有創意，要有別於古詩。到現在為止，詩人甚至主張「玩詩」，不必要「吟成一個字，捻斷數根鬚」，甚至於「一吟雙淚流」，何必呢！

舉詩集中〈關於海喲〉的最後一節為例[9]：

> 從落腳的一天起
> 漸漸變了樣，這些偉大的藻類
> 它們刺戟著她的心
> 廣博如世界的心
> 而且任其繁榮，任其喧囂
> 任其向上，任其連綿
> 世界沒沒有路，這裡有路
> 一切是指向羅馬的
> 小心它要發威了
> 小心它要淹沒了
> 這沉潛如哲人的，我們的
> 關於海喲

寫作時間是一九五九年二月十七日，地點是左營桃子園，發表於一九五九年四月《創世紀》第十一期，距離現在超過四十年。現在看起來已「十分順眼」，四十年前多少批評，如「不懂」、「鉛字盤一推就是詩」、「猴子坐上打字機」…等譏評不一而是。四十年後可以說「有重大的破壞，才有重大

---

9 引自《張默‧世紀詩選》P3～P4（台北‧爾雅出版社）

的建設」，試想那時要掙脫古詩的腳鐐手銬，多麼不易！

　　當時寫詩，並不希望詩存在任何意義，往往只寫一種感覺，一種事物的本來面目，屬於作者內心的直覺。當時于還素就在「公論報」書評專刊寫了一篇文章，告訴讀者「讀詩的新方法」：「以〈拜波之塔〉（實在就是以『聖經』的造塔故事為題材）始，到『沉層』止，我們先從〈沉層〉最後一行往前讀：

> 靈魂揚著腳踝，走在我們的前頭
> 我們將攀越攀越攀越
> 奔放的水流
> 於喘不過氣來的夜，於無人敢於競走的集所有的力
> 把黑暗封住，把崎嶇逐出；
> 嚮往真實的攀越，一次比一次難耐
> 我們將備受禮讚，我們將穿過
> 昂大的智慧是前導
> 人群歷史性的邁入，囚住圈圈的惦記
> 以人類的手，以所有寬闊者的手
> 對著一無尋覓的天
> 離開中心遠些，靈魂終於要狂嘯
> 葛樂禮於我何有焉

　　這是詩的最後一節，讀者如果讀不懂，您可以用我的方法，從最後一行讀起，往前讀，就是這一節的復元，就是從『葛樂禮於我何有焉』向前讀到『靈魂揚著腳踝，走在我們

的前頭。』也就是他的本來面貌，屬於內心的。」[10]

　　可見早期引介西方藝文思潮進自己的詩作裡，以有別於古詩的技法之苦心，張默可以說劍及履及。其實古詩中也有很多詩作根本不管主題，如李商隱的詩《錦瑟》，蘇東坡的「橫看成嶺側成峰」即是，「雲深不知處」我們也似懂非懂。

　　總之，第一本詩集選在《世紀詩選》乙書中，雖只有三首，但珍惜當時這種「創業精神」一定有的。到《落葉滿階》詩集出版時，自序中還坦言早期某些詩作「晦澀混沌，表現不夠完整」，認為那是「對現代主義的體驗不深所害」，要到一九六九年以後，才勇於「超越一切的羈絆，毅然邁開創作的步伐，努力試圖建立自己的聲音」[11]。

　　其實依我之愚見，是否真被那段時間的「對現代主義體驗不深所害」還是得再三研究討論，很多不願或拒絕接受「現代主義」影響的人，詩作是否比接受現代主義影響的人好，請有心人深入研究比較一下。

　　接著過了六年才出版《上昇的風景》，引來少數人的評論，如大荒〈橫看成嶺側成峰〉就附錄在詩集中，而莊原的〈「上昇的風景」及其他〉則刊於《忠義報副刊》，直到五年之後《無調之歌》出版，才引來較多的評論。有些人甚至以書名做為論文的篇名，如洛夫的〈無調的歌者〉。也有以該書做聲韻學上的研究素材。如陳啟佑的〈聲韻學在新詩上的一

10　于還素：〈讀詩的新方法 ── 評張默詩集《紫的邊陲》收在蕭蕭編《詩痴的刻痕》（台北・文史哲出版社）

11　張默：《落葉滿階》乙書自序。（此處轉引自《張默・世紀詩選》李瑞騰的序，台北・爾雅出版社）

項試驗 ──「無調之歌」的節奏〉。

這本詩集共收作者出版前六年間的作品三十九首，此時詩人已不再生澀，已可「從容自在地展示出近二十年現代詩從『時間巨齒的隙縫中跨出來』的勁拔風姿及崢嶸骨角。」[12] 集中的〈駝鳥〉、〈無調之歌〉更一再被評家提出討論，甚至於「一把張開的黑雨傘」、「我是千萬遍千萬遍唱不盡的陽關」幾已成現代詩經典名句。

從這本詩集中，有心人可以得知張默為什麼能夠在物資貧乏，生活困頓中仍執著於辦《創世紀》詩刊，及孜孜不倦於新詩寫作。〈四十四歲自詠〉是一首很好的參考答案，陳義芝在仔細讀完這一本詩集後，「很肯定的以為，這是張默具有崇高的自我認知及深刻的歷史意識使然，我們從他的幾首贈詩中，可以清楚察覺。」[13]

接著就是黎明文化事業有限公司為張默出版的自選集，書名就叫《張默自選集》，共選二十多年來的創作精品六十七首，有他獨特的風貌，有他在詩壇已建立的地位。此書約可分為創作三個時期，第一個時期乃屬「習作期」，約從民國四十年到四十五年，只選〈陽光頌〉作品乙首，大概自認習作生澀。第二個時期為「成熟期」，約從民國四十六年到五十二年，此時技巧已趨於成熟，語言冷冽，表現內心的熾熱，對比強烈，特能表現作品的悲劇感。第三個時期為「自我肯定期」，約當民國五十三年到出版時的幾年間，此時表現在作品

---

12 陳義芝：〈從時間巨齒的隙縫中跨出來 ── 論張默詩集《無調之歌》（收入蕭蕭主編《詩痴的刻痕》台北・文史哲出版）
13 同上。

上的是一個開放性的世界，肯定了所見的事象物界的真實意義，在語言的探測能力上，已不再是技巧化的把玩文字，而是自然流露[14]。

《張默自選集》中有一首實驗詩劇：〈五官體操〉，是一首十分少見特出的作品，詩一開始，首先出場的是一具紅通通的鼻子，而後是一對烏溜溜的眼睛，接著才是一張嘰哩咕嚕的嘴，再接著兩道細細的眉毛也躡手躡腳地步出，最後才是一對碩大無比的耳朵出場，全劇到耳朵下了一道斬鐵截釘的命令：「今天的體操到此為止，請諸位迅速回到原來的崗位。於是大家又忙成一團，霎時，那人的面龐又是鼻是鼻，眼是眼，嘴是嘴，眉是眉，耳是耳了，各司其職起來。」

由以上出場的角色看來，我們已察知「臉即舞台」與「舞台即臉」的感受。最後，那人

> 他靜靜地站在那裡
> 依然，沒有任何事件
> 甚至微風

張默在此詩的結尾，做了一次對生命的宣示，好像有聲音自生命的內層如狂濤排浪般向我們襲來，但他仍靜靜站在那裡，沒有任何事件，這是人生旅程中一種多麼孤困和無奈，無奈中又透著多少自我解嘲[15]。這是詩壇少數的詩劇，彌足

---

14 辛鬱：〈讀「張默自選集」〉（收在蕭蕭主編《詩痴的刻痕》（台北・文史哲出版社）
15 碧果：〈詩是呼之欲出的真摯 ── 兼介張默及其自選集〉（收在蕭蕭主編《詩痴的刻痕》── 台北・文史哲出版社）

珍貴。其實詩人以詩劇表示人生的無奈，更加感人。

張默的第五本詩集是《陋室賦》，出版於民國六十九年二月間，和《無調之歌》一樣，張默已經找回自己的聲音，不再壓抑感情，刻意寫什麼「主知的作品」，怕別人說自己「濫情」，一個性情中人，也要忍住深情，勉強去探討人類內在各種不同層面的精神壓抑，十分辛苦彆腳[16]。

《愛詩》出版於民國七十七年，共分五輯，是張默出版詩集以來比較完美的一集，詩集中的作品，充分「顯示張默是一位民間詩人」，「不避虛詞，有意以疊字加強聲情傳達，藉重複的節奏抒吐深情的詠嘆」，「集中〈蜂〉乙詩，以出神的聯想法，表現對創作神思的渴望」，「〈我站立在大風裡〉則是一首豪邁之歌」，整集詩作，陳義芝都有佳評：「他的詩，自然而無掩飾，民間親和性濃 ── 帶點北樂府精神，有銅琶鐵板的力道，在語法構造上隨機、感情、文言、白話、今聲古調，不管音階高低都能揉捏在一起，創造和諧之境。其詩作之風格在此、趣味在此，部份詩句不合文法分析肇因於此[17]。」

《愛詩》乙書中，熊國華認為最令人感動的還是那些歌頌母愛的詩，集中有一首〈飲那綹蒼髮－遙念母親〉乃是張默得知七十六歲的老母依然健在，心中如火山爆發一樣的噴出一首有「思想高度和藝術高度」的思母懷鄉之作，我曾在《中學新詩讀》乙書中選析該詩[18]，熊國華也認為：「詩人運

---

16 蕭蕭：〈深情不掩，陋室可賦〉，（收入蕭蕭編《詩痴的刻痕》台北・文史哲出版社）

17 陳義芝：〈銅琶鐵板〉評張默詩集《愛詩》（收在蕭蕭編《詩痴的刻痕》，本段評價，係陳文之濃縮，讀者請自行查考。

18 落蒂：〈「飲那綹蒼髮」賞析〉，（北港，青草地出版社）

用了一系列富於變化、層出不窮的排比和複疊句式，把對母親深長的思念委婉曲折、纏纏綿綿地表現出來，輕快的調子和詠嘆式的節奏，流露出對人生無奈的漠漠哀傷。這種『以樂景寫哀』的手法，確能『一倍增其哀樂了』，比傾瀉無奈的悲憤吶喊更具震撼人心的力量，呈現出一種經心靈高度淨化的詩篇。」[19]

《光陰・梯子》出版於民國七十九年，頗有為自己在詩壇橫衝直撞，披荊斬棘的努力，做一個回顧。回顧過去，彷彿有一把時光的梯子，讓你一路沿梯而上，看到過去的反傳統，而如今那一切竟變成傳統。

此集中有回顧詩人的家鄉，如〈一行行的泥土 ── 故居雜抄〉、〈三十三間堂〉，有故土的懷念，如〈黃昏訪寒山寺〉、〈網師園四句〉，經過時間的沉澱，張默反而成為十分傳統的詩人了。如〈戲繪詩友十二則〉豈是反傳統的現代詩人所樂意寫的？張默此集中的詩，很多都有傳統詩的特色，如小詩〈燈〉，〈誰說我不是內湖派〉既調侃了故舊好友，也觸及了一些詩壇小掌故，可以說是十分傳統的文人書寫。[20]

《落葉滿階》出版於民國八十三年，此集中的作品，除了以往張默擅長的中短篇抒情詩外，此次更推出二百四十行的組詩長篇《時間・我繾綣你》，讓人嘆服他「老得漂亮」「老當益壯」。這種長達二百多行的長詩，沒有相當能力佈局、運

---

19 熊國華：〈赤子之心 ── 評張默的母愛詩〉（收入蕭蕭主編《詩痴的刻痕》，台北・文史哲出版社）

20 蕭蕭：〈他鄉與家鄉〉── 讀張默詩集《光陰・梯子》（收入蕭蕭主編《詩痴的刻痕》台北・文史哲出版社）

鏡是不容易寫好的，此詩發表後，引來不少佳評。舉沈奇為例：「組詩的結構，史詩的氣韻，大詩的儀式，既保留了短詩簡潔，典雅的品質，又具體架構所蒸騰的恢宏氣勢」[21]可見給予很高的評價。

　　此集中也甚多小詩，李元洛給予很高的評價：「他的許多小詩之所以能夠做到『言短意長，含蓄深遠』，就是因為他在獨到的生活體驗和深刻的感情激動的基礎上，熔鑄新鮮獨特而且有高度概括意義的生活片斷和細節，寫豐富於單純，寄深意於一瞬，以個別暗示一般，從片斷表現整體，用局部概括全貌，從而在簡約的意象和意象結構中蘊含深遠的刺激讀者參與創造的藝術天地。」[22]

　　《遠近高低》乙書，出版於民國八十七年，其實早在一年之前，即民國八十六年，他就已由三民書局出版了童詩集《魚和蝦的對話》，並未引起太多討論，其實做為一位作家、詩人，應為兒童寫幾本書，才不虛此生，我想張默也一定十分樂意為兒童寫詩，只是他太忙了。而這本手抄詩集《遠近高低》的批評也不少，有向明發表在《新聞報》西子灣副刊的〈遠近高低各不同 ── 讀張默的詩和人〉，及沈奇、吳開晉、林積萍等人的評文。張默只要出詩集，一定引來眾多好評，不愧詩壇老手、高手。

　　《張默‧世紀詩選》這是一本由張默已出版的十本詩集

---

21 沈奇：〈生命‧時間‧詩〉── 談張默兼評其新作組詩〈時間‧我繾綣你〉（《書評》第 5 期—一九九三年 8 月 PP. 3-13）
22 李元洛：〈繁英在樹〉── 讀張默詩集《落葉滿階》（收在蕭蕭主編《詩痴的刻痕》（台北‧文史哲出版社）

中，精選五十首詩編輯而成，可以說是為張默做歷史定位的書。[23]可是越戰越勇的張默爾後又由香港銀河出版社出版《張默短詩選》（中英對照）、台北九歌出版社出版他的旅遊詩集《獨釣空濛》，及台北·台灣文學館出版《張默集》、北京作家出版社出版《張默詩選》，仍然轟轟烈烈的幹得很起勁。

　　現在先來談一談獲得眾多佳評，由北京作家出版社出版的《張默詩選》。這部詩選，從 1956 年到 2006 年，橫跨 50 載，共分為 6 卷：卷 1「戰爭偶然及其他」共 17 首。卷 2「城市風情及其他」，共 23 首。卷 3「初臨玉山及其他」共 31 首。卷 4「鞋子筆記及其他」共 12 首。卷 5「無為詩帖及其他」，共 24 首。卷 6「時間水沫小札」組詩，共 86 首。卷末附錄「張默寫作年表」，可以做為研究張默寫詩經歷之用。

　　揚州大學教授葉櫓，讀到詩選中的〈戰爭·偶然〉乙首，認為可與洛夫名詩〈石室之死亡〉相比：「1.對戰爭體驗的冷峻與嚴酷的思考上，兩者具有異曲同工之妙。2.冷嘲戲謔的筆調下的『戰爭』和『偶然』，深藏而又隱現出張默對生命的悲劇中的人文關懷。3.有非常獨特的色調。」指出三種特點，十分鮮明突出。[24]

　　渝西學院教授石天河也指出詩選中卷 6「時間水沫小札」，「是最能表現出他心靈本色的詩。這些詩完全是無拘無束的從心坎裡流出來的，不假修飾，不求聖義，不計工拙，甚至無憂於語詞的明晦、段落的承接，與寓意是否表現完足。

---

23 同注 1。
24 葉櫓：〈走向澄澈的生命過程 ── 讀《張默詩選》的感受〉（收在朱壽桐、傅天虹主編《張默詩歌的創新意識》（北京·作家出版社）

它完全是放任自由的行雲流水式的自心吟味。它好像是用一
張焦尾琴，自個兒在書齋獨奏，似乎在招引知音，卻並不考
慮別人能不能辨別『陽春白雪』，與『下里巴人』，只樂意於
自己了解自己。」[25]以上評《張默詩選》乃是在眾多評論中
挑出，其他讀者自行參考該引用參考書。

　　另外《獨釣空濛》，是詩選之外的最新詩集，乃張默旅遊
世界各地之詩作，包含照片，十分賞心悅目，最值得再三欣
賞把玩。全書共收一百三十五首詩，分台灣、大陸、海外三
卷詩帖。其中舊作七〇年代之前三首，七〇至八〇年代有十
九首，其餘均是九〇年代末以後之詩作佔多數。青年學者王
浩翔認為九〇年代以後張默旅遊遍及世界各地，詩作則有下
面幾樣特色：「（1）冷眼旁觀。（2）詩影合一。（3）超時空之
旅。」[26]其他尚有向陽，須文蔚、蕭蕭等多人評論此部旅遊
詩，可以參閱。

四、綜論張默的所有詩國之行的成就

　　張默已八十歲了，卻一直走在詩國之路上，詩是他的人
生，他的人生也就是詩。要論張默的成就，就是論他在詩的
努力之成就。

　　前面已經從編選、寫詩方面挑出一些這方面的評論。現
在還有許多重要評家的大文，從綜合論述方面指出張默的成

25 石天河：〈人生默味與無奈鄉情 ──《張默詩選》評介〉（收入朱壽桐、
　　傅天虹主編《張默詩歌的創新意識》（北京‧作家出版社）
26 王浩翔：〈我是千萬遍千萬遍唱不盡的陽關 ── 試論張默的旅行詩〉（收
　　在朱壽桐、傅天虹主編《張默詩歌的創新意識》（北京‧作家出版社）

就，我在此挑出一些較重要的，供讀者參考。

首先是張默的老友洛夫、瘂弦和辛鬱的評論，再及其他。

洛夫：「他對於現代詩運動的貢獻，中國文學史上必有他應得的地位。」[27]

瘂弦：「張默的詩仍不同於超現實主義，他比較深沉、厚重、不炫才、不賣弄，常常以含蓄的手法去探討生命，詮釋生命，以細膩的感受為經，以真誠的表現為緯，逼進事物的內裡，寫出人生的尊重和莊嚴。」[28]

辛鬱：「他的詩透明而冷冽，詩想凝實，詩素純樸，猶若行雲流水。有時他引導我們走向一片幽渺，在冥寂中，人生是多麼虛幻啊；有時他卻把一團熱烘烘的景象投射給我們，使我們感受到那份熾熱，而激起心中的波濤。」[29]

蕭蕭：「以澎湃的情感為其詩之內容，以無調之歌為其詩之節奏，以時莊時諧的語言為其詩之形式，那麼四十年來的張默作品大約可以如此索探而得。」[30]

劉登翰：「張默對於台灣詩壇，更引人注目的是他幾十年始終不懈地推進詩歌運動的熱情。從一九五四年他與洛夫、瘂弦發起成立創世紀詩社，他就把自己最主要的精力，傾注於辦詩刊、編詩選、搞詩展、寫詩評、扶植年輕詩人，乃至

27 同注 4。
28 同注 5。
29 辛鬱：〈透明而清冽 ── 張默小評〉（收入蕭蕭主編《詩痴的刻痕》台北・文史哲出版社）
30 蕭蕭：〈張默的愛與詩〉（收入蕭蕭主編《詩痴的刻痕》（台北・文史哲出版社）

於搜集整理台灣現代詩運動的資料、文獻等等。」[31]

　　鍾玲：「張默的詩充滿了動感。這種動感是由詩的節奏，動作的意象，及對空間的處理，這三個環節構成的。張默詩的節奏主要由排比而形成，而排比的方式也是變化多端的，如〈孟宗竹的天空〉中的，明的暗的用了七、八種排比方式；光是下面四行就用了四種排比對仗方式：『沒有一絲風／在孟的軀幹和宗的碧葉間／逡巡，參差，以及耳語／沒有一雙手，一陣腳步，一對眼睛…』，張默的詩又擅用強烈的動感意象，如『老太陽照樣從雲彩的邊緣撲過來』（〈死亡，再會〉）『還是要鼓起餘勇，一頭闖進你疙疙瘩瘩的丘壑』（〈追尋〉）。張默詩中的景觀，常呈現廣闊的空間，而詩人的主觀常如駿馬橫掃此間。〈路〉的第一小節充份表現這種征服空間的動感：『我向一切撞擊／不論踩著荒亂的雜草／還是腳踝被碎石梗破／還是四野空蕩蕩的／偶而傳來一兩個逗點似的呻吟』。而張默的〈無調之歌〉則透露客觀的自然景觀，充份應用了節奏、動作的意象，及空間的處理，完美了一首蘊藏生生不息的動力詩篇。」（動感的詩篇）[32]

　　張漢良：「張默的詩最具有生命自然的節奏，正如華滋華綏（William Wordsworth）所謂：『詩是強烈感覺的自然流露』。或如惠特曼的主張，詩應如丁香與玫瑰的開放，蘋果和梨的成形，遵循自然的節奏，每一朵每一枚都類似，但沒有兩個完全相同。

---

31 劉登翰：〈張默論〉（收入蕭蕭主編《詩痴的刻痕》台北・文史哲出版社）
32 鍾玲等：〈張默小評五則〉（收入蕭蕭主編《詩痴的刻痕》台北・文史哲出版社）（原刊於《愛詩》詩集）

　　張默的四行小詩〈駝鳥〉，有著水到渠成的夢的結構。駝鳥首先跳入詩人眼簾，作者開始認知，最後決定駝鳥是『張開的黑雨傘』，由於刖面『遠遠的／靜靜的／閒置在…陰暗…』的客觀描繪，到最後『黑雨傘』的出現，本詩的意象到此業已全部經營完成。另一首『蒼茫的影像』。雖係當年中韓詩人相聚一堂的即興之作，因基於真實的經驗，用情最深而感人。該詩最末一段：「今天／我們把你送的手帕擰了又擰／泉湧的淚水好重啊／故鄉你的根鬚伸向何處／請輕輕染織我蒼茫的影像。」我們展讀至此，其自然流露的真性，何需再加渲染。（自然的真性）[33]

　　李英豪：「張默的主體結構（心象基形），不是鬚根，而是圓錐根；不是從地上就分枝出來的灌木，而是有一根主幹，從主幹中開枝散葉的喬木（如拜波之塔）。因而意象的給出，不是齊現；而是從主幹中向四方八面生長出來。即如一個核子的構成，中子外繞動許多電子，形成不同軌跡的電子層。或者可以這麼說，詩人由許多心象組成情境；由許多情境，躍出一個『主題』（如貝多芬）。由於張默給出的內象，是一系列的流動，欲言又止，欲顯又隱；因此，一種幽祕的旋律，有意無意成了他所有詩的形態。我們透視他的詩，如坐在汽車廂內，外邊下著飄飄微雨，車前玻璃蓋上輕滑的水點，驟眼看不清主體對象，但當開動了水撥，在凝神靜觀中，主體對象便漸次浮現，透明而清列（如神祕之在）。[34]這篇早在一

---

33 同上。
34 李英豪：〈「從拜波之塔」到「沉層」 —— 論張默詩集《紫的邊陲》〉（收在蕭蕭主編《詩痴的刻痕》台北‧文史哲出版社）

九六六年寫的文章,李英豪竟能一語道破張默寫詩的真境,
而且一路走來,不論寫多少詩,技法如何突破,此真境一直
沒有改變。

　　由於近一甲子以來,評家對張默的貢獻評文頗多,不能
一一列出,只舉出其中較重大突出之論點,其他讀者請自行
參閱已發表的批評文章。

五、結　語

　　張默和所有渡海來台的詩人一樣,早歲就離開父母、故
鄉,來到這麼一個海中孤島,他們內心中的痛,思鄉思親的
煎熬,實非外人所能理解。然而,也由於這種機緣,卻創造
了他們在寶島上的文學事業,甚至於寫進文學史。洛夫曾在
一篇〈無調的歌者〉中說張默:「一般人認為辦詩刊,編詩選
是傻子所做的事。張默卻當作類似革命的事業,注入了全部
的熱情與信念,種下麥子,卻讓別人去收穫。」[35]如今看來,
傻子不完全是傻子。

　　很多詩友一直以張默的詩未受到重視為念,如李瑞騰就
在〈整合與汲取〉短文之末如此說:「由於長年活躍在詩社會
的運動場上,張默的詩反而沒有受到應有的注意,關於這一
點,張默自己不能不警惕,畢竟做為一個詩人,詩才是他真
正的生命。」[36]陳義芝也發出同樣的感嘆:「張默在今日詩壇
上,相較於同時出發的瘂弦和洛夫,顯然令人有實至名不歸

---

35 同注4。
36 同注32。

的嘆息。」³⁷然而，證之張默在辦詩刊，推動詩運，編詩選的努力上，其實他們三人各有千秋。至於詩作，瘂弦也認為各有特色：「洛夫偏重語言的密度，張默偏重氣氛的經營，我（指瘂弦）則偏重感覺的延伸。」³⁸

　　其實，現代詩推動到現在，名列仙班的詩人，多如夏夜天空的繁星，但真正要跟唐詩、宋詞的成就比，可能還要再多努力。陳義芝不是後來又如此說張默嗎？「相信只要他『對文學的執著以及詩的執著』永不變節，他個人所肯定的『時間』必會為他見證的。」³⁹

　　「野渡無人舟自橫」，在這麼一個不知是不幸或幸運的年代，一批年輕人來到這個無人的曠野，幾十個寒暑過去，竟然開出一片奇花異草，你說玄不玄？

37　同注 12。
38　同注 5。
39　同注 12。

輕似羽毛的鄉愁

── 曾琮琇論

一、生平及著作

　　曾琮琇，一九八一年生於新竹，新竹女中、成功大學中文系畢業。曾獲竹塹文學獎、鳳凰樹文學獎、全國學生文學獎二〇〇二年優秀青年詩人獎及二〇〇三年青年文學獎，詩作並曾入選台北捷運詩。作品散見各報副刊及詩雜誌。

　　出身中文系，卻沒有傳統的包袱，作品多係詰問現實，展現青春，對世界充滿好奇及迷惘，讓人讀後彷彿覺得自己也變成流浪在人群中的尋找生命真諦的人，她的作品頗能針對現代人徬徨無助，閃躲逃遁的特性，予以關照和闡釋。

二、在人群中張望的眼睛

　　年輕人涉世未深，人生體驗不多，但優秀的寫手卻能從自身的遭遇、心情去書寫，往往也能寫出擲地有聲的佳作。例如她就以一張〈紙〉來描繪自己：「身為一張白紙／我努力把自己嵌在最明顯的位置／使自己不被遺忘。用顏料塗抹我

／用筆尖刺穿我／用口水渲染我／用祕密覆蓋我。身為一張白紙／我努力發展一張白紙的／無限可能，以及／潔癖」，對自己有很高的期許。〈候鳥〉一首則是描寫自己離鄉的心情以及濃濃的鄉愁：「昨夜／在我窗口駐足／已搭乘早班列車，抵達／南方。牠的毛羽似雪／太輕，載不動我／沉重的／鄉愁」，毛羽似雪比蚱蜢舟還輕，載不動鄉愁，無比沈重的鄉愁，輕重對比，更顯得無比沈重。這樣自我陳述，自我描繪的佳作還有蟬、我們、苦……等，讀者可以自行研讀，尤其〈苦〉一首，你也會有如鯁在喉的痛苦感，而忍不住拍案叫絕。〈鏡〉乙首更可以看到曾琮琇是如何描寫她特有的孤獨，這是愛默森似的面對高山大海的孤獨：「一隻貓在我身後／注視我／我注視我的／一隻貓。我們的瞳孔是／橢圓的鏡／所謂鏡，不過就是／透明的穿透我們的／孤獨」鏡、貓、瞳孔都是很好的意象語，難怪路寒袖評她的詩作〈走過的路〉：「作者經營意象的功力不凡。」

三、青春沒有留白

　　作者是有思想的年輕人，對時下的升學主義對年輕學子的傷害，以及教育體制的不合理，都能提出她自己的看法和批評，例如〈老師，這顆星球容不下一滴眼淚〉，寫出了這一代學生的慘狀：「蒼白的臉捻不亮血色的青春／寂寞指數是數不盡的白天黑夜……」、「堆砌的書本比水泥牆更厚／壓縮的心臟比眼淚更沈重……」、「在尚未找到另一顆星球之前／我們仍必須以排氣管取暖」，有些比喻雖然不盡適切，但年輕學

子的痛苦影像，彷彿如在眼前，須文蔚評這一首詩「把學生內心的痛苦道出，實在不能不流淚，這樣的尷尬，從這樣一首情意懇切的詩中讀來，更讓人感到酸楚。」

　　〈虛擬〉乙首，描寫虛擬電動遊戲，年輕人而不上網，不喜歡虛擬電動遊戲的不被目為怪胎太少了，幾乎每個年輕人都會上一手，有些上了年紀的人，一旦迷上，聽說也樂此不疲。可見虛擬實境之迷人，作者能抓住電玩的精髓，〈遊戲〉乙首以具像詩排列出來，讀者若是其中高手，自然腦中浮現多種遊戲，以少暗示多，正是這首詩的優點，〈電玩〉乙首更生動，描寫樂此不疲的人：「麻了麻了小腿麻了／腳板麻了麻了屁股／手臂麻了指頭還要／殺殺殺殺殺殺繼／續打繼續殺否則蚊子／一直叮我一直叮／叮叮叮我會死掉」真是寫絕了。這樣入迷的電玩者，多麼鮮明如在眼前。作者在年輕的日子裡，既對升學主義、教育體制有所批評，對虛擬電玩也有著墨，顯然年輕沒有留白。

四、詩人未來的方向

　　曾琮琇壇長寫她熟悉的事物，如親情，〈失蹤〉乙首，描寫雨中被困，母親瘋狂的找尋，仇小屏評此詩：「那種急切、急迫，令人不覺動容，這種平凡的深情，才是本詩真正的焦點」，尋人雖屬平常，但母親瘋狂的查詢卻不平常，這種親情，作者掌握的很好，頗有「從常境中入，自奇境中出」之神韻。

　　〈走〉乙首，也有類似況味，「左腳右腳」、「提著行李望著天空」、「踏著皮鞋載著面具」，都是平凡的人生，最後「怎

麼不走了呢」，奇境突出，令人愕然。像這樣的作品，正是文學的審美性之堅持，陳義芝在論曾琮琇的詩時說：「我讀曾琮琇的詩，發覺她恆常以內在心靈詮釋外在世界，著力於流動的、不確定的、回反內心的因子，例如遺忘、疏離、禁閉，雖然有外在實體的投影，卻不以外在實體為對象，主旨不在那實體形象上，而在人的心性感覺上。」可以說一言道破曾琮琇的藝術成就，她應在已有的基礎上更加著力於審美性的抒寫，不受外界雜亂的聲音所影響。

　　同時慢慢建立自己的特色，許多名家，一看作品，不必看名字就知道是誰的作品，年輕詩人作品太多雷同，掩蓋姓名，不知是誰的作品，千萬不要像〈那年〉乙詩中的詩句「我們都成功地成為別人」。時時記住必須超越已有成就，必須時時有新的形式作品產生。

　　　　　　　　　（台時副刊 93 年 12 月 27 日）

一直在逃亡的詩人

—— 商禽論

　　商禽過世了，令人十分難過。最近十年，跟他有較多接觸，眼看著他身體越來越差，心裡早有不祥的預感，但就這麼走了，還十分不捨。不過，正如許多朋友所說的，商禽這次是真正逃亡成功了，真正獲得身心的極度自由，盼他在天堂，無拘無束，真正隨意飛翔。

　　逃亡文學是商禽作品的正字標記，從他的生活經歷，不難看出他的寫作逃亡文學的真正原因。一生只讀過小學、私塾、私立初中，可以說沒受過什麼正規的文學訓練，十五歲就當了兵，在祠堂裡發現了巴金、老舍、艾青、臧克家等人的書，居然使他變成台灣重要的現代詩人，詩作影響詩壇既深且遠，實在令人訝異又佩服。

　　在商禽過世的時候，許多人都十分悲傷，但我認為與其悲傷，不如導讀一些商禽的重要詩作，讓讀者真正認識商禽做為詩人永遠不朽的價值。

　　先看〈長頸鹿〉乙首：

　　　　那個年輕的獄卒發覺囚犯們每次體格檢查時身長的

逐月增加都是在脖子之後，他報告典獄長說：「長官，窗子太高了！」而他得到的回答卻是：「不，他們瞻望歲月！」

仁慈的年輕獄卒，不識歲月的容顏，不知歲月的籍貫，不明歲月的行蹤；乃夜夜往動物園中，到長頸鹿欄下，去逡巡，去守候。

這真正是一篇逃亡文學，身如囚犯的作者，時時刻刻想從獄中逃出去，「脖子」變長，「瞻望歲月」，那是多麼痛苦無助的等待。擴大到整個人類，何嘗不是在「等待」，甚至於是空空的等待。人生的虛無、無奈，莫此為甚。

再看〈躍場〉乙首：

滿鋪靜謐的山路的轉彎處，一輛放空的出租轎車，緩緩地，不自覺地停了下來。那個年輕的司機忽然想起這空曠的一角叫「躍場」。「是啊，躍場。」於是他又想及怎麼是上和怎麼是下的問題——他有點模糊了；以及租賃的問題「是否靈魂也可以出租……？」

而當他載著乘客複次經過那裡時，突然他將車猛地剎停而俯首在方向盤上哭了；他以為他已經撞燬了剛才停在那裡的那輛他現在所駕駛的車，以及車中的他自己。

　　　　　註：躍場為工兵用語，指陡坡道路轉彎處之空間。

一直活在逃亡念頭之下的作者，常常會胡思亂想，開出租車，想到「靈魂是否可以出租」，甚至想「撞燬」車子以及車中的自己，生命的痛苦煎熬，可以說到了極點。這樣的「現

實的我」和「想像中的我」，產生了矛盾衝突，可以說是形神
分裂，突顯了生命異化的扭曲變形。

　　另一首〈滅火機〉也是分裂的自我的名作：

　　　　憤怒昇起來的日午，我凝視著牆上的滅火機。一個小
　　　　孩走來對我說：「看哪！你的眼睛裡有兩個滅火機。」
　　　　為了這無邪的告白，捧著他的雙頰，我不禁哭了。

　　　　我看見有兩個我分別在他眼中流淚；他沒有再告訴
　　　　我，在我那些淚珠的鑑照中，有多少個他自己。

　　用這樣的象徵手法，描寫那個年代的自我壓抑，多麼強
烈啊！內心的憤怒，要用滅火機去撲滅，這是何等的憤怒！
然而具體的滅火機，如何去撲滅這種抽象的怒火？這樣無法
消解的憤怒烈燄，正表示詩人一再壓抑的痛苦，這種無法消
解的痛苦，藉由詩釋放出來，讓我們看到詩人的悲痛是多麼
深沉。印度詩哲奈都夫人說：「以詩的悲哀，征服生命的悲
哀」，正是這個意思。另外〈鴿子〉乙首，也是表達激烈出走
的慾望，原詩有四段，現在抽樣看末段，即可知道，在當時
的政治環境下，作者心中的鬱悶：

　　　　在失血的天空中，一隻雀鳥也沒有。相互倚靠而顫抖
　　　　著，工作過仍要工作，殺戮過終於也要被殺戮的，無辜
　　　　的手啊，現在，我將你們高舉，我是多麼想 ── 如同放
　　　　掉一對傷癒的雀鳥一樣 ── 將你們從我雙臂釋放啊！

　　多麼令人痛心啊！那雙無辜的手，被迫去殺戮，又要被殺戮，那是一種怎樣的宿命？鴿子本來可以在天空中自由飛翔，如今作者以雙手做為鴿子的隱喻，是什麼樣的暗示？失去自由的鴿子？或失去自由的自我？要把殺戮的雙手放掉，是對殘暴者怎樣的忠告？這種無法逃脫的悲痛，是怎樣的一個悲劇？令人掩卷嘆息良久。

　　無法脫逃的商禽，有時就躲到酒中的世界裡（原詩請參看〈溺酒的天使〉）。原詩說作者喝到茫然時，打破了酒瓶，酒香四溢，作者竟頹然的匍匐在地，而且囁囁地說自己並沒有罪（醉），多麼頹廢的畫面啊！然而奔逃不掉的作者，除了喝得濫醉外，又能如何？此詩中有兩個人在對話，其實都是商禽自己，一個是被迫偽裝而虛假的人，一個是真正的人，但做為真正的人的商禽，說話還是「祇有瞎眼的老鼠和未滿月的嬰兒才能聽得見」，暗示那是一個多麼沒有言論自由的年代。商禽的詩作是當年那個時代的反映，難怪他自稱自己是「最最現實的詩人」。

　　〈夢或者黎明〉乙首，也是反映當時沒有自由的環境，把人限制在一定的框框之中，甚至到了末段，「請勿將頭手伸出窗外」竟然多到三個，幾乎到了隨處限制的地步。商禽這樣用力的經營被限制，沒有自由的主題，使這個時代的樣貌，因而十分鮮明，他的作品，也被公認為是時代的代言者。

　　〈門或者天堂〉一樣是描寫被禁錮的情形，整首詩以戲劇的形式呈現，有時間、地點、人物；門象徵限制，天空象徵自由。讀者也隨著詩作在門裡門外進進出出，並且看到作者獨特的人生論述，那就是門是人們自己創造的局限，而天

空則是無限的天地。即使沒有監守人員，人們還是創造了門自我囚禁，那是一種什麼樣的人生困境，才讓作者寫出如此不堪，如此痛苦的作品？

〈用腳思想〉仍然是一首不滿現實的名作，形式上用兩首詩合成，分成上下兩欄，頗有暗示在台灣的社會分成上下兩層人之意。本來任何人只要思考一定用大腦，但商禽卻諷刺用腳思考，隱喻在上者不用大腦；而在下者本應用腳去執行任務，如今反而拿來思考，都是不務正業；這樣的社會，一片怪象也就不足為奇了，但面對這樣的社會，想逃又逃不出去，那種生命的困境是多麼悲慘啊！

一生都在痛苦、屈辱中尋求出走的商禽，〈穿牆貓〉乙首最能代表他的希望。他希望自己「進出自如，門窗乃至牆壁都擋牠不住」。但是「只要和她討論關於幸福的事，她就不辭而別」，這種「容易破滅的夢」，在商禽的詩作，屢屢出現，一再反覆，而讀者每每為他的痛苦，哀傷不能自禁……。

商禽走了，我要再說一次，他是真正自由了，真正逃脫了人生的牢寵；他想到那裡，就到那裡，不該再傷心了。記得有一次我在人間副刊發表一首旅遊詩〈遊瑤里古鎮〉，他看了告訴我，他很希望到景德鎮去，看一看他那邊的陶瓷作品，他很喜歡收集這些藝術作品……。那時他已體弱多病，不能遠行，我內心十分心疼，但沒有表示出來。現在，我希望他在天之靈，自由自在，不要說到景德鎮，就是上聖母峰，上天界都可以，有多重天地讓他飛躍、奔騰，商公不必再「出逃」了。

（台時副刊 99 年 8 月 22 日）